国史通识讲义

吴铮强 ○ 编著

首都经济贸易大学出版社
·北京·

前言

　　人类大约在距今一万年前发明农业,开始定居生活。中国人学会农业的时间可能稍晚于此,然后在大约距今4 500年时进入黄帝、炎帝的部族时代。此后的4 500年的历史,大概又可以分为三个阶段。第一个阶段,从炎黄时代开始,到秦始皇吞并六国,大概2 300余年时间,这时的中国由众多的氏族、部族、邦国构成,这个阶段可以统称为"部族时代"。第二个阶段,从秦始皇建立秦朝开始,到清朝灭亡,共2 130年时间。这个时期全中国理论上只能由一个正宗的皇帝来统治全天下的民众,因此可以称为"帝国时代"。从部族时代演变为帝国时代,中间经历了一个漫长的转型时期,这就是中国历史上的春秋战国,历时长达500余年。这个时期中国人的智慧空前地迸发出来,孔子、老子、墨子、庄子、孟子、荀子、韩非子,这些中国的圣贤都出现在这个时代。第三个阶段是清朝晚期以来,中国不断地受到西方资本主义的冲击。为了在资本主义全球化的时代谋求生存,中国的社会结构与文明体系不得不做出全方位的调整。如果说鸦片战争以来的中国历史是一个追求"现代化"的进程,那么这个进程尚在进行当中,至今远未完成。

　　我们将分四个部分介绍历史上的中国。

　　第一部分主要介绍中国社会从氏族公社演变到帝制中国的进程。这个部分的重点是社会结构的演化。人类学会农牧业之初,都以大家庭为单位,寻找有水源的地方共同生产、生活,这样的社会形态称之为氏族公社。各地氏族的力量发展起来,常常引发冲突与斗争,为了谋求更大的力量,氏族联合起来,便出现了部族。部族的统治者为了安全,建造起作为军事防御工程的城墙,部族与城墙的结合,就是所谓的邦国。一个部族邦国强大起来,便有其他的部族向

其称臣纳贡，这个部族的首领便称王称后，成为众多部族的霸主。这些霸主派出自己的兄弟叔侄到别处建立新的城邦，从而出现众多的诸侯，这就是封邦建国的体制。国王一旦衰落，各地诸侯便发生火并，最后合并成同一个国家，帝国便由此产生了。帝制建立之后，中国的历史就表现为王朝的循环往复，没有本质上的变化。相比之下，帝制建立之前的2000年中，中国社会始终处于剧烈的变化之中，这一阶段的中国非但不是停滞的，反而显得生机勃勃，充满了无限的文化创造力，黄帝与蚩尤涿鹿之战，夏后氏的大禹治水，殷商的青铜器与甲骨文，西周的宗法礼乐文化，春秋战国时期的百家争鸣，秦族的崛起与混同天下，这些都是中国历史上令人赞叹与惊艳的大事件。

第二部分主要介绍帝制中国的统治手段与文化调适，其中的重点是儒法之争。帝制中国的政治体制，是根据战国时代法家的思想构建起来的，简单地讲，就是由国君（皇帝）通过官僚阶层统治全国的编户齐民，民众向皇帝提供赋税，又服劳役、兵役以供驱使。在这种统治构建中，由中央到地方上传下达的行政体系，皇帝挑选官员的选官制度，以及向社会征用财富与人力的赋役制度，就成为帝制中国政治体制的三大支柱。但是，创建了帝制中国的秦朝二世而亡，宣告了单纯的法家思想难以成功地统治中国。春秋战国时期一度声名显赫的儒家文化，在经历了秦朝的衰落之后，在汉代再次复兴。儒家主张皇帝应该限制自己的贪欲，应该选拔儒家学者担任帝国的官员，因为儒家学者会自觉地维护皇帝的权威，并且通过文化教育的手段维护社会的和谐稳定。帝国的皇帝明智地接受了儒家学者的建议，但他们并没有因此放弃法家的统治手段。皇帝的办法是，让儒家学者去完成法家规定的行政工作。儒家文化既成为帝国选拔官员的主要依据，也顺利地获得了思想的正统地位。儒生的理想是通过学习儒家文化进入帝国的官场，从而实现治国平天下的梦想。然而帝国官员的名额是有限的，也很少有皇帝愿意限制自己的贪欲，因此儒生实现理想的机会非常渺茫。不得志的儒家学者往往欣赏先秦时老子与庄子有关"清静无为"、"逍遥自在"的哲学，以及由印度传入的认为人生原本便是空虚的佛教思想。

第三部分主要介绍帝制中国的王朝兴衰。帝制中国主要经历了这样几次大规模的政权更替。开始是秦汉帝国,秦朝是在春秋战国的兼并战争中形成的,秦二世而亡,但刘邦建立的汉朝继承了秦朝的政治体制。直到东汉末年,军阀割据,天下大乱,北方游牧民族入主中原,汉族政权迁往南方直至消亡。继之而起的隋唐帝国,继承了鲜卑族北魏政权的政治遗产。均田制由北魏创制并在唐朝得以推广,这是唐朝社会稳定的重要基础,一旦崩溃,唐朝便开始混乱,安史之乱随即爆发,然后又是军阀割据的分裂局面,直到一个军官通过政变建立了宋朝、重新统一了中国。此后的中国进入了汉族与北方游牧部族交替统治的局面,宋朝长期与辽、金、西夏鼎足而立,最后被蒙古族所消灭。汉族的朱元璋推翻了元朝的野蛮统治,他建立的明朝又被女真人的后裔、兴起于中国东北的满清所取代。总体而言,民众的起义、权臣的篡位、异族的入侵,构成了帝制中国王朝更替的几种主要的形式,而每一个王朝的兴衰,也总有大体的规律,逃不过"其兴也勃焉,其亡也忽焉"的命运。

第四部分介绍中华帝国在晚清的崩溃过程,以及近一百年来中国社会结构演变的主要脉络。清朝晚期,中央政府面临着外来的资本主义与帝国主义势力、底层民众,以及官僚体系内部汉族督抚势力的多重挑战。清政府虽然被迫实行变革,以图政权延续,无奈积重难返。科举制度的废除,使士绅阶层丧失了谋取功名利禄的旧途径;立宪改革举步维艰,又使他们对建立新的参政体制失去耐心。在革命党的号召下,清朝相当一部分按新法训练的军队也投向革命。最终,在排满的革命党以及受其影响的新军、对政治前途感到绝望的士绅阶级、清朝官场的实力派袁世凯等多种力量的夹击下,满清王朝与实行了2 000年的中华帝制一同崩溃。帝国崩溃了,接管政权的北洋军阀,以及代之而起的国民党军阀,既不能有效地统治全国,亦不能调整严重的社会矛盾,更不幸遭遇外族的侵略,终究不能为中国建立新的政治秩序。由小知识分子创建、最终与广大农民结合的中国共产党,不但能在抗日战争中不断地扩大自己的实力,而且在与国民党的内战中取得完胜,并模仿苏联建立了一种全新的政治秩序,由党控制的行政体系对经济生产与社会生活进行全

方位的控制,党与政府成为中国社会唯一有意志的主体。这套体制随着"文化大革命"的失败和毛泽东的逝世而结束,此后的中国在原有的政治构架下,引进了市场经济,激发了民众发财致富的本能,同时也引发了严重的权钱交易现象,极大地扭曲了中国的社会结构。当前的中国,机遇与挑战并存。重整山河待后生,开创中华文明新纪元的希望,将寄托于好学深思的青年一代。

目 录

前言 ………………………………………………… 1
第一讲　部族时代 ………………………………… 1
　一、中国古人类化石遗迹 ………………………… 1
　二、从氏族公社到部族城邦 ……………………… 3
　三、传说与史籍中的部族时代 …………………… 6
第二讲　夏商史迹 ………………………………… 13
　一、夏后氏的统治 ……………………………… 13
　二、殷商兴亡 …………………………………… 15
　三、青铜器与甲骨文 …………………………… 19
第三讲　西周文明 ………………………………… 23
　一、周的兴起 …………………………………… 23
　二、封建制度 …………………………………… 26
　三、周虽旧邦，其命维新 ……………………… 28
　四、部族战争与西周的衰落 …………………… 33
第四讲　春秋争霸 ………………………………… 35
　一、礼崩乐坏 …………………………………… 35
　二、齐桓公 ……………………………………… 38
　三、晋楚争霸 …………………………………… 40
　四、吴越争霸 …………………………………… 44
第五讲　帝国的形成 ……………………………… 47
　一、帝国体制的构建 …………………………… 47
　二、兼并战争的历程 …………………………… 54
第六讲　秦始皇 …………………………………… 59
　一、秦国崛起 …………………………………… 59

二、秦王政 ··· 61
　　三、始皇帝 ··· 65
第七讲　帝国的行政制度 ··· 69
　　一、中央行政制度 ··· 69
　　二、地方行政体系的演变 ·· 73
　　三、选官制度 ·· 75
　　四、田税与徭役 ·· 78
第八讲　孔子与其他 ·· 82
　　一、孔子生平 ·· 82
　　二、孔子弟子及后学 ··· 87
　　三、百家争鸣 ·· 89
　　四、帝国时代的思想史 ·· 91
第九讲　士大夫政治与宗族组织 ·· 95
　　一、士大夫政治 ·· 95
　　二、门阀士族兴衰史 ·· 100
　　三、科举理学化与士绅阶层 ·· 103
第十讲　精英信仰与民间宗教 ·· 107
　　一、儒家与道家 ··· 107
　　二、道教 ··· 109
　　三、佛教 ··· 113
　　四、民间信仰与宗教 ·· 117
第十一讲　政权轮替与政权体系 ·· 119
　　一、民众起义 ·· 119
　　二、内部的叛乱 ··· 124
　　三、部族入侵与政权体系 ··· 127
　　四、三大政权体系 ··· 130
第十二讲　两汉史 ··· 132
　　一、楚汉战争 ·· 132
　　二、汉初政局 ·· 135
　　三、汉武帝时代 ··· 138
　　四、两汉之际 ·· 141

　　五、东汉兴衰 …………………………………………… 142
第十三讲　三国两晋南朝史 ……………………………… 145
　　一、三国鼎立 …………………………………………… 145
　　二、两晋风云 …………………………………………… 151
　　三、南朝史 ……………………………………………… 155
第十四讲　北朝隋唐史 …………………………………… 158
　　一、北朝史 ……………………………………………… 158
　　二、关陇政权 …………………………………………… 161
　　三、政变与叛乱 ………………………………………… 163
　　四、唐朝的衰亡 ………………………………………… 166
第十五讲　宋元史 ………………………………………… 170
　　一、宋辽战和 …………………………………………… 170
　　二、变法与党争 ………………………………………… 172
　　三、宋金战争 …………………………………………… 176
　　四、蒙元灭宋 …………………………………………… 179
第十六讲　明清史 ………………………………………… 183
　　一、独裁统治 …………………………………………… 183
　　二、明清鼎革 …………………………………………… 188
　　三、遭遇西方 …………………………………………… 192
第十七讲　帝国的崩溃 …………………………………… 197
　　一、鸦片战争 …………………………………………… 197
　　二、太平天国与洋务派 ………………………………… 201
　　三、甲午战争与清帝逊位 ……………………………… 206
第十八讲　现代中国的形成 ……………………………… 213
　　一、士绅阶层的分化与革命党的形成 ………………… 213
　　二、军绅政权 …………………………………………… 216
　　三、中国共产革命 ……………………………………… 219
推荐阅读书目 ……………………………………………… 223

部族时代

中国的历史应该从哪里开始讲起,这本身是一个问题。中国古代的纪传体通史名著《史记》,开篇就是《五帝本纪》,司马迁将传说中的炎帝、黄帝作为历史的开端。到了近代,很多学者受到西方观念的影响,认为可靠的中国历史是从商朝开始的,因为西方认为,有可靠文字记载的历史才能称之为历史,中国最早的文字甲骨文出现在商朝。

现在一般将在中国发现的最古老的古人类化石,作为中国古代历史的开篇。但是,只有发明了农牧业,学会了自己生产食物,人类才开始定居生活。人类最初的社会形态是氏族公社,仰韶文化和河姆渡文化就是这一时期的考古遗址。氏族的联合,便形成了部族,龙山文化与良渚文化是中国部族时代的遗址,传说中的黄帝、炎帝、尧、舜,是当时的部族首领。

一、中国古人类化石遗迹

1. 中国古人类化石遗迹

根据进化论的观点,人类是由古猿进化而来的。一般认为,人类的进化谱系,首先是800万年前的腊玛古猿,其次是400万年前的南方古猿,然后是能人、直立人(猿人)、早期智人(古人)和晚期智人(新人)。中国的元谋人、蓝田人和北京人都属于猿人,在中国发现的古人有山西的丁村人、陕西的大荔人等,宁夏和内蒙古的河套人、北京的山顶洞人、四川的资阳人则属于新人。

中国发现的最早的古人类化石,主要有元谋人、蓝田人和北京

人。元谋人是1956年在云南省元谋县上那蚌村发现的两颗古人类的门齿化石,距今约有170万年。蓝田人是20世纪60年代在陕西省蓝田县的公王岭发现的一位女性的头盖骨、鼻骨、上颌骨和牙齿的化石,距今约有100万年。

距今50万年的北京人是世界上出土遗骨最多的一种古人类化石。自宋代以来,在今天北京市西南房山区周口店的山中不断出现所谓的"龙骨",历代都被当作药材出卖,这里也被称为龙骨山。这些龙骨其实是古生物和古人类的化石,清末以来引起了西方学者的注意。1926年,瑞典古生物学家师丹斯基(Otto Zdansky)在周口店发现了两颗古人类牙齿,这是北京人首次被发现,由于填补了人类进化的空白,立即引起了国际学术界的关注。此后龙骨山开始了正式的考古发掘。1929年,中国考古学家裴文中发现了第一个完整的头盖骨。到"文革"开始以前,总共发现四十余块北京人的遗骨,其中包括5个比较完整的头盖骨。1937年以前发现的北京人化石,原本保存在美国人开办的北京协和医院。1941年,美日关系恶化,协和医院决定将北京人头盖骨等珍贵化石通过美国海军陆战队运到美国。12月5日,海军陆战队乘火车离开北京驶往秦皇岛,打算在12月8日乘"哈里逊总统号"轮船前往美国。就在12月8日,珍珠港事件爆发,日本军队占领北京、天津、秦皇岛等地,北京人头盖骨从此下落不明。现在人们可以看到的北京人头盖骨,是1966年发现的一个残破的头盖骨,与新中国成立前发现的其他个体的部分头骨拼合而成的。

2. 海猿论与夏娃理论

关于人类的进化史,至今有一些谜团尚未解开。比如,现在发现了800万年前的腊玛古猿化石,也发现了400万年前的南方古猿化石,但没有发现距今800万至400万年之间任何古人类的化石。这是人类进化史一段空白。1960年,一位英国人类学家认为,800万年前生活在非洲东部的人类祖先,不幸被海水所淹没,不得不适应在海水中的生活,从而进化成为"海猿"。正是这个原因,人类与陆地上其他的哺乳动物具有明显的区别,如体毛稀少、皮下脂肪较厚、以拥抱的姿势交媾、直立行走等,这些都是长期在海水中生活和进

第一讲——部族时代

化的结果,这就是所谓的人类进化理论中的"海猿论"。距今800至400万年前的古猿的遗骨也因此都沉入大海,至今无人发现。

有关人类进化的另一种著名学说是"夏娃理论"。1987年,科学家根据分子遗传学的研究发现,现在世界上所有人的祖先,都可以追溯到14万至19万年以前居住在非洲的一个妇女,这位伟大的母亲被命名为"夏娃"。在此后的十余万年中,"夏娃"的后代扩散到欧洲、亚洲等地,并最终演化为散布于现代欧亚大陆的各个人种——这就是所谓的"夏娃理论"。

如果夏娃理论是正确的,那么在中国发现的元谋人、蓝田人、北京人,就不是中国人的祖先。不过也有学者认为,人类的祖先在亚洲的南部,而不是非洲,因为亚洲发现了比非洲更多的古人类化石。还有中国学者认为,中国人是由北京人独立发展而来的,北京猿人经山顶洞人,逐渐发展成为现在的中国人。

二、从氏族公社到部族城邦

1. 氏族公社

大约距今一万年左右,人类掌握了种植粮食和驯养动物的技术,开始自己生产食物。从此,在森林里采集果子、追捕野兽,不再是人类填饱肚子的唯一办法,人类开始探索一种与动物完全不同的生活方式。

最早学会农耕和畜牧的人类,可能出现在今天伊拉克等地区的两河流域。两河流域是指底格里斯河与幼发拉底河的中下游地区,古希腊人把两河流域称为"美索不达米亚",意思是"两河之间的地方",苏美尔人曾在这个地区建立了世界上最早的城邦国家,因此这里也称为苏美尔地区。最早出现在两河流域的农作物是大麦和小麦。中国的种麦技术可能是由西亚传入的,但是种植粟和水稻的技术应该是中国人自己学会的。

1920年,帮助北洋政府寻找矿藏的瑞典地质学家安特生(Johan Gunnar Andersson),看到助手刘长山在河南省渑池仰韶村农民家中发现的一些古老石器,引发极大兴趣。第二年安特生与刘长山来到仰韶村,又发现了一些彩陶残片。经过中国政府的批准,安特生于

3

当年10月再次来到仰韶村,开始了中国历史上第一次田野考古,发掘出土大量美丽的彩陶。此后经过不断的发掘,仰韶文化被确认为距今7 000至5 000年、以陕西与河南为中心、分布于整个黄河中游的新石器时代晚期的一种文化。1952年,在陕西省西安市东郊发现的半坡遗址,是仰韶文化的一个典型代表,在这个遗址中发现了已经碳化的粟和菜子。1973年,在浙江省余姚市的河姆渡发现了另一个新石器时代的文化遗址——距今7 000至5 300年的河姆渡文化遗址中,发现了数十厘米厚的包括稻谷、谷壳等作物的堆积层。农业和畜牧业的生产,需要相对固定的农庄或牧场,人类由此开始定居的生活。当时的人们还学会了制陶、纺织,发明了弓箭,并用磨制的精细石器从事农业生产——这种磨制的石器,就是考古学所说的所谓"新石器"。

学会了农业生产的人们不再居住在山洞里,他们开始自己建造房屋。由于居住环境的不同,南北方民居的区别很大。仰韶人建造的半地穴式的房屋只适合于干燥的北方,在潮湿的南方,河姆渡人修建了从地面架空的干栏式房屋。这两种不同的房屋形式,大概就是古人所说的"穴居"与"巢居"。

仰韶文化和河姆渡文化的居民聚族而居,一个大家庭(氏族)耕种同一片土地,这样就形成一个村落。大家共同农作、共同生活,因此称为"农村公社"。每个氏族一般有一个相对固定的配婚氏族,配婚氏族的男性不时地互相来往,在对方氏族的村落中完成配婚,然后又回到自己的村落生活。当时的氏族关系由女性的血缘来维系,因此又被称为"母系氏族公社"。

氏族公社的小村落边上一般都有一条河流作为水源,氏族成员居住的房屋一般围绕着一个大广场而建。半坡遗址有一个4 000平方米的广场,大概是集会时使用的,氏族成员居住在广场周边众多小房屋中,小房屋之间散布着几间相对较大的房屋,比如,半坡遗址有80~100平方米的大房屋,应该是举行公共活动的场所。半坡遗址还有一个宽6至8米、深5至6米的壕沟,大概是用来防御野兽的,这也构成了这个小村落的界线。壕沟的东北部,是氏族成员的墓地,壕沟东部则有一个窑场,氏族的农田应该在村庄的周围。这些就构成了氏族公社小村落的全部内容。当时的人们社会关系非常简单,老子所说的"邻国相望,鸡犬之声相闻,民至老死不相往来",大概就是母系氏族公社社会生活的写照。

2. 部族与城邦

在中国,母系氏族公社的平静生活大概延续了2 000年。到距今四五千年的时候,分布于中国各地的氏族公社越来越多,氏族之间的交往增加了,争斗不断发生。有时候氏族为了增强力量而团结起来,有时候强大的氏族打败了弱小的氏族,弱小的氏族不得不依附于强大的氏族。总之通过和平或者暴力的方式,氏族之间联合起来,形成了部族。部族也称为酋邦,部族首领也就是所谓的酋长。

部族基本上是一个军事组织,部族内部的生产、生活仍然是以氏族为单位的,只有作战时整个部族才组织起来。为了防御异族的侵犯并维护部族首领的权威,城墙作为一种军事防御工程修筑起来,部族首领领导的统治团体居住在城墙里面的宫殿中。"國"的本意就是指这种作为军事防御工程的城墙,这是一个形声字,"口"表形,就是围墙,"或"表音。这个时期的城墙遗址在考古中有不少发现,如河南省登封市告成镇西北的王城岗遗址,河南淮阳县城东南的平粮台遗址,山东省章丘县龙山镇东的城子崖遗址等。这种城墙方圆不过几百米,《史记·五帝本纪》说黄帝时有"万国",《尚书·尧典》说尧时有"万邦",这里所谓的"国"、"邦",就是王城岗、平粮台这样的小城邦。由众多氏族联合起来的部族,内部也有等级之分的。只有与部族首领亲近的氏族才能居住在城邦内部,称为"国人",那些疏远的、或者是被征服的氏族,则居住在城墙以外、广阔田野之上的村落中,称为"野人"。

承担着生育职能的女性不方便参加危险的战争,原本在两性关系中处于劣势地位的男性,借助在战争中的优势地位,逐渐掌握了两性关系的主导权,女性出嫁到男性氏族成为普遍现象,氏族开始由男性祖先的血缘关系来维系,母系氏族演变成为父系氏族。

3. 新石器文化分布

从母系氏族到父系氏族,从氏族公社到部族城邦,这段历史发生在距今10 000年至距今4 000年的时期。这个时期遗留下来的考古遗迹,称之为新石器文化。今天中国疆域内的各个地区,广泛分布着新石器文化遗址,考古工作者一般将其分为甘青文化区(黄河上游)、中原文化区(黄河中游)、山东文化区(黄河下游)、长江中游文化区、江浙文化区(长江下游)、燕辽文化区(辽东、辽西和燕山南北地带)、华南文化区(两广、闽台和江西等省)、北方游牧文化区(东北北部、蒙古高原、阿拉善平原和塔里木盆地东缘等地区)等八大考古文化区。

从现有的考古研究来看,距今大约5 000年左右,中原文化区、山东文化区、江浙文化区的人们,完成了由母系氏族公社演变为父系部族邦国的过程。中原文化区的仰韶文化,以及山东文化区的大汶口文化,其晚期已经开始向父系部族社会转化。而黄河流域(包括中原与山东)的龙山文化,以及长江下游的良渚文化,则是典型的父系部族城邦社会的文化遗址。

龙山文化因1928年首先发现于山东章丘龙山镇城子崖而得名,分布遍及山东、河南、陕西、山西、河北和安徽北部等地区。战争是推动母系氏族公社向父系部族城邦演化的直接动力,龙山文化的遗址中出现了很多战争的遗物,如镞、钺等大量的武器,墓葬中大量的非正常死亡的尸骨,以及城子崖、平粮台、王城岗等城址墙遗址。战争导致氏族之间阶层的分化,因此龙山文化中出现了分明的聚落等级,比如,山东临沂地区的龙山文化中,大小聚落存在着三个等级,包括一个大型中心聚落(张家寨里)、七个次级中心聚落以及大量边缘的小型聚落。

良渚文化因1936年最先发现于浙江余杭良渚镇而得名,距今约四五千年,主要分布于江苏南部、浙江北部和上海市。良渚文化同样体现出部族城邦的社会特点。如莫角山的宫殿遗址,呈卫星分布的聚落形态,反映出部族内部的等级分化。良渚的精美玉器,以及福泉山近50 000立方米的祭坛土墩,反映了统治阶层巨大的权势。良渚玉琮上的神人兽面纹图案,可能是良渚部族首领的画像。

三、传说与史籍中的部族时代

1. 炎黄部族与涿鹿之战

中国古代文化典籍中记载的黄帝、炎帝、太昊、少昊、蚩尤等,

第一讲——部族时代

出现的时间与龙山文化相对应,一般认为他们都是当时著名的部族首领。有学者认为,传说中的黄帝部族、炎帝部族,活动在黄河上、中游一带,属于考古上的陕西龙山文化,黄帝、炎帝为代表的这一区域的部族群体,便称为"河洛族群"或"华夏集团"。太昊、少昊、蚩尤等为代表的部族群体,活动在黄河下游,属于考古上的山东龙山文化区,被称为"海岱族群"或"东夷集团"。而伏羲、驩兜等为代表的部族群体,活动在长江中游,被称为"江汉族群"或"苗蛮集团"。

"炎黄族群"大概发源于今天的陕西、甘肃一带,其中炎帝部族发源于今天的陕西宝鸡一带,黄帝部族则发源于陕西北部——现在中国人祭祀黄帝的黄帝陵,就在陕西北部的黄陵县。炎帝部族可能比黄帝部族更早地掌握了农耕的技术,因此炎帝后来演化为神农氏——传统中国的农业神。

后来黄帝部族和炎帝部族不断向东扩张。其中黄帝部族东扩的路线偏北,他们顺洛水南下,经今天的大荔、朝邑一带,东渡黄河,沿着中条山及太行山逐渐向东北走。在内蒙古赤峰发现的红山文化,可能是东迁的黄帝部族留下的文化遗址,这就意味着黄帝部族一直走到了今天的燕山以北、西辽河上游一带。炎帝部族东扩的路线偏南,大约顺渭水东下,再顺黄河南岸向东迁徙。《史记》记载,黄帝"与炎帝战于阪泉之野。三战,然后得其志"。阪泉这个地方,有说是在山西,有说是在河北,炎黄部族的这次战争,或许发生在他们向东迁徙的过程中。

开始时,炎黄部族东扩的进程似乎相当顺利。然而当炎帝部族进入今天的河南地区时,他们遭遇到了东夷族群中的九黎部族。东夷族群的主要部族,有发源于今天河南淮阳县的太昊部族,有发源于今天山东曲阜的少昊部族,还有发源于今天山东西部,但势力范围可能已经扩张到河南一带的九黎部族。九黎部族的首领叫蚩尤,他对炎帝部族进犯到他们的活动区域似乎很不满意,两个部族发生了冲突,后来黄帝部族也卷入战争,爆发了著名的涿鹿之战。

在《史记》中,司马迁把蚩尤描写成一个发动叛乱的诸侯,结果被黄帝所镇压。实际情况可能是炎帝部族先与九黎部族发生了冲突，并被九黎部族所败。战败的炎帝部族北上向黄帝部族求援。于是炎黄部族联合起来，与蚩尤领导的九黎部族在涿鹿展开决战，九黎部族战败，首领蚩尤被俘遇害。史籍记载，蚩尤领导的九黎部族，不但英勇善战，而且能够制造当时最先进的武器。虽然蚩尤战败身亡，仍被尊为战神。这次战争的胜败，可能与当时的气候条件有关，战争初期是风雨天，蚩尤领导的九黎部族占上风，后来天气转成干旱的晴天，炎黄部族转败为胜。黄帝部族虽然打败了东夷族群中的九黎部族，但并没有将九黎部族消灭。涿鹿之战以后，九黎族部的新首领清决定放弃抵抗，西来的炎黄部族在今天河北、河南、山西一带自由发展，炎黄部族与东夷族群相互交融，形成了考古上的中原龙山文化。

炎黄族群和东夷族群在中原一带融合，为后来的夏、商文明奠定了基础，成为中华文化的主要源头。有关这两个族群，特别是在涿鹿之战中获胜的炎黄族群的传说，后来被记录在各种文化典籍中，成为汉族，乃至整个中华民族最远古的民族记忆。而包括良渚文化在内的其他地区的族群传说，由于没有用文字记载下来，便逐渐从人们的记忆中消失了。

2. 尧舜禹部族联盟

涿鹿之战以后，炎黄与东夷两大族群共处杂居，但族群意识并未因此完全泯灭。两大族群既有融合的方面，也有冲突的方面。为了协调部族之间的矛盾，或者处理一些共同面临的问题，各个部族的首领时常聚集在一起协商各种重大事情，制定相互共处的原则，构建部族之间的政治秩序，这样就形成了部族联盟。部族联盟推举一位德高望重的部族首领作为盟主，传说中的尧、舜、禹就是当时部族联盟的盟主。一般认为，尧的部族在山西，舜的部族在河南，大禹的部族也在山西，因此尧和禹可能是出自炎黄族群，舜可能出自东夷族群，尧、舜、禹三位部族联盟的盟主，似乎是从炎黄族群和东夷族群中轮流产生的。

战国时代，学者们不理解部族联盟推举盟主的历史现象，以为尧和舜将国君的名位传给了家族以外的贤者，便想象古代有一种

"禅让"的君位传授制度,认为尧、舜、禹时代实行"禅让",是"天下为公"的时代,后来禹的儿子启破坏了禅让制度,开创了君位世袭的制度,历史从此进入了"天下为家"的时代。儒家学者强调以孝治天下,他们又进一步将部族联盟的盟主帝舜,塑造成以孝感天地的圣君。

传说,帝尧姓伊祁,名放勋,是一个勤俭朴素、办事公道、体恤百姓的国君。后来各方部族推举有贤德的平民舜做尧的继承人,尧便将自己的两个女儿娥皇、女英嫁给舜,以便对舜开展切实的考察。舜姓姚,名重华。他的父亲叫"瞽叟",是一个不明事理的人。舜的后母非常顽劣,异母弟象更是凶傲之人。不知道为什么,舜的全家都想谋害舜。在这种恶劣的家庭环境中,舜仍然能够孝顺父母,友爱其弟,尽力维护家庭的和睦,常常反思自己的过错。有一次,瞽叟让舜修补屋顶,瞽叟在下面放火。幸好舜的妻子娥皇、女英事先给舜准备了一个大竹笠,舜撑开竹笠从房上跳下来,才得以逃生。又有一次,瞽叟命舜凿井,舜凿到井的深处,瞽叟和象往井里填土。没想到舜在二位妻子的安排下,在井的半腰凿了一个地道,又躲过一劫。

舜不但能在家庭中尽孝道,他的圣德还能感动鸟兽。在接受尧的考察期间,舜曾到历山耕种,到雷泽打鱼,到制陶的陶河治理土壤。所到之处,舜总能以仁德感化众人,连天上的鸟、水中的鱼都来帮助舜,舜到过的地方,后来都成了繁华的都市。后来舜代尧行政28年。尧去世后,舜正式继承了国君的地位。在位期间,他驱赶了为非作乱的浑沌(是非不分)、穷奇(背信弃义)、梼杌(冥顽不化、态度凶恶)、饕餮(贪婪食人)等部族,与有贤德的部族共同治理天下。

舜晚年时,九嶷山一带发生战乱,舜亲自前往视察征战,结果在途中去世。得到舜去世的消息,他的两位妻子娥皇、女英非常伤心,日夜扶竹向九嶷山哭泣,将竹子染得泪迹斑斑,据说这就是江南斑竹的来历。也有说两位夫人最后投湘水而亡,因此被称为"湘妃",斑竹也称为"湘妃竹"。又有传说称,后来的"华表"起源于舜创立的谤木。谤木也称午木,是树立在宫廷外的一根木头,上方放一块横板,供百姓书写政治意见。因为横板上装饰有图案,被称为"华(花)表"。不过后来的华表丧失了这种政治功能,成为一种装饰品和权力的符号。儒家学者将舜塑造成以孝治天下的圣君,主张"兼爱"的墨家则宣扬大禹治水,认为大禹辛劳为天下,舍己为人,顾不上自己的小家庭,这样的人才是理想的圣君。

3.《史记》中的五帝谱系

司马迁撰写《史记》的时候,大一统的帝制国家已经建立。《史记》的第一篇《五帝本纪》追述炎黄时代的历史时,便有意无意地将这个时代部族的历史,改写成由黄帝开创的一个王朝的历史。按照《史记》的描述,在黄帝之前,有一个神农氏的王朝。这个王朝后来衰落了,各地的诸侯相互攻伐,神农氏没有能力制服他们。但是有一个忠于神农氏的诸侯黄帝,用武力征服那些叛乱的诸侯。这其中有两个诸侯的叛乱最为严重,一个是炎帝,一个是蚩尤,黄帝通过阪泉之战和涿鹿之战将他们打败,于是各地的诸侯都推举黄帝为天子,黄帝因此取代了神农氏,建立了新的王朝。而所谓的五帝,就是黄帝,以及他的后裔帝颛顼、帝喾、帝尧和帝舜。

《史记·五帝本纪》又说,黄帝有两个儿子玄嚣和昌意,黄帝死后,把王朝传给了昌意的儿子高阳,也就是帝颛顼。帝颛顼死后,没有把王朝传给自己的儿子,而是传给了他的伯父玄嚣的孙子高辛,就是帝喾。而帝喾又把王朝传给了儿子挚,挚不久便去世了,又传给了他的弟弟放勋,也就是帝尧。帝尧又把王朝传给了颛顼的六世孙帝舜。在《史记》的记载中,尧和舜便成了同一家族的亲戚,不过从黄帝到尧传了四代,从黄帝到舜竟传了八代,这样算起来,舜竟是尧的玄孙辈。更为奇怪的是,在《史记》的第二篇《夏本纪》中又说,帝舜将王朝传给了帝夏禹,而这个夏禹竟然是颛顼的二世孙。这样一来,大禹与帝尧成了同辈,舜与禹则是玄孙与高祖父的关系。《史记》中还说,殷商的先祖契,周人的先祖后稷(弃),都是帝喾的儿子、帝尧的兄弟、黄帝的玄孙。这样一来,中国三代以前的统治者,都成了黄帝的子孙,《史记·三代世表》更明确地说:"舜、禹、契、后稷,皆黄帝子孙也。"于是,《史记》中形成了这样一个五帝谱系:

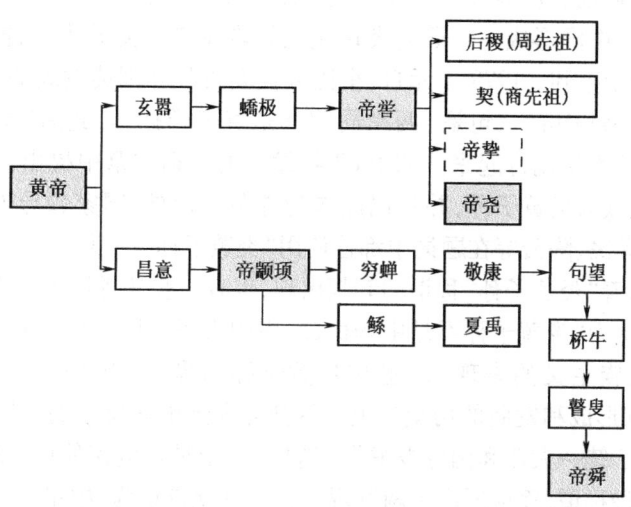

4. "炎黄子孙"

中华民族自称是"炎黄子孙",这是近代以来才形成的观念。

帝制时代的中国总是将自己视为天下的中心,没有民族国家的观念。1840年以来,西方列强侵略中国,激起了中国人的民族自觉,中国人渐渐地将自己视为与西方的英吉利、法兰西、德意志、美利坚等相对应的一个民族国家。为了寻求中华民族的民族认同,中华民族都是"黄帝子孙"或者"炎黄子孙"的观念逐渐形成。最先提出"黄帝子孙"这种观念的可能是康有为。1899年4月,流亡加拿大的康有为在一次演讲中说:"我国皆黄帝子孙,今各乡里,实如同胞一家之亲无异。"1900年,梁启超在《少年中国说》中也提出:"我黄帝子孙聚族而居。"随后梁启超在《中国史叙论》、《新史学》、《新民说》等文章中多次提到"黄帝子孙"。1900年前后,革命派兴起,他们也使用"黄帝子孙"的概念,特别是邹容在其著名的《革命军》一书中反复提到"黄帝子孙"。但革命派主张排满,他们所说的"黄帝子孙"是指汉族人而不是全体中国人。

中华民国建立后到20世纪70年代末,"黄帝子孙"这个词汇使用的频率并不高,主要出现在一些研究性的论文和祭祀文章中。比如于右任辑录《黄帝功德纪》,其序言称:"是中华民族之全体,均皆

黄帝子孙也。"从20世纪70年代后期到80年代末,随着"寻根热"的兴起,中国形成一个研究炎黄文化的热潮,"炎黄子孙"的提法开始流行于报刊。1979年元旦,全国人大委员长叶剑英发表的《告台湾同胞书》中有一句是"两岸同胞都是黄帝子孙"。此后"炎黄子孙"开始大量流行起来。如1987年发表的一篇文章中提出:"我们中华民族为炎黄子孙,并且以此作为殊荣。"此外,国家领导人邓小平、江泽民、陈云等在题词中都曾使用"炎黄子孙"一语。

随着"炎黄子孙"称谓的频频出现,也有一些学者提出了不同的意见,认为"炎黄子孙不是中华民族、中国人民的同义词",而是"一种大汉族主义的表现";"滥用炎黄子孙的提法"既"不符合华夏(汉)族形成和发展的历史",也"不符合今天中华民族的实际",更"不利于统一大业和国际友好"。这样,关于是否应该使用"炎黄子孙"这种称谓,逐渐形成了两种观点。一种观点认为,中华各民族即使在血缘谱系上与炎黄无关,从文化上讲,无不认同以炎黄为源头的中华文明,炎黄崇拜作为一种文化认同现象,既是正常的历史文化现象,也有利于中华民族内部的凝聚。另一种观点认为,"炎黄子孙"的提法不能涵盖整个中华民族,某些少数民族及跨国民族如俄罗斯、乌兹别克、塔塔尔、塔吉克等,都有自己的历史文化渊源,因此主张慎用或不用"炎黄子孙"这样的称谓。

第二讲

夏商史迹

夏商时代,中国仍是部族林立,夏与商不过是其中最强大的两个部族城邦而已。夏启之所以能够破坏原来部族联盟共同推举盟主的制度,与夏后氏在大禹治水过程中形成的巨大权势有很大关系。夏、商部族通过武力获得霸主的地位,其他部族需要向夏、商称臣纳贡,否则便会遭到武力打击。殷商是著名的文明古国,商人铸造的青铜器举世无双,而甲骨文是汉字与汉文化的源头。

一、夏后氏的统治

1. 大禹治水

有学者认为,炎黄部族发源于甘陕地区。炎帝部族最初临姜水而居,因此以"姜"称姓;黄帝部族最初临姬水而居,因此以"姬"称姓。后来,炎黄两大部族的主力向东扩张,却仍有一部分族众留在甘陕地区,甘陕地区的羌人可能就是炎帝部族的后裔,"羌"或许就是"姜"的异体字。据此推测,《史记》中讲"禹兴于西羌",那么大禹的部族应当出自炎帝后裔。尧、舜时代,这个部族迁徙至今天山西汾水流域一个叫"夏"的地方,并且迅速壮大起来,"夏"也因此成为部族的称号。此后夏后氏渡过黄河,向洛阳、颍川一带发展。

大约是在舜的时代,黄河中下游一带发生严重水灾。黄河流域本来就水患频发,临河居住的共工氏等部族总结了一套有效的治水方法,主要是在聚落与农田四周筑起堤坝,将水拦在外面。然而这次水患特别严重,治水的世家鲧采用共工氏的办法,调集各部族的人力与物力,大规模地修筑堤坝围墙,历经九年,竟然毫无效果。传说鲧最后被发配到羽山(今江苏赣榆西南)处决了,然后他的儿子禹接受了治水的任务。禹放弃了原来围堵的办法,改以疏导治水。他领导受灾的部族将黄河的河道加宽加深,顺着自然形势发掘多条支流引黄河入海。经过13年的努力,水患终于消除了。传说治水期间,很多人被迫迁到高地居住,那里没有天然的水源,只好挖井取水,凿井的技术就是这样发明的。

舜去世之后,领导治水的大禹被推举为部族联盟的首领。治水过程中,禹游历过许多地方。禹将这些地区划分为九个区域,这就是冀、兖、青、徐、扬、荆、豫、梁和雍九州。夏后氏所在的阳城属于豫州,阳城可能就是现在河南登封市告成镇出土的城址王城岗。不过夏后氏经常迁徙,河南洛阳一带被认为是夏后氏长期居住的地方。1959年,在洛阳附近出土的偃师二里头文化遗址中,发现了两处大型的宫殿遗址,有学者认为,二里头遗址是夏后氏曾经的都城。

2. 夏后氏的兴衰

在治水的非常时期,大禹拥有对其他部族发号施令、调配各部族物资和人力的权势。传说大禹在涂山(今安徽蚌埠西)召集部族会议,有上万部族首领参加,他们都向禹进贡玉帛,向大禹行礼表示拥戴。前来会盟的部族中,防风氏因为迟到被大禹处决,大禹还出兵讨伐拒不合作的有苗氏。治水成功后,大禹被推举为部族联盟的首领,各地的部族慑于大禹的权威,仍像治水时期那样,朝拜大禹并进贡土产。传说禹还用各地所贡的青铜铸造了九个大鼎,象征他对九州的统治权力。

大禹在世时,部族联盟原本推举东夷族群的皋陶作为大禹的继承人,不幸皋陶未及位便去世了。部族联盟又推举了同属东夷族群的伯益。不料大禹去世后,他的儿子启用武力消灭了伯益的势力,并且要求其他部族继续向夏后氏称臣纳贡。启的霸道行为引起了海岱部族的强烈不满,传说有扈氏曾经进攻夏启,结果发生了甘之战,有扈氏战败被灭,夏启从此过着骄奢淫逸的生活。

夏启去世后,有关夏后氏的历史记载出现了混乱。《史记》记载,夏启之后传子太康、太康传弟中康、中康传子相、相传子少康。

太康与中康兄终弟及,似乎是因为发生了"太康失国"的事件。但是《史记》并没有说明"太康失国"是怎么回事,倒是《左传》中记载了东夷族群的有穷氏首领后羿攻入夏后氏,掌控了夏的政权,太康的侄子相逃亡被追杀而亡,相的儿子少康后来又通过武力夺回夏政权的事件。大概开始是太康贪于游猎,长期脱离都城,后羿乘虚而入,太康无国可归,这就是所谓的"太康失国"。中康大概是后羿掌握夏政权后扶植的傀儡。《左传》记载,后羿后来也因为贪于游猎,结果被部下寒浞所杀。寒浞还霸占了后羿的妻室,生下两个儿子浇与豷,寒浞派浇追杀逃亡的相,相虽然败亡,但他的妻子有缗氏生下遗腹子少康,少康又联合逃亡的夏后氏大臣靡,打败了寒浞,这就是"少康中兴"的故事。不过这些夏后氏的重大政治事件《史记》中只字不提,难免令人疑惑,有学者认为,这些故事都是司马迁以后的人编造出来的。

后羿的进攻如果曾经发生,可以理解为是东夷族群对夏启破坏部族联盟体制的报复。少康的儿子和孙子在位时又一次讨伐心怀不满的东夷族群,巩固了对东方的统治。之后夏国传了七世九任国君而灭亡。倒数第四位国君孔甲荒淫而迷信,当时很多部族已经叛离夏后氏,夏后氏开始衰落了。夏后氏的末代国君桀,勇武有力,能徒手缚虎,但他暴虐、荒淫、穷兵黩武。传说夏桀讨伐有施氏时,得到一个美女妹喜,为了讨好妹喜,桀盘剥民众,修建宫殿瑶台,民众不堪其苦,指着太阳诅咒桀,发誓要跟他同归于尽。最终,众叛亲离的夏桀无力抵抗商族的进攻,在逃亡的途中去世。据推算,从启到桀,夏后氏的统治时间大约是公元前2070年至公元前1600年,历时将近500年。

二、殷商兴亡

1. 商的兴起

一般认为,商部族属于东夷族群中的一支。东夷族群以鸟为图腾,先祖传说一般都与神鸟有关。传说商部族的先祖契,是他的母亲吞下燕子蛋后生下来的,这就是"天命玄鸟,降而生商"的故事。传说契生活在帝舜、大禹的时代,被帝舜分封于商,也

15

就是今天河南的商丘,这个地名后来也就成了族名。商部族经常迁徙,迁徙的范围应该在今天河南、山东一带。契的孙子相土时,商部族的势力可能发展到辽东甚至朝鲜半岛一带,因此《诗经》中有"相土烈烈,海外有截"的说法。传说周武王克商后,将商的贵族箕子分封在朝鲜,应该与商族早期在朝鲜半岛一带活动有关。

相土的曾孙冥时,商族开始发展农业。冥的儿子王亥、孙子甲微时,曾与有易氏发生战争。王亥往下再传八世,就到了商汤的时代。商汤也叫成汤,甲骨文中称为"大乙"。相传从契到汤,商部族一共迁徙了8次,汤时又把城邦迁到了亳,有说亳就在河南的商丘附近,也有说就是出土了宫殿遗址的河南偃师二里头。商汤有位辅佐大臣叫伊尹。伊尹的来历有几种说法:有说伊尹为了结识商汤,趁着有莘氏与商汤联姻的机会,冒充厨子混入有莘氏女儿陪嫁的队伍,成了商汤的一名厨师,以烹调喻治国之方获得商汤的重用。也有说伊尹是一位隐居的高士,商汤礼贤下士,请了五次他才出山。也有传说称,伊尹曾潜入夏后氏收集情报。无论如何,最后商汤在伊尹的辅佐下,与夏桀在鸣条(今山西运城安邑镇)决战,夏后氏兵败灭亡。

汤之后,两个儿子在位的时间也不长,然后是汤的长孙太甲继位。太甲是个昏君,伊尹劝谏无效,便把他驱逐到桐宫(今河南偃师西南),自己代行王政。三年后,太甲悔过自新,伊尹又将他迎还。另一种记载却说,是伊尹篡夺太甲的君位,太甲逃亡到桐宫,后来又潜回商部族处死伊尹,恢复了王权。

2. 商的统治体系

与夏启一样,商王不过是当时众多部族中的霸主而已,其他部族须向商王称臣纳贡,但商王是不插手其他部族的内容事务的。

商王的统治分为三个层次。

第一个层次是在部族内部。商是一个庞大的部族,内部由不同政治等级的氏族构成。处于权力最高层的是有资格继承王位的王族。商王的继承法,学者还有不同的意见,有人认为是兄终弟及,也有人认为是商王族内部两个支派轮流继承;其次是有资格参与政治与管理军队、共同决定王位继承人选的贵族阶层,这些贵族可以担任有尹、作册、多工、卿史、臣正等文官,以及多马、多亚、多射等武官,他们与王族共同构成商部族的统治阶层;贵族以下,则是只能参加劳动与作战的商的平民氏族。此外,一些战争中获得的俘虏,往往成为商王与贵族的奴隶,如果不甘做奴隶,则可能被商人当作祭神的供品(牺牲)被杀害,或者作为王公贵族的殉葬品而遭活埋。商王居住在都城中,他直接统治的范围,包括都城四周大片商部族耕作的土地、放牧的草原、开采的矿场、狩猎的森林,这个区域就是商王的"王畿"。

商王统治的第二个层次,是各地臣服的部族。臣服的部族会定期朝拜商王并献上贡品,商部族对外作战时,派出自己的部族军队参与战争。商王会跟一些政治、军事意义特别重要的部族建立更加紧密的同盟关系,这样的部族,大者称"侯","侯"是护卫的意思,小者称"男","男"是附庸的意思。商王也会派遣商内部的贵族,率领他们的族众,在某些军事重地建立新的城邦。这种从商部族中派生出来的新城邦,其首领与商王同辈的称"伯",商王的晚辈则称"子"。这些被称为伯、侯、子、男的部族城邦,就是商王统治下的诸侯,其分布的区域,应该集中在今天的河南、河北、山东、山西一带。

在商王统治的第二个层次以外,还有许多林立的部族。他们非但不愿向商王臣服,有时甚至向商部族发动战争,成为商部族的敌对势力。这样的部族似乎集中在商王畿的西方和北方,其中的鬼方、邛方、土方、羌方、人方、虎方,以及后来崛起的周方,与商部族展开了长期的战争。

3. 盘庚、武丁与纣王

太甲以下再传了七世十五任,便是商王盘庚。当时商族内部矛盾重重,盘庚感受到统治的危机。为了走出政治困局,盘庚不顾王公大臣们的反对,决意将都城从奄(山东曲阜)迁到殷(河南安阳西北)。盘庚迁殷前后,曾几次三番地严厉教训那些阻挠迁都的王公贵族的训词就保存在《尚书》的《盘庚》三篇中。商族在盘庚之前曾多次迁都,但盘庚迁殷后,商的都城基本稳定下来,因此商也称殷。

盘庚之后,继位的两个弟弟没有什么作为。但他的侄子武丁继

位后,商部族的势力空前发展。武丁时代,商部族与周边未臣服的部族发生了惨烈的战争。根据遗留下来的甲骨文记载,武丁征伐过50余个部族,其中最主要的是北方和西方的邛方、土方、鬼方和羌方等。邛方位于今内蒙古的西部和陕西的北部一带,武丁与邛方的战争据统计有300多次,每次出动的兵力有三五千人。武丁以后的甲骨文不再见邛方,可能被武丁消灭。鬼方在邛方更北面,有人认为他们是匈奴的祖先。武丁与鬼方的战争持续了三年之久,虽然解除了鬼方对商部族的威胁,但严重消耗了商部族的势力。羌方主要活动在今天陕西西部及甘肃一带,他们可能是炎帝部族的后代,是武丁最为强大的对手,最多一次武丁征调了13 000多兵力对羌方开战,这样规模的战争在当时是罕见的。

妇好是武丁60余位妻子中的一位,武丁非常宠爱她,经常为她的生育、健康等问题占卜。妇好获得武丁的尊宠,并不是因为她的美貌,而是因为她曾率师对土方、巴方、夷等方国作战,为商立下赫赫战功。1976年,妇好的墓在殷墟被发掘,墓中的随葬品,除了大量精美的玉器、青铜器之外,还有两件大铜钺。妇好墓是目前殷墟发掘中仅有的保存完好、能确定墓主年代和身份的商王室墓葬。

武丁之后,商又传了五世八个国王,直至灭亡。倒数第四位商王武乙,曾经以虐戏的方式挑战"天"的权威。一次,武乙做了一个木偶人,说这个木偶人是天神,然后与他搏斗,毫无还手之力的"天神"输了,武乙便百般侮辱"天神"。又有一次,他在一个皮囊中盛满了血,挂在高处,然后以箭射破皮囊,血喷涌而出,武乙说他这是射天。有人认为,武乙的古怪举动,象征着王权对神权的挑战,也有人认为,武乙这是在表达对周族的强烈不满,因为商人信仰的是"上帝",而周人信仰的是"天神"。

商的最后一个国王帝辛,也就是常说的商纣王,他在史书中的形象与夏桀类似,勇力超群,多才多艺,沉湎于享乐,为了讨好宠爱的女人而任意妄为,是一个狂妄、荒淫、残暴的国君,各地诸侯纷纷叛离纣王,就连部族内部的王公贵族也不再支持他。周侯、九侯和鄂侯,是商纣王最重要的三个诸侯,但商纣王对他们毫不尊重。九侯的女儿嫁给纣王,因为反对纣王的荒淫,被纣王杀害,九侯也被剁

成肉酱（醢）。鄂侯为九侯争辩几句，被纣王杀害后制成了肉干（脯）。周侯昌（周文王）为九侯与鄂侯的死而叹息，也被纣王囚禁起来。王公大臣们极力反对纣王的胡作非为，纣王便迫害他们，结果贵族比干被剖心，箕子被囚，微子则叛逃到周族。最后周族联合其他众多部族攻入朝歌，殷商的统治随着纣王自焚而消亡。

三、青铜器与甲骨文

1. 青铜器

青铜时代是区别于此前的石器时代及此后的铁器时代的一个历史时期，中国的青铜时代大约是指公元前 2000 年到公元前 500 年。夏商前期，开始出现了青铜铸造的礼器、兵器和工具等。商后期至西周早期，是中国青铜器发展的鼎盛期。如殷墟的妇好墓中出土了 200 多件青铜礼器、5 件大青铜铎和 16 件小青铜铃、130 多件青铜兵器、4 个青铜虎或虎头、20 余件其他青铜器，这些以大型礼器为代表的青铜器，造型瑰异，工艺精湛，风格浑厚凝重。中国青铜器的出现，晚于世界上其他一些地方，但青铜器的使用规模、铸造工艺、造型艺术及品种，在世界上都是无与伦比的。青铜器的用途，主要是礼器与兵器，礼器的形制来源于日常生活，有爵、鼎、彝、盘和盂等 20 余种。兵器的形制则包括戈、矛、戚、钺、刀和箭镞等。青铜礼器上的铭文，主要是说明器主人的族氏和祭祀对象、器物的用途，以及记载商王和贵族对器主人的恩赐。青铜礼器的制作很讲究，上面有浅浮雕的花纹，大量是动物纹样。作为青铜器纹样的动物有两类，一类是自然界存在的动物，如凤鸟、象、虎、龟、熊、犀、鹗、牛和马等；另一类则是自然界不存在的神话动物，如饕餮、肥遗、夔、龙和虬等，饕餮是一种"有首无身、令人未咽，害及其身"的怪形野兽，肥遗是一种"一首两身"的蛇，夔是一足龙，虬是有角龙，至于对龙的描述则有很多种。

除了商的青铜器以外，1986 年又在四川广汉南兴镇发现了自新石器时代晚期延续至商周之际的古蜀国文化遗址——三星堆。在三星堆遗址中发现的两座大型祭祀坑，出土有大量青铜器、玉石器、象牙、贝、陶器和金器等。祭祀坑的年代约为商末周初，文物大部分是古蜀国王室的宗庙重器,可能是遭遇灭国之灾,这些王朝最重要的器物在举行祭祀仪式后被埋入坑中。

形象极度夸张的青铜人头像在三星堆青铜器中最富特色。有一坐立人像头戴兽面形高冠,连座高2.62米,重180多公斤,这样高大的青铜铸像在整个中国青铜文明中都是独一无二的。另一具大型兽面具,宽138厘米,重80多公斤,面容狰狞、怪诞,却又轻灵活泼,可谓青铜艺术中的极品。三星堆出土面具器物最大的特点,是眼球的瞳孔部分呈柱状向前突出,突出长度可达16.5厘米。一般认为这与古蜀人祖先崇拜有关,《华阳国志》记载:"蜀侯蚕丛,其目纵,始称王",其墓葬称为"纵目人冢",所谓"纵目"可能就是指这种铜面具眼睛上凸起的圆柱,三星堆出土的突目青铜面具可能正是古代蜀王蚕丛的神像。

2. 甲骨文

商部族迷信鬼神,无论祭祀、收成、征伐、天气、福祸、田猎、疾病和生育,王公贵族都要求神问卜。商部族流行用龟甲或兽骨进行占卜,巫师先在精心挑选的龟甲或兽骨(一般是牛肩胛骨)背面刻出椭圆形的长槽,称为"凿",然后在"凿"的一头钻出一个深槽,称作"钻"。这些具有神灵的甲骨,由巫师(贞人)专门保管。占卜时,问卜者先向巫师说明所问之事,巫师向神灵汇报后,用烧烫的契柱灼烤甲骨背面的"钻",甲骨遇热爆裂,形成的裂纹就是所谓的"卜"兆。巫师根据"卜"兆的粗细、长短、曲直、横斜和隐显等特征,判断占卜的凶吉。然后巫师将占卜的时间、问卜者的名字(这是前辞或叙辞)、问卜的内容(命辞)、占卜的结果(占辞),以及应验的情况(验辞),全部刻写在这片甲骨的"卜"兆边上,所有这些文字就是"卜辞"。刻有卜辞的甲骨被妥善收藏在地窖中,历经数千年后又重见天日。

妇好即将分娩时,武丁曾为妇好占卜,从而留下这样一条卜辞:

甲申卜,□,贞:妇好娩,嘉?王稽曰:其惟丁娩,嘉,其惟庚娩,弘吉。三旬又一日甲寅娩,不嘉,惟女。

意思是说,甲申这一日武丁来问卜,巫师代武丁问神灵,妇好将要分娩了,请问会不会幸运地生下一个男孩呢?(巫师占卜之后),

第二讲——夏商史述

武丁确认了占卜的结果:如果在丁日分娩,会幸运的产下一个男婴,如果是庚日娩,也会很吉利。结果妇好在占卜之后31天——甲寅日分娩,生下的是一个女婴。由于商族贵族占卜的内容涉及社会生活的各个方面,数千年后重新发现的甲骨卜辞,便成了研究商代历史特别重要的史料。《史记》中有一篇《殷本纪》,详细记载了商部族的历史和商王的世系。但是由于没有可资印证的其他史料,学者们对《殷本纪》的可靠性一直有所怀疑。甲骨文的重新发现,证明《殷本纪》记载的商王世系具有极高的可信度,同时学者们第一次确认史籍中记载的殷墟,就是甲骨文的出土地河南安阳小屯村。

商人用龟甲兽骨占卜,在上面契刻的文字,就是"甲骨文"。1899年秋天,清朝国子监祭酒王懿荣因病,派人到宣武门外菜市口的达仁堂中药店买药,无意中发现其中有一味药叫"龙骨",上面刻画着一些符号。王懿荣对古代金石文字素有研究,觉得这可能是古文字,便将达仁堂的"龙骨"以每片二两银子的高价全部买下,后来又通过古董商等收购"龙骨",累计收集了1 500多片。王懿荣研究发现,这是数千年前契在龟甲兽骨上的文字,并辨识出"雨"、"日"、"月"、"山"、"水"等字,及商代几位国王的名字。此事引起社会各界的轰动,文人学士和古董商人开始竞相搜求甲骨。1900年7月,八国联军兵临北京,慈禧太后带领皇室人员仓皇出逃,"甲骨文之父"王懿荣服毒坠井而死。王懿荣殉难后,所藏甲骨大部分转归好友刘鹗。此后刘鹗进一步收集甲骨文至5 000多片,并于1903年拓印《铁云藏龟》一书,将甲骨文资料第一次公开出版。不久,学者孙诒让根据《铁云藏龟》的资料,又写出了甲骨文研究的第一部专著《契文举例》。

古董商为了垄断财源,对于甲骨文的来源秘而不宣。1908年学者罗振玉访知甲骨文出土于河南安阳县小屯村一带,便亲往安阳实地考察。罗振玉先后搜集到近两万片甲骨,并据此编写了《殷墟书契》和《殷墟书契菁华》等书,为甲骨文的研究奠定了基础。继罗振玉(号雪堂)之后,王国维(号观堂)、郭沫若(字鼎堂)、董作宾(字彦堂)(此四人号称"甲骨四堂")等众多知名学者,都对甲骨文作了卓有成效的考释和研究工作,并使甲骨文成为一门独立的学问——甲骨学。从1899年甲骨文首次发现到现在,共计出土甲骨154 600多片,其中内地收藏97 600多片,台湾省收藏有30 200多片,香港藏有89片,总计我国共收藏127 900多片。此外,日本、加拿大、英、美等国家共收藏了26 700多片。这些甲骨上刻有的单字约4 500个,迄今已释读出的字约有2 000个左右。

中国的文字萌芽较早,在新石器时代仰韶文化的陶器上就发现了各种刻画符号,成为中国文字的雏形,经过两三千年的孕育、发展,到商时期出现了甲骨文。甲骨文是典型的象形文字,中国的汉字系统直接传承甲骨文而来。比甲骨文更早的两河流域的楔形文字和埃及象形文字早已无人使用,汉字是现在世界上仍在使用的文字系统中最古老的一种,同时也是唯一一套仍在使用中的非表音文字系统。

第三讲

西周文明

牧野一战,武王克商,一个落后的农业部族——小邦周,打败了统治中原数百年的大城邦——天邑商,这是中国历史上惊天动地的大事。最初,周的统治并不稳固,一度面临严峻的挑战,但周人沉着应对。周公东征,经过三年的艰苦战争,周人平定了东方的叛乱。此后,周人展现出卓越的政治创新能力,天命观、封建制、宗法制、礼乐制和井田制,这些观念与体制不仅开创了辉煌的西周文明,而且被后来的儒家文化所传承,塑造了中国传统文化的基础性格。

一、周的兴起

1. 周族的起源与发展

夏、商、周三代,中国社会仍处于部族城邦阶段,夏、商、周是当时众多部族城邦中先后崛起,并且长期称霸的三大部族。这其中,夏后氏的大禹"兴于西羌",出自山西,应该是炎黄族群的一支;商部族以鸟为图腾,先祖传说与神鸟有关,应该是东夷族群的一支;而周部族"姬",出自今天陕西的周原,应该是黄帝的一支,同样属于炎黄族群。因此,夏、商、周三代可以说是炎黄族群和东夷族群两大族群相互争霸的历史。

周部族的先祖名叫"弃",也就是后稷。传说弃的母亲姜嫄在野外踏过巨人留下的脚印而有身孕。姜嫄生下男婴后,觉得来路不明,决心将其抛弃,但男婴每次都神奇地活了下来,姜嫄无奈将其收养,而取名"弃"。周部族"姬"姓,而弃的母亲"姜"姓,说明周部族不但是黄帝的后裔,而且与炎帝的一支世代通婚。炎帝部族善于农

耕,炎帝后来被尊为神农。可能是受母亲姜嫄的影响,传说弃也善于耕种,帝尧时弃任农官,"后稷"就是农官的官名。

《史记》记载,后来夏后氏不重视农业,后稷的儿子不窋失官流落"戎狄之间",弃农从牧。不窋的孙子公刘时,周部族又恢复了农耕生活,公刘还率领族众渡过渭河,开拓了广阔的农田,周部族因此迅速壮大。到公刘的儿子庆节时,周部族在豳这个地方建立了自己的城邦。公刘的迁徙路线,古今学者有不同的理解。传统的理解认为,周部族早期在今天的陕西、甘肃一带活动。近代以来有学者认为,周部族其实是发源于山西汾水一带的游牧部族,到公刘时学会了农耕,并由山西迁徙到陕西渭河一带,善于农耕的先祖后稷可能是他们编造出来的。有些学者还提出,因为周部族的发源地与夏后氏曾经活动过的夏墟同在山西汾水一带,所以周部族自称为"华夏",以此表明他们与盛极一时的夏后氏有着渊源关系。

公刘之后大概又传了十世,这期间周族不断地发展壮大,使商族感受到威胁。因为受到商部族的压制,周部族无法向东发展,便向西拓展新的发展空间,当时的首领公亶父率领族众西迁,来到了岐阳(今陕西岐山东北),建起一个更大的城邦,这就是周原,周的族名便来源于此。

公亶父有三个儿子。传说公亶父打算让第三子季历继承国君的地位,长子泰伯和次子仲雍为了不让父亲为难,便悄悄离开周原,来到荒蛮的东南,泰伯自称"句吴",而仲雍的后代在武王克商后建立了吴国。不过也有学者认为,泰伯与仲雍的迁徙路线过于遥远,既无必要也无可能。泰伯与仲雍不是因为避位才离开周原,他们是奉了父命,带领周部族的一支向东扩张,到山西建立虞国,作为周部族克商大业的军事前哨;或者是来到长江中游一带建立军事据点,试图从西、南两个方向形成对商部族的战略包围。不过在后来武王克商的过程中,泰伯和仲雍似乎并没有发挥任何作用。另一种观点认为,泰伯、仲雍根本就是虚构的人物,春秋后期崛起于今天江苏的吴国本是东南的土著,为了获得中原大国的认同,才编造出秦伯、仲雍两个出自周部族的先祖以及他们避位的故事。

季历领导周部族时,周部族已经成为商部族在西方最重要的诸

侯。季历曾经为商王征战,制服过鬼方和余无戎,受到两代商王的赏赐,商王文丁还封季历为"牧师"。季历虽为商王征战,但兵锋所至,都成了周部族的势力范围。周部族逐渐成为西方的霸主,让商王感到严重威胁。为了限制周部族的扩张,后来商王文丁将季历杀害,周、商的矛盾开始激化。

2. 武王克商

季历之后领导周族的是他的儿子周文王昌。周文王表面上仍归顺商王,暗地里则策划如何取代商王的霸主地位。商纣王一度囚禁周文王,后来又释放了周文王并封他为"西伯",承认了周部族在西方的霸主地位。此后周文王率众先后征服了西面的犬戎和密须,东面的耆、邘、崇等国,并在今天陕西西安西南的沣河西岸修筑了新的城邦——酆邑。

周部族日益壮大,其他的部族看到周取代商是大势所趋,纷纷前来归顺,其中包括商的贵族微子,以及"姜"姓的吕尚。吕尚就是太公望,俗称姜子牙或姜太公。关于吕尚的来历,也有几种不同的说法。一说吕尚原是隐居的处士,常在海滨垂钓,后来受周文王的礼聘;一说吕尚本是商的官吏,后来归顺周。不过吕尚更可能出自姜姓的炎帝后裔,与周部族长期通婚并结成军事同盟,周武王与吕尚可能就是甥舅关系。吕尚率领自己的部族军队,全面参与了周部族的军事行动,这是吕尚成为周族军事统帅的主要原因。

酆邑建立后不久,周文王去世,其子周武王发继位。当时的黄河中上游,周部族已经三分天下有其二。周部族的势力还渗透到江汉平原,实现了对商部族西、南两个方向的战略包围。周武王九年,周族大军渡过黄河,在盟津(今河南省孟津西北)举行军事演习。据说当时各地有800个部族不约而同地前来与周武王会盟,并鼓动周武王一举消灭商部族。但周武王认为时机未到,没有发动进攻。又过了两年,周武王看到商纣王已经众叛亲离,东夷族群发动对商的大规模叛乱,商纣王派大军镇压东夷部族,周武王乘虚而入,发动了伐纣战争。在吕尚的指挥下,周和西南其他同盟部族大举向商进攻。传说周的部族军队不过虎贲之士3 000人、战车300乘、步兵数万人,当他们快速挺进至牧野(今河南淇县南)时,商纣王竟然还能够集结70万大军抵抗。可惜商纣王的70万大军反戈一击,未经激烈战斗,周便大获全胜。这样的记载可能有些夸张,也有史书记载牧野一战尸横遍野、血流成河。无论如何,牧野战后,周武王攻入朝歌,商纣王自焚而死。此后周族清除了商王畿四周的残余势力,周武王取代了商纣王成为部族中的霸主。

二、封建制度

1. 周公东征

虽然推翻了商王的统治,但是商族人口众多,技术与文化都很发达,武器先进,族群意识也非常强烈。相比之下,周部族简直就是一个落后的小部族。牧野之战虽然取得胜利,但想要消灭商部族是不可能的,如何征服商这个称霸中原四五百年的庞大族群,成了周武王遇到的棘手问题。最初周武王并不打算直接统治商部族,只是想取代商王成为部族中的霸主。因此周武王让商纣王的儿子武庚继续领导商族,为防止商部族发动叛乱,周武王派出管叔、蔡叔和霍叔三兄弟,在商王畿的南部地区建立起卫、墉、邶三个城邦,史称"三监",负责监视武庚与商部族。在周武王看来,商族的问题就此可解决。于是他回到西方,在今天陕西西安市长安区西北、与鄷邑一河之隔的地方,建了一座新的城邦——镐京。

周部族的统治并不稳固。克商战争两年之后,周武王去世,其子周成王继位,因年幼无法亲政,便由周成王的叔父周公旦摄政称王。不料,周公摄政称王之事引起在东方监督商族的管叔、蔡叔的猜忌,他们认为,周公将要继承王位,而把自己排除在继承人选之外,因此对周公十分不满,散布谣言称周公将要篡位,并煽动商族以及东夷族群一同发动叛乱,史称"管蔡之乱"或"武庚之乱"。三监与商族,以及徐、奄、蒲姑等东夷部族的集体反叛,基本上是东方族群对西方的新霸主周部族发动的总进攻,东西方两大族群再次面临生死决战。面对严峻局势,周公旦说服太公望与召公奭,联合统帅军队,严厉镇压东方的叛乱。这场史称"周公东征"的战争持续了3年之久。第一年挡住了叛军的进攻,第二年攻克了三监与武庚的商部族,诛杀了管叔、武庚,流放了蔡叔。第三年继续东征,基本平定徐、

奄、蒲姑等叛军,并将这些部族的残余势力迁徙到淮河一带。

2. 周商融合与封建制度

东征之后,周公意识到必须采用新的政治手段,才能解除商部族和东夷族群的政治、军事威胁。周公对商部族与其他东夷部族采用了不同的政治手段。对商族的策略是融合商的贵族统治阶层,迁徙商的普通族众。周公邀请那些富有统治经验和生产技术的商贵族加入到周的统治集团中,让他们成为周王或者鲁、卫、晋等同姓诸侯的官吏,或者将他们统帅的部族军队整编为周、鲁、卫、晋的军队。这样,既借鉴了商部族先进的统治经验和生产技术,又将原来的敌对势力吸纳、转化为自身统治力量的一部分。同时,周公决定大规模地迁徙商的族众,让他们接受周的直接统治。但将商族众迁往镐京,可能会威胁周王畿的安全与稳定,因此周公在洛水附近营建了一座新的城邦——洛邑,也就是所谓的"成周",在那里建立起统治机构,将商的族众迁徙到洛邑周边。为了安抚商的遗民,周公将早已投降的商贵族微子,分封到商族宗庙所在——商(今天河南的商丘),在这里建立宋国,世代祭祀商王祖宗。

周公对付其他敌对部族的办法是派出部族军队在敌对势力集中的地方建立新的城邦,对当地部族实行直接的军事统治。武王克商之初,除了三监被分封在商的王畿之地监视武庚之外,其他的兄弟与功臣只在周王畿四周建立自己的采邑。所谓采邑,即由周王赏赐重要的贵族若干土地与族众,由贵族开创一支独立的宗族并赐予氏号的制度。周公东征之前,包括周公旦、太公望、召公奭等贵族功臣都在镐京附近获得了采邑,"鲁"、"齐"、"燕"便是周王赐予三公的氏号。采邑与城邦有所不同,主要是一个贵族的生活聚落,并不像城邦那样具有明显的军事性质,也没有完备的政治统治机构。在周公东征之后,为了防止东夷族群再次叛乱,周公决定在今天山东、河北一带建立新的城邦,对当地的东夷部族实行直接的军事统治。这个新的政治任务交给了东征的三位统帅,于是周公旦、太公望与召公奭分别派出他们的儿子,率领着各自的部族军队,分别在奄国(今天山东的曲阜)、蒲姑氏的营丘(今山东临淄北)、蓟(今北京市房山区)三个地区建立起新的城邦国家,这就是

鲁、齐、燕三大诸侯。武王的另一个弟弟康叔原本在镐京附近有自己的采邑——卫，这时也受命东迁，在商都朝歌重建卫国，监视与防范微子的宋国。此后，周成王又封其弟叔虞在唐尧故地（今山西翼城西）建立新的城邦——唐（后改名为晋），这个城邦的军事政治任务，是防范北方的戎狄部族侵犯镐京。鲁、齐、燕、卫、晋，是周公东征之后，在镐京的东、北两个方向建立的五大诸侯国，此外在周的南方汉水一带，可能也建立过一系列同姓的小国，也就是所谓的"汉上诸姬"，不过这些国家后来逐渐消亡，周部族对南方的渗透似乎并不成功。

由周王赐予贵族功臣爵位、氏号、族众，并在王畿以外的区域建立新城邦，对异族土著实行军事统治，这就是西周的"封建"制度。受封贵族的爵位分为公、侯、伯、子、男五个等级，像鲁、齐都是公国，燕、卫、晋当是侯国，这些分封的国家，统称诸侯。诸侯对周王承担进贡、提供力役和兵役、定期向周王朝聘等义务，诸侯国君的传授也须得到周王的批准。

三、周虽旧邦，其命维新

1. 天命观

虽然相比于称霸中原数百年、文化与技术都高度发达的"天邑商"，周族不过是一个古老而落后的小邦国。但在取代商的统治地位之后，在周公旦等人的努力下，周邦创造了一系列典章制度与文化观念，表现出强烈的创新精神，这就是周公在祭祀周文王时所宣颂的"周虽旧邦，其命维新"的精神。

周人的创新，包括"天命靡常"、"惟德是依"的天命观，以及封建制、井田制、宗法制、礼乐制等一系列典章制度。这些制度奠定了西周长期统治的基础，将中国的政治文明推向一个新的高度。不仅如此，西周的政治观念、典章制度和历史文化，还保留在《诗》《书》《礼》《乐》《易》《春秋》等文化典籍中。春秋时代的孔子不但尊崇西周文化，还将这些文化典籍作为教授学生的教科书，并在西周政治文化的基础上构建起儒家思想的体系，而儒家文化又成为帝制时代中国文化的主流。因此可以说，西周文化是中华传统文化的源头与

基础,由西周文化塑造的基本性格与精神内核,使中华民族成为世界上独一无二的文明体。

"天命靡常"、"惟德是依",是周人提出的一种新的政治文化观念。部族时代的人们普遍相信,他们的祖先是一位天神,他们的命运由这位天神所主宰。当时的人们特别重视祭祀与占卜,祭祀是通过奉献牺牲来祈求天神满足自己的愿望与要求,占卜则是通过某种神秘的手段来获知天神对部族重大问题的裁决或判断。武王克商,是蕞尔小邦战胜了天下霸主,这个现象,如果解释为是周的天神战胜了商的天神,似乎并不合理。因此周人认为,冥冥之中,存在着超越部族神的更高级的神明,这就是"天"本身。"天"是无所不在、无所不能的,并不属于一个特定的部族,天的视野遍及整个天下,根据每个部族的言行得失对其命运进行裁判,"德"就是部族的言行得失,"天命"就是上天的裁判,这也就是"天命靡常"、"惟德是依"的观念。周人又有所谓的"天视自我民视,天听自我民听"的观点,就是指统治者通过民众对他的满意度,来判断上"天"对他的"德"的满意度。为了让被征服的商族众心悦诚服,周公反复向商遗民灌输这种"天命观",告诫殷商之所以灭亡,并不是军事上被周邦所败,而是商王失"德"而遭上天的抛弃,因此试图发动军事叛乱对抗周的统治是徒劳的。

2. 宗法与井田

一般认为,商王的继承制度保留着兄终弟及的传统,而周族确立了嫡长子继承制度,并在此基础上形成了宗法制度。嫡长子继承制度规定,周王及各级诸侯贵族的君位、爵位由他们的正妻的长子继承。从周武王克商至周幽王被杀,西周将近三百年的历史中,经历了十一世十二任国王。这其中,周孝王之前的武、成、康、昭、穆、恭、懿七王都是父死子继。懿王之后的孝王,有人说是恭王的弟弟,有的说是懿王的弟弟,反正他们破坏了嫡长子继承制度。但在孝王之后,诸侯立懿王之子夷王,之后的夷、厉、宣、幽四王也是父死子继,应该说西周的嫡长子继承制度执行得相当成功,这也在很大程度上确保了周王室的稳定。

嫡长子以外的庶子也称别子,理论上没有资格继承国君之位,

29

但有机会获得爵位、官职与采邑。爵位包括公、卿、大夫、士四个等级。"公"对应的官职有太保、太师和太史。太保是周王的监护人和辅佐大臣,但西周中期以后较少出现;太师是军队的统帅和主要的辅佐大臣;太史是主管文书和宗教事务的文官统治的首脑。"卿"对应的官职应该是司徒、司马、司空等高级官员,以下的低级官员则属于"大夫"这一等的爵位。"士"是贵族的最低等级,一般成为周王军队中的贵族武士,或者是高级贵族的家臣。获得公、卿、大夫等爵位的贵族子弟,也可以从周王那里获得若干土地与族众,开创自己的一支宗族,这就是采邑制度。相对于周王室,周王的别子开创的宗族,就称为"小宗",王室就是"大宗"。同样的道理,公、卿、大夫、士的爵位只能由各自的嫡长子继承,别子只能获得低一级的爵位,别子的宗族相对嫡长子的宗族都称"小宗",反之则称"大宗",因此大宗、小宗是相对而言的。而按西周的礼制,小宗传至第五世,便丧失与大宗之间的亲属关系。这种由嫡长子传续大宗,庶幼子开创小宗的制度,就是西周的宗法制度。

井田制或许在殷商已经出现,但盛行于西周时期。而也有学者认为,井田制只是后世儒家学者的空想,历史上并不存在。西周的很多贵族拥有自己的采邑,采邑包括一片土地以及若干依附于贵族的平民氏族。贵族的土地称为"公田",由这些依附的平民氏族共同无偿耕种,平民氏族只有在耕种完"公田"后,才能耕作自己的土地——"私田",因此诗云"雨我公田,遂及我私"。这种"公田"、"私田"的生产关系,后来被儒家学者想象为"井田制",即将一片正方形的土地划分为"井"字形九等份,四周的八片土地是"私田",中间的一大片是"公田"。儒家学者认为,井田制是理想中的土地制度,总是希望能够恢复,但井田制是建立在部族社会基础之上的,帝制时代部族已经瓦解,井田制的社会条件已不复存在。除了耕种公田之外,贵族的其他生活都由平民氏族供养,平民氏族要为贵族修筑住所、从事各种杂役,狩猎、纺织等其他的劳动果实,需要把最优良的部分奉献给贵族,诗云"言私其豵,献豜于公",就是讲把打猎获得的小野兽留给自己,大野兽献给贵族。

3. 制礼作乐

西周的宗法体系,既要维护周王宗族内部的团结,从而保证周族对其他部族的统治力量,又要在宗族内部建立起等级分明的政治秩序,从而确保以周王为首的政权内部不发生紊乱。为了强化宗法制度,周公创制了一套礼乐制度。礼是礼仪,制礼的根本原则就是"尊尊",即尊崇地位尊贵的人,制礼就是根据各级贵族在宗法体系中的地位等级、权利与义务关系等,制定一系列具有象征意义的行为与仪式规范。乐就是音乐,作乐的根本原则是"亲亲",即与亲人保持亲密的感情,作乐的目的是通过音乐让各级贵族体验到宗族内部温馨和睦的亲情。

吉礼、嘉礼、宾礼、军礼和凶礼等五礼,是西周礼制的主要内容。吉礼主要是各种祭祀礼仪,王室祭祀的对象包括上天、日月星辰、风伯雨师等天神,社稷、五岳、山林川泽等地祇,列祖列宗、历代圣君等人鬼。嘉礼是指举办各种喜庆活动时的礼仪,包括宴饮中的飨燕礼,体育游戏中的射礼和投壶礼,贵族招待社会贤达的乡饮酒礼,冠礼、笄礼等成人礼,以及婚礼。贵族男子的冠礼中,受冠者要加三次冠,分别象征治人之权的缁布(黑布)冠,象征服兵役资格的皮弁,以及象征祭祀资格的爵弁。冠礼之后,受冠者需要命字,"字"是社会交往中使用的称呼,"名"则只限于家族中称呼。西周贵族男子的正式称呼,一般是排行(伯仲叔季)、字、"父"或"甫"(对贵族男子的美称)三者联称,如孔子排行第二,字尼,故称"仲尼父",排行、字、名联称也比较普遍,如孔子的父亲称"叔梁纥"、孔子称"仲尼丘"。西周男子称氏、女子称姓,女子的正式称呼是排行、姓、字、"母"或"女"(对女子的美称)四者联称,如"孟妊车母",比较简单的称法是排行、姓两者联称,如有位女子称"孟子",即是"子"姓(商族的姓)、排行老大的女子。宾礼是接待诸侯、藩邦和外国国君、使臣之礼。军礼包括征伐之礼、校阅之礼、田猎之礼和巡狩之礼。凶礼主要是丧葬礼。

4. 周易与筮卜

殷商以龟甲占卜,周邦则流行筮卜,即以蓍草占卜。占卜时,卜兆需要与卜辞对照,才能了解卜兆的含义。殷商龟卜的卜辞已经失传,周人筮卜的方法与卜辞却流传下来,这就是《周易》。筮卜的卜兆,并不是龟甲上的裂纹,而是所谓的六十四卦。卦由爻组成,爻分阴阳,阳爻是一条连线,阴爻是一条断线。阴爻、阳爻三三组合,便形成了乾、坤、巽、兑、艮、震、离、坎八卦,八卦再两两组合,便形成了六十四卦,每一卦由六爻组成。《周易》的内容,就是六十四卦的卦辞和构成六十四卦的三百八十四爻的爻辞。筮卜的过程,就是四十九枚蓍草经过一定程序的排演,最后归结到某一卦或某一爻,相对应的卦辞或爻辞,就是占卜的结果。比如,《周易》的第四卦是"蒙"卦,由☷(阴阳阴阳阴阴)六爻组成。蒙卦的卦辞是:"亨。匪我求童蒙,童蒙求我。初噬告,再三渎,渎则不告。利贞。"这句话的意思是:"通泰。教育,不应该是老师求着学生来学习,而应该是学生求着老师来学习。第一次向老师请教,老师应该认真地回答。老师回答之后,学生又拿着同一个问题几次三番地再来问老师,那就是不尊重老师,不尊重老师,那老师就不需要回答了。所以这次占卜,对于学习态度端正的学生来说,是有利的。"卦辞下面,是自下而上构成该卦的六爻的爻辞,阳爻称"九",阴爻称"六",蒙卦自下而上就是"初六、九二、六三、六四、六五、上九"六爻,《周易》记载这六爻的爻辞是:

  初六:发蒙,利用刑人,用说桎梏,以往吝。

  九二:包蒙吉;纳妇吉;子克家。

  六三:勿用娶女;见金夫,不有躬,无攸利。

  六四:困蒙,吝。

  六五:童蒙,吉。

  上九:击蒙;不利为寇,利御寇。

  《周易》对筮卜演卦的方法也有记载:"大衍之数五十,其用四十有九。分而为二以象两,挂一以象三,揲之以四以象四时,归奇于扐以象闰,故再扐而后挂。"这就是筮卜时蓍草排演的方法,意思是说,用五十根蓍草代表天地万物,用其中的四十九根来代表万物的演化。将四十九根蓍草任意分为两部分(分而为二),然后从左边这部分蓍草中取出一根(挂一),这样就将蓍草分为三部分(象三,代表天、地、人),然后将左右两部分的蓍草四根一组地排列(揲之以四),

第三讲——西周文明

代表春夏秋冬四时,将余下的或一或二或三或四根蓍草取出(归奇于扐),这个过程就是"一变"。然后再将剩余的蓍草(包括"挂一"的一枚)重新聚合在一起,重复一变过程。二变、三变之后,最后剩下蓍草的数目有四种可能:36,32,28,24。将这四个数目除以4,得到9,8,7,6四个数字,其中9和7两个奇数代表阳爻,9是老阳,7是少阳,8和6两个偶数代表阴爻,8是少阴,6是老阴。通过这样的三变,就获得了一爻,六次"三变"即十八变,就得到六爻,将六爻自下而上排列,便获得六十四卦中的一卦。然后再根据爻的老、少组合,来确定全卦的卦辞还是其中一爻爻辞,是这次占卜的结果。《周易》原本是一部单纯的占卜之书,后来儒家学者对其中的卦辞、爻辞的内容作出政治和道德上的解读,从而使《周易》成为儒家的一部经典。

四、部族战争与西周的衰落

西周是在与其他部族持续的军事冲突中逐渐衰落的,周的敌人,包括南方的荆楚与淮夷、西北的戎狄,以及北方的鬼方。

周公东征之后,基本上肃清了山东一带的东夷族群,但有一部分东夷族群南迁到淮河流域,这可能就是淮夷的来历。周公去世后,周成王征伐过淮河一带的录子圣,可能是淮夷的一部。周康王曾出兵镇压了东夷族群的又一次叛乱,同时也北伐猃狁和鬼方,全部获得胜利,西周进入全盛时期,史称"成康之治"。康王之后的昭王曾亲征荆楚。荆楚是长江流域的部族城邦,荆楚文化自成体系,与中原文化有明显区别。周成王曾赐荆楚子爵,荆楚对此并不满意,试图挑战周王的权威,因此昭王两次出征荆楚,第二次南征时,昭王溺汉水而亡。之后的穆王在位55年,曾西征犬戎,南伐徐方。徐方是淮夷的一支,传说周穆王时徐方首领徐偃王好行仁义,众多淮夷小部族推徐偃王为盟主。结果徐偃王趁周穆王西征犬戎的机会,号召淮夷发动反周战争。周穆王返师讨伐淮夷,徐偃王败逃至彭城(今江苏徐州)隐居。古代有一本记载穆王周游天下的书——《穆天子传》,内容十分夸诞,包括周穆王西游与西王母一起宴饮的故事,却是周穆王四处征战的一种反映。西周后期夷王、厉王、宣王时也曾多次讨伐淮夷。

西周时,陕西、甘肃、山西一带,仍然活动着很多古老的游牧部族,统称为戎狄。戎狄之中对周统治威胁最大的,是西方的犬戎和北方的猃狁。周康王曾讨伐猃狁,周穆王则亲征犬戎。周懿王时,西戎侵犯至镐京,北狄进攻至周族的发源地岐山,周懿王被迫迁往槐里犬丘(今陕西兴平东南),从此西周不断遭受戎狄的侵扰,国势由盛转衰。周夷王、周厉王曾讨伐太原之戎,并击退了猃狁的入侵,但持续的战争耗尽了西周的国力,特别是周厉王南北两线作战,导致财政枯竭。可能是为了筹措军费,周厉王宣布垄断山林川泽的收入,但此举损害了贵族与国人的利益,结果引发"国人暴动",周厉王出奔至彘(今山西霍县东北),王政由诸侯代行。有人说当时召穆公和周定公代行王政,故称"共和行政",也有记载称,"共和行政"是指共伯和主持朝政。"共和行政"发生于公元前841年,是中国历史有确定纪年的开始。周厉王去世后,其子周宣王在诸侯的扶持下继位,这时戎狄之祸更加严重,周邦的军队已在南方对淮夷、徐国的战争中耗尽,周宣王不得不扩大征兵范围,"既丧南国之师,乃料民于太原",此举同样遭到周族内部的强烈反对。

在西戎族群中,申戎保持着与周邦的紧密关系,被周王封为申侯,两国王室长期通婚。申戎在西戎族群中有相当的威望,周邦有赖于申侯牵制西戎。周幽王的正妃申后是申侯的儿女,太子宜臼是申侯的外孙。周幽王宠幸褒姒,废除了申后与宜臼,立褒姒之子伯服。此举激化了周邦与申侯的矛盾,结果申侯号召犬戎等西戎各部攻杀幽王于骊山之下,又攻入镐京,褒姒和周邦的财宝被西戎族群部洗劫一空。这就是"申侯之乱",也称"犬戎之乱"。申侯又扶立自己的外孙宜臼继位,这就是周平王。战乱之后,由于镐京一带的周王畿破残不堪,周平王将都城迁到了成周洛邑。东迁过程中,周平王得到秦襄公的一路护送,因此封秦襄公为诸侯,并将被西戎侵占的岐山以西的地区封赐给秦襄公。

第四讲

春秋争霸

公元前770年,周平王在秦襄公、晋文侯、郑武公、卫武公所率军队的护送下,迁都洛邑,史称"东周"。东周的历史又分为春秋与战国两个时期,现在一般将春秋的时限定为公元前770年至前476年,而战国是公元前475年至前221年。孔子说:"天下有道,则礼乐征伐自天子出;天下无道,则礼乐征伐自诸侯出。"东周时,周天子的权威衰落,从此诸侯不再听从周王的号令,僭礼越制,相互攻伐,争当霸主,封建宗法体制逐渐崩溃,"礼崩乐坏"成为春秋时期贵族社会演变的总趋势。

一、礼崩乐坏

1. 郑伯克段于鄢

春秋时最早崛起的是郑国。郑国受封的时间很晚,是周宣王幼弟——桓公友的封国。郑国原本在今陕西华县北,离王畿不远。周幽王时,郑桓公意识到周邦将乱,镐京附近很不安全,决心向东发展。犬戎之乱中,郑桓公为保护周幽王而殉难,继位的郑武公护送周平王至洛邑后,又先后消灭了洛邑附近的郐、东虢两个小国,并将城邦迁到了今天河南的新郑。东迁之后周、郑两国相邻,关系密切,周王对郑国多有依赖,因此郑桓公、武公、庄公相继成为周王的上卿。

郑武公的夫人武姜生产郑庄公时难产,武姜因此厌恶郑庄公,而宠爱幼子叔段,甚至要求郑武公立叔段,遭到郑武公拒绝。郑庄公继位后,武姜要求将叔段分封在军事要地"制"(今河南荥阳,即虎牢关),郑庄公无法接受,改而将叔段分封在"京"(今荥阳东南)。京是座大城,叔段在京扩军备战,图谋与武姜里应外合,发动叛乱。郑庄公事先察觉,却不露声色,认为"多行不义必自毙",任由叔段发展势力、直至其自取灭亡。前722年,叔段发兵攻郑,郑庄公在鄢(今河南鄢陵西北)将其镇压。这就是《春秋》所记载的"郑伯克段于鄢"的事件,字面意思是"郑家老大在鄢征服了段",这样的记载看起来很别扭,古人认为这是孔子故意通过奇怪的笔法来表达对历史人物的褒贬评价,这就是所谓的"春秋大义"。《左传》分析这个记载称:"段不弟,故不言弟;如二君,故曰克;称郑伯,讥失教也;谓之郑志。不言出奔,难之也。"意思是说,因为段对兄长不孝悌,所以不说他是弟弟;两兄弟的矛盾闹得像仇国一样,所以说"克","克"是代表一个国家征服另外一个国家;称郑伯而不是郑公,这是故意点明他的兄长身份,讽刺他没有尽到兄长对弟弟的教育职责,竟然故意让弟弟走向败亡;叔段最后其实是逃亡了,《春秋》中没有记载事件的结果,也是故意让郑庄公难堪。

2. 礼崩乐坏

从郑庄公开始,"礼乐征伐自诸侯出"的事件不断发生并愈演愈烈,在孔子看来,春秋就是一个礼崩乐坏、天下无道的时代。

叔段失败后出逃到共国(今河南辉县),他的儿子公孙滑出逃到卫国。卫国为滑报仇,与郑开战,这是春秋时代诸侯相互攻伐的开始,是破坏礼乐制度的严重事件。郑、卫相互攻伐后不久,卫国发生内乱。卫公子州吁是庄公宠妾的儿子,庄公去世后,其子桓公继位。州吁非常骄横,被卫桓公教训了一顿,于是州吁逃亡他国,并与叔段结为朋友,后来又回国袭杀卫桓公,自立为君。这是春秋历史上第一次弑君的事件。州吁自立后,又为叔段报仇,联合宋、陈、蔡等国共同伐郑,将郑的东门围了5天,这是春秋时代诸侯联合攻伐的先例。从此东方诸侯分裂,郑、齐为一派,宋、陈、蔡、卫为一派。州吁伐郑虽然获得了胜利,但卫人厌恶州吁。州吁意识到统治危机,希望好友石厚向其父、卫国大臣石碏请教治国之策。石碏建议州吁朝觐周天子以固君位,并提议通过陈国疏通与周天子的关系。正当石

第四讲——春秋争霸

厚随同州吁出访陈国时,陈桓公却事先得到石碏通知,要求将州吁与石厚逮捕后遣返卫国。州吁与石厚因此被杀,卫国立卫宣公为新君。

乘着卫国的内乱,郑国进攻卫、宋、陈等国,其中郑、宋的战争最为激烈。当时的宋殇公在位10年,打了11仗,国人疲于奔命,对殇公很不满。这时宋国太宰华督想要霸占大司马孔父嘉漂亮的妻子,于是制造舆论,说殇公是听了孔父嘉的谗言才频繁发动战争的,并以此为借口杀孔父嘉,然后娶其妻。殇公知道此事后非常愤怒,华督于是杀殇公,从郑国迎回公子冯(宋庄公)为君。

卫、宋先后内乱,齐、鲁也与郑国修好,郑国地位日益上升,郑庄公因此骄横,常与周天子发生冲突。当时郑庄公以卿士身份掌握政权,周平王对郑庄公的骄横十分不满,开始考虑任用西虢公,削弱郑庄公。但计划尚未实施,郑庄公便来责难,周平王否认有此计划,并主动要求与郑国交换人质,于是将王子狐送到郑国,史称"周郑交质",这也是礼崩乐坏的一种表现。周平王去世后,继位的周桓王打算任用虢公,郑庄公非常不满,因此发兵收割了周王畿内温地的麦子,以发泄不满。第二年郑庄公朝觐周桓王,周桓王不加礼遇。此后周桓王正式任命虢公为卿士,并剥夺了郑庄公的权力。此举激怒了郑庄公,郑庄公从此不再朝觐周王。于是周桓王集结虢、蔡、卫、陈等国讨伐郑国,双方在繻葛(今河南长葛)交战,结果周王的联军溃败,周桓王肩部中箭。郑庄公没有乘胜追击周王联军,但周王的威信从此一落千丈。

此后周王的土地不断遭到侵蚀,诸侯也不再定期朝聘贡献,周天子变得日益贫穷。周平王去世后,周王室向鲁求赙(葬丧费)才料理了周平王的后事,周桓王继位后曾向鲁国求车,去世后又因财政问题过了七年才埋葬。后来周王室又发生内乱,周惠王侵占卿大夫的田地,结果引发五位大夫联合作乱,拥戴周惠王的叔叔颓发动叛乱。失败后王子颓出奔卫国,卫国和燕国联兵讨伐周惠王,立王子颓。但郑厉公支持周惠王,又杀王子颓和五大夫,周惠王得以复位,对诸侯的依赖也加深了。

二、齐桓公

1. 齐桓公

郑庄公去世后,郑国发生内乱,国力日益衰弱,郑君亹在一次会盟时被齐襄公所杀。此后齐襄公又杀鲁桓公。公元前694年,鲁桓公与夫人文姜出访齐国,文姜是齐公室女,出嫁前与齐襄公私通,出访齐国时旧情复燃,留宿齐宫,遭到鲁桓公训斥。齐襄公得知后,在一次宴会上将鲁昭公灌醉,然后由力士彭生扶鲁桓公上车时将其杀害。鲁国向齐国抗议,齐襄公处死彭生向鲁国谢罪,鲁国不敢继续追究。此后齐襄公又灭纪国,召集鲁、宋、蔡等国讨伐卫国,护送卫惠公回国复位。但不久齐襄公在内乱中被杀。原来齐襄公曾派齐大夫连称、管至父戍卫蔡丘(今山东临淄西),相约一年后御任,但齐襄公言而无信。于是两人拥戴齐襄公堂弟公孙无知作乱。连称有位堂妹是齐襄公的侍妾,通过此人公孙无知等了解了齐襄公的行程。齐襄公在外游猎,遇到一头野猪,侍从却称这头野猪是"公子彭生",齐襄公大怒,箭射野猪,野猪站了起来,齐襄公受惊跌落车下,仓皇回到行宫,被公孙无知等人攻杀,公孙无知自立为君。

公孙无知自立第二年即被齐大夫所杀,齐国议立新君。齐襄公有两个弟弟,公子小白在莒国,公子纠在鲁国。齐大夫高傒等通告小白回国继位,鲁国得知消息派兵护送公子纠回国争夺君位,并派公子纠的师父管仲阻击公子小白。管仲一箭射中小白带钩,小白佯装被杀。管仲不知有诈,等他与公子纠抵达齐境时,小白已抢先继位,公子纠立即返回鲁国。公子小白就是齐桓公,这是公元前685年发生的事件,同年齐桓公在乾(山东临淄西南)打败鲁国,胁迫鲁庄公杀公子纠,交出纠的师傅管仲和召忽。公子纠被杀后,召忽不甘受辱,自杀而亡。管仲被押回国,在齐桓公师傅鲍叔牙的极力推荐下,管仲被齐桓公任命为国相。管仲重视商业与生产,开展兵制与财政改革,使齐国迅速富强。第二年齐、鲁两国在长勺交战,鲁国在曹刿指挥下大胜齐军。此后齐鲁两国在柯(今山东阳谷东北)会盟,鲁将曹沫劫持齐桓公,要求归还所侵占的鲁国土地。事后齐桓公本想反悔,在管仲的劝说下,齐桓公履行了被劫时的承诺,以此取信于诸侯,此后鲁国渐渐成为齐国附庸。周惠王赐齐桓公"侯伯(霸)"的称号,并要求齐桓公讨伐卫国,以惩卫立王子颓之罪。至此黄河下游各国都归附于齐国,齐桓公的霸业初步形成。

2. 尊王攘夷

齐桓公又实行"尊王攘夷"的策略。"攘夷"是指驱逐戎狄,保护中原诸侯不受戎狄侵犯。公元前664年冬,燕国因山戎入侵,向齐求救。齐北伐山戎得胜而回。此后狄人两次南侵邢国(今河北邢台附近),齐桓公发兵救邢,将邢国迁至夷仪(今山东聊城西)。狄人攻卫,卫懿公被杀,卫迁至曹邑(今河南滑县西南),齐桓公发300乘、3 000甲士替卫国戍守曹邑,并赠卫大量礼器、物资,后来又将卫国迁至丘城(今河南滑县东)。齐桓公驱逐戎狄,救燕,存邢、卫,提升了齐国在诸侯中的地位。

"尊王"是指维护周王权威和周王室稳定,并以周王的封赐来树立其在诸侯中的权威。公元前656年,齐召集诸侯讨伐楚的附庸蔡国。蔡国溃败,诸侯军趁机伐楚。楚王派使者与齐桓公交涉,称"君处北海,寡人处南海,唯是风马牛不相及也,不虞君之涉吾地也,何故?"管仲提出楚国不向周天子纳贡、周昭王南征无归两大罪状,齐国又向楚使炫耀军阵,但楚国终不屈服,诸侯军与楚国在召陵结盟而还。

当时周王室又发生内乱。周惠王试图废太子郑,立少子带,遭到齐桓公反对。公元前652年,周惠王去世,太子郑担心少子带将作乱,不敢发丧,向齐国求援,齐桓公邀集诸侯会,拥护太子郑即位,这就是周襄王。周襄王即位第二年,齐桓公两次与诸侯在葵丘(今河南兰固阳镇)会盟,第一次周襄王派大臣赐齐桓公祭肉,第二次齐桓公代周王申明禁令。这两次葵丘之盟,标志着齐桓公霸业达到了顶峰。

公元前643年,齐桓公去世,诸子为争君位发生内乱。宋襄公联合诸侯伐齐,立齐孝公。齐国霸业由此衰落,各国战乱又起。当时宋襄公意图争霸,无奈实力不济。在公元前639年的一次会盟中,宋襄公为当霸主,与楚成王争执牛耳,结果被楚成王拘捕。宋襄公被释放后,又邀集诸侯伐郑,楚国起兵伐宋救郑。公元前638年冬,宋、

楚两国在泓水(今河南柘城北)会战,宋襄公不听趁楚军渡河时出击的建议,恪守贵族战争的军礼,奉行"君子不重伤,不擒二毛,不以阻隘,不鼓不成列"的原则,坚持等楚军列阵完毕后开战,结果大败,宋襄公受伤,第二年便去世了。

三、晋楚争霸

1. 晋文公

晋国是周成王弟叔虞的封国,原称"唐"(今山西太原),后来迁都至晋水旁,改国号"晋"。此后晋国又先后迁都曲沃(今山西闻喜东)和翼(即绛,今山西翼城东南)。晋文侯曾护送平王东迁有功,文侯去世后,其子晋昭侯继位,又封叔父成师于旧都曲沃,称"曲沃桓叔",曲沃是一座比翼更大的城邦。后来晋国大臣杀晋昭侯,迎立曲沃桓叔,结果没有成功,晋人又立昭侯子晋孝侯,晋国从此分裂成翼和曲沃两个政权,多位晋侯遭曲沃的迫害,其中曲沃武公先后杀害三位晋侯,又通过贿赂周僖王受封为晋侯,这就是晋武公。

晋武公之子晋献公将晋国八支公族全部消灭,又起兵灭耿(今山西河津东南)、霍(今山西霍县西南)、魏(今山西芮城东北),并把耿、魏分赐给臣下赵夙和毕万,赵夙和毕万就是战国时赵、魏两国的先祖。

公元前655年,晋国发生内乱。晋献公先有三子,即太子申生、公子重耳与夷吾,另有一女穆姬。后来宠幸骊姬姊妹,生下奚齐和卓子。骊姬为使奚齐继位,设法将申生、重耳、夷吾三人赶出翼城,然后伪称晋献公梦见太子过世的母亲齐姜。太子得知后,按礼制在曲沃祭祀母亲,又将祭肉献给晋献公。当时晋献公田猎未归,六日之后,骊姬向晋献公献上祭肉,晋献公将祭肉分食于犬与小臣,结果发现肉中有剧毒。骊姬于是向晋献公哭诉,称太子为防备奚齐夺位才下毒手,不如让她自杀以免太子猜忌。于是晋献公逼太子申生自杀,骊姬又诬告重耳和夷吾参与下毒之事,于是重耳逃亡狄国,夷吾逃亡梁国。

晋献公去世前将奚齐托付给大臣荀息,但奚齐继位之后被晋大夫里克杀死,荀息又立卓子,里克又杀卓子,荀息于是殉难,晋国一

第四讲——春秋争霸

时处于没有国君的混乱之中。当时公子夷吾在梁国,为谋求继位,便向姐夫秦穆公求援,并答应事成之后将向秦国献上8座城池。于是秦穆公联合周、齐将夷吾送回晋国继位,这就是晋惠公。晋惠公继位后,先是恩将仇报,杀死迎他回国的里克等人,然后言而无信,拒绝向秦国献城。不久晋国发生饥荒,晋惠公向秦国求援,秦穆公输大量粮食救济晋国。几年后秦国饥荒,秦穆公向晋国求援,不料晋惠公趁火打劫,起兵攻秦国。不幸晋惠公被秦军俘虏,秦穆公本想处死晋惠公,无奈夫人穆姬以死要挟,秦穆公只好将晋惠公释放。晋惠公回国后,将太子圉送到秦国做人质,秦国则将宗室女怀嬴嫁给圉。数年之后,晋惠公病重时,太子圉潜逃回晋,惹恼了秦穆公。前636年,晋惠公去世,太子圉继位,为晋怀公。晋怀公因忌惮出逃在外的公子重耳,处死了追随重耳的晋国大臣的家人,闹得人心惶惶。

当时重耳已经在外流浪将近20年。重耳先在狄国住了12年,后又游历卫、齐、曹、宋、郑、楚、秦等国。这其中齐、宋、楚等国对重耳相当礼遇。在齐国,齐桓公将宗室女嫁给重耳,重耳喜欢齐国的生活,打算长期滞留,引起追随他的臣子们的恐慌。齐女得知后,与随从大臣一起将重耳灌醉,然后将其送出齐国。宋襄公则赠给重耳马二十乘(一乘四匹)。重耳至楚国时,楚成王问重耳如果楚国将重耳送回晋国,将获得什么回报,重耳答以"退避三舍",即两军相遇时晋军后撤九十里。此后楚国将重耳送到秦国,秦穆公将五个秦女嫁给重耳,其中包括原先嫁给晋怀公的怀嬴。公元前636年,秦穆公将重耳送回晋国继位,这就是晋文公,出逃的晋怀公则被追杀。晋文公继位之后,王子带再次联合狄人进攻周襄王,周襄王奔郑,晋文公派兵护送周襄王回王城复位,并杀王子带,周襄王因此赏赐晋国四个邑城。

公元前633年,楚率联军围宋,宋向晋告急。晋起兵讨伐楚国附庸曹、卫两国。楚将子玉向晋文公提出,楚从宋撤军的条件,是让卫、曹复国。不料晋文公扣押楚使,并允许曹、卫复国,条件是与楚绝交,以激怒楚军。于是晋、楚决战,晋文公实践诺言,退避三舍。第二年,晋、楚在城濮(今山东范县)决战,晋军诱敌深入,横截楚军,

41

楚军大败，子玉自杀。于是晋文公与诸侯在践土（今河南原阳西南）会盟，周襄王亲自参加，并册命晋文公为"侯伯"，称晋文公为叔父，晋文公霸业达到顶峰。

2. 晋国赵氏

公元前628年，晋文公去世，其子晋襄公继位。当时秦穆公派兵远袭郑国未能得逞，回师时遭遇晋军在殽伏击，秦军几乎全军覆灭，只有主帅在怀嬴的求情下被释回秦国。此后晋、秦多次交战，互有胜负。

晋襄公去世前，任用赵盾主持国政。公元前621年，晋襄公去世，太子夷皋年少无知，赵盾本打算废太子而立在秦国的公子雍。无奈襄公夫人抱着太子日夜哭诉，赵盾又打消了废立计划，夷皋就是晋灵公。第二年，晋国与诸侯会盟，赵盾以大夫身份主盟，晋国政权逐渐落入赵氏手中。晋灵公品行恶劣，喜用弹弓射击路人取乐，又常常无故杀人。赵盾屡次进谏，灵公心中厌恶，便派刺客钼麑刺杀赵盾。钼麑既不愿刺杀忠臣，又不能违抗君命，于是撞槐树而亡。不久，晋灵公试图在宴会中埋伏甲士击杀赵盾，幸而甲士灵辄曾受恩于赵盾，因此在格斗中倒戈，护送赵盾逃走。赵盾还没有逃出国境时，侄子赵穿杀死晋灵公。赵盾得知消息后立即回家，并让赵穿从周王室迎回公子黑臀继位，这就是晋成公。晋国太史董狐记载晋灵公被杀事件，称"赵盾弑其君夷皋"，把弑君的账算在赵盾的头上，是因为晋灵公被杀时赵盾未出国境，仍是晋国执政大臣，而赵盾回来后也没有惩罚弑君凶手。后来孔子称赞董狐是"古之良史"。

晋景公时，晋灵公时代的宠臣屠岸贾灭赵族。当时赵盾已经去世，其子赵朔的妻子是晋成公的姐姐，躲在宫中逃过一劫，并产下一名男婴赵武。赵武遭到屠岸贾的追杀，赵朔的门客公孙杵臼用他人的婴儿顶替赵武，然后由赵朔的友人程婴假装出卖公孙杵臼，公孙杵臼被杀，程婴则在山中将赵武抚养成人。后来晋景公得知赵氏仍有后人在世，将赵武召进宫中并恢复其地位。这就是"赵氏孤儿"的故事。

3. 楚庄王

东周以来，楚国势力不断扩张。西周灭亡时，楚国的首领是熊

第四讲——春秋争霸

仪,后来熊仪的孙子熊通自立为武王,与周王分庭抗礼。继位的楚文王将都城迁到郢(今湖北江陵)。楚成王在位46年,经历了齐桓公与晋文公两代霸主,曾与齐在召陵结盟,大败宋军于泓水,又在城濮被晋军打败。楚成王晚年试图重新废立太子,结果被太子商臣逼杀。商臣就是楚穆王,继位时晋文公已去世三年。楚穆王在位12年,其间楚灭江(今河南正阳西南)、六(今安徽六安东北)、蓼(今河南固始东北)等国,郑、陈、宋等国相继成为楚国附庸。

楚穆王去世后,其子楚庄王继位。楚庄王即位的前三年整日沉湎酒色,不理国政。三年之后,楚庄王"不鸣则已,一鸣惊人",诛杀奸庸一百人,任用贤能一百人,革除一系列弊政,迅速整顿内政,继续军事扩张。公元前606年,楚庄王攻打洛水一带的陆浑之戎,然后在周王畿边境陈兵示威。周定王派王孙满慰劳,楚庄王乘机询问象征天子权力的九鼎重量。面对楚庄王"问鼎中原",王孙满答以国家兴亡"在德不在鼎"。此后楚庄王进一步巩固在江淮地区的势力,并不断向北扩张。前597年,郑国附晋,楚军攻入郑都,郑襄公肉袒牵羊,向楚告罪,楚于是退兵。这时晋国发兵救郑,得知郑已附楚,晋军主帅意见不一,不知是进是退。楚庄王趁机在邲(今河南荥阳西北)突袭晋军,晋军因无战备而败退,损失惨重。

此后楚国使者往齐国商议讨伐晋国之事,路经宋国时未向宋国申请,结果楚使被宋大夫华元所杀。楚庄王起兵伐宋,围攻宋都9个月而未能破城,遂打算在宋都四周盖屋种田,长期围困。大夫华元在黑夜潜入楚营,劫持楚军统帅子反,诉说宋都内"析骨而炊,易子而食"的惨状,逼子反讲和。第二日楚、宋讲和,华元入楚做人质。至此,陈、蔡、郑、宋等小国都已归附于楚国,楚庄王的霸业达到顶峰。

4. 弭兵大会

此后晋楚两国继续争霸,相互攻伐,两国又多次与小国结盟。楚在蜀(今山东泰安东南)召集14国会盟,这是春秋以来规模最大的一次会盟。晋国又邀集九国在虫牢(今河南封丘北)会盟。蜀与虫牢两次会盟,鲁、宋、卫、郑、齐、曹6国均有参加。

公元前579年,宋大夫华元利用自己在楚、晋两国良好的私人关系,促成晋、楚两国在宋国会盟休兵,这是春秋时的第一次弭兵大

会。三年之后,楚国率先撕毁盟约,楚晋再次争霸,公元前575年,两军在鄢陵(今河南鄢陵北)相遇,双方经过一整天激战,未分胜负,但楚共王眼部中箭,连夜撤军。

此后晋国联手东南的吴国对付楚国,楚国则与秦国联合对付晋国。晋楚长期争霸,各有胜负,宋、郑等中原小国夹在其中,不堪其苦。这时楚国受吴国牵制,晋国内又有大夫作乱,都难于发动大规模战争。宋国大夫向戌乘此时机,出使晋、楚、齐、秦四国,倡导各国休兵和解。公元前546年,晋、楚、齐、秦、鲁、宋、郑、卫、曹、许、陈、蔡、邾、滕等12国在宋国会盟休战,确定晋、楚两国为诸侯霸主,齐、秦之外,其他各国同时向晋、楚两国朝觐纳贡。春秋时代中原的争霸战至此基本结束。

四、吴越争霸

1. 申公巫臣

郑穆公的女儿夏姬,是春秋时著名的美女。她先嫁给郑国的子蛮,子蛮死后又嫁给陈国的夏御叔,生下夏征舒。夏御叔死后,陈灵公与大夫孔宁、仪行父都与夏姬通奸,夏征舒杀陈灵公,孔宁和仪行父逃亡到楚国。楚庄王出兵杀夏征舒,并把夏姬带回楚国。其后,楚庄王与司马子反都想娶夏姬,却被申公巫臣劝阻。楚庄王把夏姬赐给连尹襄老,襄老在邲之战中战死,夏姬回到郑国,申公巫臣又通过郑公娶夏姬为妻。公元前589年,楚共王派申公巫臣出使齐国,申公巫臣趁机逃亡至晋。奔晋之后,申公巫臣家人被杀,家产被瓜分。申公巫臣为向楚国复仇,提议晋景公派其出使吴国,帮助吴国训练军队,唆使吴国背叛楚国。

传说吴国是周王季历之兄泰伯、仲雍的后代创立的国家。公元前584年,也就是吴王寿梦即位第二年,申公巫臣来到吴国。在申公巫臣的帮助下,吴国的军事力量迅速壮大,当年吴即攻楚,占巢(今安徽瓦埠湖东南)、徐(今江苏泗洪南)、州来(今安徽凤台)等地,并开始参加中原会盟。前561年,寿梦去世,留下四子,寿梦希望幼子季札继位,无奈季札拒不接受。寿梦于是传位于长子诸樊,并留下遗命,要求四子兄终弟及,直至传位于季札。前527年,吴王余昧去

第四讲——春秋争霸

世,季札仍不受位,于是余昧子僚继位,而诸樊子光不服。

2. 伍子胥

吴王僚时,楚国的伍员(子胥)亡至吴国。伍员父亲伍奢是楚平王太子建的太傅。楚平王派太子少傅费无忌为太子迎娶秦女。费无忌为了讨好楚平王,建议好色的楚平王自娶漂亮的秦女。事成之后,费无忌又害怕因此得罪太子,便诬蔑太子谋反。伍奢劝楚平王不要听信谗言,反被楚平王囚禁。楚平王又要求伍奢召回二子伍尚与伍员,以免他们作乱。长子伍尚听从父命,结果与父亲一起被杀。次子伍员先后逃亡至宋国和郑国,后来又经昭关逃亡吴国,投靠吴公子光,一心想让吴国攻楚,以报杀父之仇。

期间,吴楚两国因为小儿争桑而发生了一次奇特的战争,《史记·楚世家》记载:"初,吴之边邑卑梁,与楚边邑钟离小童争桑,两家交怒相攻,灭卑梁人。卑梁大夫怒,发邑兵攻钟离。楚王闻之,怒,发国兵灭卑梁。吴王闻之,大怒,亦发兵,遂灭钟离、居巢。"这次对楚战争的统帅是公子光,伍子胥希望公子光继续攻打楚国,但遭到公子光的否决,公子光对吴王僚说,伍子胥为私仇才怂恿吴国去攻楚,他的建议不能采纳。但伍子胥了解到,公子光并非不愿攻打楚国,而是不服吴王僚的统治,不愿为其征战,图谋取而代之,于是伍子胥将自己的刺客朋友专诸献给公子光。楚平王去世后,吴王僚趁楚国新丧,发兵伐楚,却被楚军包抄。公子光趁国内兵力空虚,设计宴请吴王僚。席中,专诸佯装上菜,用藏在鱼腹中的匕首刺杀吴王僚。公子光自立,这就是吴王阖闾。

阖闾继位后,重用伍子胥、孙武等人,连续进攻楚国。公元前506年,吴军大败楚军,攻入楚都城郢,楚昭王出逃随国。伍子胥挖楚平王陵墓,鞭尸三百,以报杀父之仇。楚昭王的母亲就是原来为太子建迎娶的秦女,吴军攻入郢都时,楚大夫申包胥奉命到秦国求兵。申包胥在秦宫外痛哭七天七夜,秦哀公终被感动,发兵救楚。除了秦军的讨伐,南方的越国也趁机进攻吴国,再加上内部的叛乱,吴军大败。

3. 夫差与句践(勾践)

传说越国是大禹的后裔,但有关越国历史的记载,其实是从句践的父亲允常开始的。秦军攻吴救楚时,越王允常趁机攻吴。公元前496年,越王允常去世,子句践继位,吴王阖闾兴师讨伐,以报前仇。双方在槜李(今浙江嘉兴西南)开战,"越王句践使死士挑战,三行,至吴阵,呼而自刭。吴师观之,越因袭击吴师,吴师败于槜李,射伤吴王阖闾"。阖闾因伤而死,其子夫差继位。

公元前494年,吴王夫差兴兵伐越,以报父仇。吴军在夫椒(或今江苏苏州洞庭西山)打败越军,攻入越国(今浙江绍兴),句践率五千甲士坚守会稽山(今浙江绍兴东南),并派大夫文种向吴王夫差求和。夫差不听伍子胥的劝谏,答应了越的求和,条件是越王句践和大臣范蠡作为臣隶随从吴王回国。句践留吴三年后被释放。吴王夫差通过兼并小国实力大增,又联合鲁国进攻齐国,伍子胥反对夫差进攻齐国,结果被赐死。越王句践在被释放回国之后,在范蠡的建议下,句践卧薪尝胆,"身自耕作,夫人自织,食不加肉,衣不重彩,折节下贤人,厚遇宾客,振贫吊死,与百姓同其劳",竭力恢复国力,伺机向吴复仇。

公元前482年,吴与鲁、晋在黄池(今河南封丘南)会盟,夫差主盟,周王也派代表参加。这时句践趁机攻入吴都,杀吴太子友。夫差回师求和,句践没有拒绝。此后数年之中,越国连续进攻吴国,吴军节节败退。公元前473年,吴王夫差投降,被迁到甬东(今浙江定海东),夫差不甘其辱,上吊自杀。句践灭吴之后,踌躇满志,与齐、晋诸侯会盟于徐州(今山东滕县)等地,周元王派人赐句践祭肉,册命他为侯伯,越王句践是春秋时代的最后一位霸主。

帝国的形成

在礼崩乐坏的过程中,中国的社会结构发生了深刻的变化。进入战国时代,争霸的各大诸侯为了保持军事上的优势,纷纷开展政治变革,如魏国的李悝变法,赵国的公仲连变法,楚国的吴起变法,最著名的则是秦国的商鞅变法。这些变法运动,打破了原来的宗法部族体系,逐步建立起由国君通过官僚控制民众的帝制国家。帝制国家的建立,有几个最主要的方面:一是国君直接控制地方行政的郡县制的产生;二是国君直接控制财源的税亩制和直接控制兵源的征兵制,这两种制度紧密联系,并以编户齐民制度为基础;三是作为国君统治工具的官僚系统的建立。

一、帝国体制的构建

1. 战争的升级

帝国体制的形成,与战争的升级有着密切的关系。春秋战国时期,战争不断升级,战争的规模持续扩大,各国兵力数十倍的增长,战术战法也发生剧变,步骑兵的野战代替了原来的车阵作战。

首先是兵力的扩充。春秋初期各大国兵员至多不过数万人。比如,晋国城濮之战投入兵力700乘,齐桓公时齐国兵力不过800乘,以每乘30人计,不过两三万人。到春秋后期,随着县制的建立,各国兵员开始激增,如晋国全国曾有49个县,每县有100乘兵力,每乘30人计,即有近15万兵员。战国时各大国的兵力都有数十万乃至上百万人。如秦国有带甲百万,车千乘,骑万匹;魏国有武力20万,苍头20万,奋击20万,厮徒10万,车600乘,骑5 000匹;楚国有带甲百万,车千乘,骑万匹;等等。

其次是战争规模的扩大。春秋时的大战,用兵数量不过数万,春秋战国之间一场战争投入兵力则在10万人左右,如公元前341年的马陵之战,魏国动用"十万之军"。但到战国中期以后,一场战争投入乃至伤亡人数,常以数十万计,如公元前293年,秦将白起大破韩、魏联军于伊阙,斩首24万人;公元前260年长平之战,秦坑赵军俘虏40余万人;公元前251年燕攻赵,起兵60万人;等等。

随着战争规模的扩大,战争的方式也发生了剧变。春秋前期贵族战争的主要模式是车阵作战,双方排列成整齐的车阵然后交战。交战的目的,主要是两国胜负的较量,并非灭国屠城。交战的过程,无非是双方车阵的冲杀。车阵冲杀之后,很难重新排列继续作战,因此春秋时的大战,往往一天之内就见分晓。到了战国时代,一场大战往往持续数年,战争的目的,是置敌国于死地,战争变成旷日持久的灾难。如魏惠王"围邯郸三年而弗能取";赵武灵王"以二十万之众攻中山,五年乃归";齐、韩、魏联军"以二十万之众攻荆(楚),五年乃罢",继而攻秦函谷关,"西困秦三年,民憔悴";长平之战,"秦虽大胜于长平,三年然后决,士民倦"。传统的车阵冲杀无法适应战国时代旷日持久的战争,大规模的步骑兵野战和包围战成为普遍的战争形式。春秋时最早使用步兵的,是北方山林地区的戎狄和南方水泽地区的吴越。中原各国最早用步兵作战的,是经常与戎狄交战的郑、晋两国。但是随着中原列国疆域的扩张,国与国之间连境接壤,战争需要深入敌国,师行千里。战线拉长,地形随之复杂,天气也变化多端,传统的车阵战法无法适应,步兵野战成了必然的趋势。春秋战国之际,骑兵也开始应用于战争,但不是战争的主力,其主要的功能是配合步兵作战,冲乱敌军排阵,或者阻绝敌军的退路、粮道。因此战国列强的军队中,带甲之士常有数十万人,而骑兵不过五六千。赵武灵王的胡服骑射,与冲锋陷阵的骑兵不同,骑射指在马上远射,是赵武灵王对付胡人的战术,在中原战争中并不常见。至于在马上持重兵器肉搏近战的战法,由于马镫尚未发明,并不见于春秋战国时的战场上。

第五讲——帝国的形成

2. 疆域与郡县制

从黄帝时代开始,中原的部族邦国在持续的战争中不断融合。传说黄帝时有万国。周武王盟津观兵时,有八百诸侯不期而会,说明当时仍有上千部族邦国。春秋时周天子势力范围内的邦国,从春秋初年的140余个减至数十个,其中齐灭国三十余,楚灭国四十余,秦并十余国,晋并二十余国。战国时继续争霸的只有秦、齐、楚、韩、魏、赵、燕七国,最后秦并六国。

春秋以前,部族邦国的统治范围,只是以城邦为核心的一片区域,邦国与邦国之间并不接壤,因此没有疆域的概念。进入战国时代,一些大国吞并的领土越来越多,随着战争的升级,传统的城池无法保障领土的安全,各国开始在边境修筑军事防御工程,这就是长城,楚、齐、魏、中山、赵、燕等国都有兴建,赵、燕、秦三国还修建了防御匈奴、林胡、楼烦等北方游牧部族的边地长城。随着长城的修建,国家的空间概念,由原来的城邦据点,演变为有明确疆界的领土,经历了一个由点及面的过程。

郡县制是帝国体制下的地方行政制度,将全国分为若干郡,郡下辖县,郡、县长官由国君任免。战争中新获得的土地往往在边境,具有重要的军事意义,国君为了直接控制这些新攻占的土地,不再将这些地方封赐给贵族、功臣,郡、县便在这个过程中应运而生。县的本义是"悬",因为新设县的地区往往是孤悬于国都之外的边地。县出现于春秋时期,当时秦、晋、楚等大国常将新兼并的小国改建为县,由国君直接统治,可以直接从这里征发军赋和兵役。同时,一些诸侯国内部贵族或相互兼并,或被国君兼并,这个过程中也有大量原来贵族的采邑,由国君接收并按边地的县进行统治,这也是县的一个来源。

郡最初同样设立于那些新占领的领地,最早出现于晋国。与县的区别在于,郡一般不是军事要地,而是一些地广人稀的地区,因此最初的郡与县平行,政治地位反而低于县。后来这些郡逐渐繁荣,人口增多,政治经济地位上升,原来简单的行政机构不适应一郡广大的区域和繁杂的政务,便在郡下设县,于是逐渐出现了郡、县两级地方行政体制。秦国吞并六国,每得新地,必设郡、县。等秦建立大一统帝国时,郡、县遍布中国,郡县制最终取代了原来的分封制。

3. 税亩制与征兵制

春秋战国时期,战争规模持续扩大,数十万人、数年之久的大规模战争,需要国家动员和筹集大量的兵力与物资,这就需要国家具备强大的战争动员能力。春秋战国时期,随着社会生产能力的发展,社会结构发生重大变化,各国诸侯根据战争的需要,实行税亩制与普遍征兵制,从而获得了强大的战争动员能力。

西周时实行井田制,贵族的公田由平民氏族无偿耕种。从春秋开始,铁制工具和牛耕技术在农业生产中大量使用,农业生产力大为提高,平民氏族有能力开垦越来越多的私田,相对而言,贵族的公田变得越来越少。贵族阶层意识到井田制度的弊端,不再要求平民无偿耕种公田,改而要求平民将私田上的劳动果实按一定比例无偿上缴,这种根据土地产出上缴农业收成的制度,就是税亩制。为了获得更多的田税,统治阶层将公田分给平民,并鼓励平民阶层打破氏族组织,将一夫一妻的小家庭作为征收税赋的基本单位,这又刺激了小家族开垦土地的热情。

西周及以前的战争是部族战争,各国的军队主要来自部族内部。部族军队的兵源有限,限制了战争的规模。西周晚期,周宣王在持续的战争中丧失大量兵员,试图扩大征兵范围,"料民于太原",此举遭到周族内部的强烈抵制。春秋战国时期,战争不断扩大,国家需要源源不断的兵源,原来的部族军队不能满足战争的需要,于是将征兵的范围扩展到普通农户。一般来说,只有国君将公田分给平民,打破贵族与平民的界限,平民家庭才愿意接受为国家服兵役的义务,因此征兵制往往伴随着田制的改革而出现。如齐桓公时管仲改革,实行"相地而衰征",就是把田地分给农户家庭,然后根据田亩征税。同时管仲又实行寓兵于农的政策,限制农户迁徙,将农户按照军队编制组织起来。公元前645年,晋国被秦国打败,损失大量军队,晋惠公为了扩张兵力,先"于是乎作爰田",接着又"于是乎作州兵",也是在将田地赏赐给农户之后,要求农户服兵役的制度。公元前594年,鲁宣公在鲁国开始实行"初税亩",五年之后,鲁国又下令"作丘甲",这同样是将征兵的对象从贵族阶层扩展到平民阶层。

战国时代一般以郡县为单位征兵,男子服兵役的年龄大概从15岁到60岁。长平之战,秦王听说赵的粮道被切断,曾亲自到河内,征发全国所有15岁以上的男子奔赴长平。战国时军队有常备军与临时征战之分,常备军一般经过考选,有免除徭赋等特殊待遇。临时征战则根据战役的需要而定,有些参军者一场战役结束便可以回家。秦国曾有一位叫喜的小官吏,他在公元前244年参军,当年战争结束便去当了小官吏,第二年又服兵役,之后又担任小吏。

为了有效地向民众征收赋税和兵役,到战国时,各大诸侯国建立了严密的户籍制度,把民户的基本情况登记在册。户籍登记的内容,包括一个小家庭的人口数、成年男子的年龄和姓名等。平民成年之时,就要将姓名登记在户籍上,叫做"傅"或"傅籍"。秦国那位名叫喜的小官吏是在15周岁那年,也就是公元前246年"傅籍"的。"傅籍"之后,民众就必须承担应兵役、服徭役、纳户赋的责任。秦国以户(小家庭)为单位,把所有的民众登记在册,以便随时征役收税,这种有户口登记的小家庭就是"编户"。所有的民众都可以服兵役,为国家战争服务,他们具有法律上平等的地位,因此称为"齐民"。通过"编户齐民"制度,帝制中国就形成了一个由国君直接控制的、以五口之家为典型的小家庭为基本单位的社会结构。按照秦国的体制,国君之下所有的人生而平等,他们时刻为国家的战争准备着,未经批准不得迁居,只要在战争中奋力杀敌、建立战功,就能获得国家的赏赐,封官加爵,从而提升自己的政治地位。

为了有效地向民众征收赋税,战国时各国还设立了专门的财政机构,如秦国有"大内"和"少内"两种财政机构,相当于秦汉时的"治粟内史"和"少府",前者主要征收田地的租税,用于政府机构的经常开支,包括官僚系统的俸禄等;后者主要征收人头税和工商税,主要供国君和宗室享用。各国还统一了度量衡以便收税,秦国在商鞅变法时统一了度量衡,传世的商鞅方升(铜质,现藏上海博物馆)是秦孝公时颁发给重泉(今陕西蒲城)的标准量器,据实测当时秦的一尺长23厘米,一升容202.15立方厘米。

4. 游士与官僚体制

春秋战国时期,各国想要在诸侯中争霸,或者在兼并战争中保

存自己、消灭敌人,就必须进行全面的改革,通过税亩制、征兵制等方式,将全国的人力与物资集中到国君一人手中。这场改革成败的关键,在于打破原来的贵族宗法体制。在西周封建宗法体制下,各国的卿大夫都出自贵族阶层,国君依赖贵族施行一场打击贵族阶层的变法显然是不能成功的,因此必须选任其他社会群体实行变法。

"士"本是西周宗法体制下贵族的最低等级,他们拥有一定数量的"食田",接受礼仪(礼)、音乐(乐)、射箭(射)、驾车(御)、书写(书)、计算(数)等贵族教育(统称"六艺"),战时可以充当下级军官,平时可做卿大夫的家臣。到春秋后期,上层贵族已腐朽无能,只有一部分士还能保持有传统的六艺知识。六艺原本是贵族学校的教育,主要传授一种行政的技能。春秋晚期,孔丘、墨翟等人向社会传授六艺,这些人中既有原来的贵族,也有平民出身,但他们因为共同学习了各种行政技能,从而形成一个新的社会群体——"士人阶层"。

士人阶层的形成,适应了春秋战国时期各国诸侯在贵族以外选用官僚、进行政治改革的迫切需求。国君不惜高官厚禄,从士人阶层中招徕人才,以求富国强兵,因此出现了一股礼贤下士之风。士人为谋出路,四处游说,向各国国君或大臣推销自己的政治主张。没有背景的士人,一经国君赏识,就可能被提拔为执政大臣,出现了"布衣卿相"的局面。这些士人往往站在国君的立场上,主张进行激烈的变法,遭到贵族阶层的排挤与迫害。在一个国家站不住脚,便去投靠另一国家,战国时的士人往往不在本国服务,而是在各国之间游走、游说,因此也被称为"游士"。比如,申不害是郑国人,服务于韩国;乐毅是中山人,曾服务于赵、魏、燕等国。变法最成功的商鞅是卫国人,他是魏国李悝的学生,曾为魏国相公孙痤的家臣,后来入秦国游说秦孝公。连横家张仪是魏人,后入秦游说成为秦惠王的相。而合纵家苏秦是东周人,传说他曾经并相六国。卫国人吴起也是一名典型的游士,他开始为鲁国服务,因为妻子是齐国人而不受鲁国信任,吴起竟杀妻子换取鲁国的信任,但仍遭排挤。吴起又来到魏国,撰写《吴起兵法》,并帮助魏国防卫秦国,结果仍遭到排挤,最后到楚国主持变法。支持吴起变法的楚悼王死后,吴起被楚国贵

族们射死在楚悼王尸体边。

游士是新兴官僚阶层中最活跃的分子,但是在打破封建宗法体制之后,为了使国家的行政体系和战争机器有效而高速地运行,必须建立起完善的官僚制度。战国时期的官僚制度,主要包括以下五个方面:

第一是官吏选拔制度。战国时期官吏选拔的办法主要有五种:一是臣下向国君推荐;二是士人上书或游说,获得国君或大臣的赏识与重用;三是根据功劳选拔,秦国实行军爵制度,士兵按军功授爵,爵位又是授官必需的资格,军队中的将领有很多是从有功者中提拔的;四是从担任国君侍从、警卫的郎官中选拔;五是由中央和地方各级长官自行选拔职权范围内的低级官吏。

第二是俸禄制度。战国时各国都以粮食为官吏的俸禄,不再用封邑作为官禄,便于官吏的任用和罢免,同时普遍用黄金货币来赏赐功臣。只有少数功臣仍赐邑作为奖励,也即封君制,如卫鞅因被封于商地,故称商鞅。

第三是玺符制度。玺就是官印,战国时无论命令还是来往公文都用玺来封泥,作为凭信。玺不但是传达行政命令的信物,同时也是任免官吏的凭据。符一般都是虎形,因此也称虎符,上有铭文,分为两半,底有合榫,右半存在国王处,左半发给将领,两符会合才能调发军队,魏国信陵君就曾窃取魏王虎符发兵救赵。

第四是上计制度。上计制度就是官吏定期向国君呈报施政情况,作为官吏的考核依据。计是计书,也就是统计簿册。上计的范围广泛,包括仓库存粮数字、垦田赋税数目、户口统计,以及治安情况等。

第五是视察与监察地方的制度。国王、相国、郡守必须经常到所属县巡视和考察,称为"行县"。同时各国设立御史之职,具有监察官员的职责。

通过以上这一系列制度,国君便可以根据自己的意志选拔与任免、考核、监察和赏罚官僚,传达行政命令并控制信息的传递,从而全面控制行政系统,高效自如地调配全国所有的人力与物产资源。

二、兼并战争的历程

1. 三家分晋与田氏代齐

东周之时，礼崩乐坏，天子权威丧失，诸侯争霸。而各国诸侯，如果不能适应时代潮流，积极变法，图谋富国强兵，反而因循守旧、腐化堕落，那么也会丧失权威，使政权落入国内的卿大夫手中。三家分晋和田氏代齐，是当时卿大夫势力取代国君的两个著名事件。

春秋晚期，晋国形成了赵氏、魏氏、韩氏、范氏、中行氏、智氏六大卿大夫家族，号称六卿。六卿相继实行税亩制，其中范氏、中行氏的税率最高，赵氏的税率最低，因此赵氏最得农户欢迎。后来，赵、智、韩、魏卿灭了中行氏和范氏，并瓜分其土地。此事引起晋出公不满，遂联合齐、鲁进攻四卿，四卿先发制人，晋出公战败后死在逃亡齐国的途中。智氏趁机立晋懿公，又要求赵、魏、韩三卿向其割让土地。三卿中只有赵氏没有答应，于是智氏联合魏、韩进攻赵氏，赵襄子退守晋阳。智、韩、魏三家围攻晋阳一年多，引汾水灌淹晋阳城，城内粮食将尽。这时赵襄子派人与韩氏、魏氏谈判，结果赵、魏、韩三卿反攻智氏，将其消灭并瓜分智氏土地。最后三卿瓜分晋国国君的封地，晋公反向三卿朝觐。到公元前403年，赵、魏、韩三卿被封为诸侯，成为战国七雄中的赵、魏、韩三国。三家分晋的事件发生于公元前403年，也就是周威烈王二十三年，这也是史学名著《资治通鉴》所记载的第一件事情，也有人将这一年视为战国时代的开始。

三家分晋17年后，齐国的政权旁落卿大夫田氏。田氏是齐桓公时奔逃至齐国的陈国公子完的后代，战国时称田氏。田桓子、田僖子、田成子利用各种办法争取民众，消灭齐国大夫高氏、国氏、鲍氏等，又连续弑杀齐国三代国君。到田成子立齐平公时，田氏的土地已经超过了齐平公的食邑，齐国政治完全由田氏掌握。公元前386年，田和被正式立为齐国诸侯，田齐取代了姜太公吕尚的齐国。

春秋时代主要有四个大国：东方的齐，西方的秦，北方的晋，南方的楚。三家分晋之后，晋一变为韩、魏、赵三国，再加上战国时崛起的东北的燕国，就演变成战国七雄：齐、秦、楚、韩、魏、赵、燕。战国前期，这七个国家基本上都开展了变法运动，建立起君主专制、中

第五讲——帝国的形成

央集权的帝制国家,其他小国逐渐被这七个大国所消灭或征服。战国此后的历史,主要便是这七个国家之间的兼并战争史。兼并战争主要分为五个阶段,第一阶段是齐、魏之间的大战;第二阶段是秦对楚、齐两国实施连横战略,楚、齐反施以合纵运动;第三阶段主要是齐、燕之间的大战;第四阶段主要是秦、赵大战;第五阶段则是秦吞并六国。

2. 魏齐大战

战国时最先崛起的是魏国。西周分封的诸侯中有一个魏国(今山西芮城西北),公元前661年为晋所灭,晋以其地封给了大夫毕万。毕万的先祖是周文王之子毕公高,武王时被封于毕(今陕西咸阳市北毕原一带),后来可能被西戎所灭。春秋时,毕公高的后裔毕万来到晋国,得到晋献公的重用。

三家分晋后,魏文侯任用李悝改革内政,并西夺秦河西地,南败楚国,攻占大梁,北灭中山,使魏国成为战国初期的强国。魏文侯的孙子魏惠王时,魏国将都城从安邑(今山西夏县西北)迁都大梁(今河南开封),因此魏亦称梁。

公元前354年,赵国攻打魏的盟国卫国,魏国将军庞涓率魏军讨伐赵国,第二年攻破赵都邯郸,赵国向齐国求救。齐国大将田忌听从军师孙膑之计,发兵奔袭魏都大梁,庞涓回师救援,齐军在桂陵(今河南长垣西北)截击,大败魏军,这就是所谓的"围魏救赵"。不过桂陵之战并没有严重削弱魏国实力,第二年魏国又联合韩国败齐、宋、卫联军于襄陵。公元前342年,魏国进攻韩国,韩国向齐求救,齐国仍以田忌为将,孙膑为军师,攻魏救韩,诱魏军回救。魏军回师追齐时,孙膑设"减灶诱敌"之计,魏军主帅庞涓以为齐军畏战,率轻骑冒进追击齐军。齐军在马陵(今河北大名东南)峡谷伏击魏军,魏军大败,随军太子被俘,主帅庞涓自杀。此后魏国衰落,向齐国求和。

3. 连横家张仪

齐、魏大战之时,秦国经商鞅变法,已经在西方崛起。公元前350年,秦孝公将都城迁至咸阳(今陕西咸阳东北)。孝公之子秦惠文王时,魏国人张仪来到秦国,帮助秦国实行所谓的连横战略,大获

55

成功。

所谓"连横",就是秦国拉拢某国同时又打击某国。因秦在西方,拉拢他国等于是东西方结盟,因此称为"连横"。在秦国实行"连横"之时,东方六国则采用联合攻秦的"合纵"战略,因东方六国南北分布,故称"合纵"。秦与东方六国于是展开了合纵和连横的拉锯战。

合纵连横的第一个回合是张仪帮助秦惠王拉拢魏、韩。秦国将侵占的土地归还给魏国,公元前325年,魏、韩两国投靠秦国,秦、魏、韩三国连横形成。但魏相惠施和将军公孙衍主张合纵,公孙衍于公元前323年发起"五国相王"运动,魏、韩、赵、燕、中山五国同时称王,形成五国合纵。秦国为拆散五国合纵,不断进攻魏国,逼迫魏惠王驱逐惠施,任命张仪为魏相。于是张仪兼任秦、魏国相,重新组织了秦、魏连横。

合纵连横的第二回合是楚怀王为首的五国合纵,攻秦失败。公元前320年,秦、魏、韩联合攻齐失败,魏国赶走张仪,重新任用公孙衍为相。公孙衍再次组织魏、赵、韩、楚、燕五国合纵,以楚怀王为纵长,联合攻秦。但合纵军被秦打败,合纵瓦解。这时秦惠王又派遣司马错等人南下灭巴、蜀两个小国,占领了富裕的成都平原,秦国实力大增。韩、魏两国又再次投靠秦国,连横之势再次形成。

合纵连横的第三回合是齐楚两大国合纵,被张仪破坏。秦、魏、韩连横再次形成之后,楚国边境完全暴露,于是齐、楚结盟对抗秦国。秦国派张仪到楚国,张仪声称如果楚与齐绝交,秦愿向楚奉献商於(今陕西商洛市境内)之地六百里。楚怀王与齐国绝交后,张仪却称只答应献地六里。楚怀王不堪愚弄,发兵攻秦,结果大败,秦乘机攻取楚国的汉中之地。楚怀王不肯罢休,再派大军攻秦,又遭大败。

秦惠王去世后,其子秦武王继位。秦武王驱逐了张仪,后来在洛阳与力士孟说举鼎较力,秦武王举鼎时折膑而死。其后秦武王之弟秦昭王继立,秦昭王对楚怀王时拉时打,楚怀王屡受愚弄。秦昭王约楚怀王会盟武关(今陕西丹凤东南),楚大夫屈原等认为秦国言而无信,不可前往。楚怀王不听,入秦后被秦扣留。秦国胁持楚怀王要求楚割地。楚国拒绝,并立太子继位,楚怀王后来客死秦国。

4. 齐燕大战

魏、楚相继衰弱，齐、赵、秦三个强国开始角力。当时秦国连续攻占韩、魏大片土地，齐、赵的目标则是消灭宋国。就在这时，燕国派合纵家苏秦进入齐国，为齐灭宋推波助澜，以此离间齐、赵的关系，最终达到破齐的目的。

史籍上很少有记载西周春秋时期有关燕国的历史。公元前315年，燕王哙把王位传给国相子之，太子职不服，率军攻打子之，由此引发内战。战争持续数月，伤亡达数万人。燕国百姓厌恶内战，这时齐国趁机出兵燕国，杀燕王哙和国相子之，燕国几乎亡国。两年后，可能是在赵国的扶持下，太子职复位，这就是燕昭王。燕昭王发奋图强，招揽了苏秦、乐毅等重要人才，又经过20年的改革，国力有所增强，发誓报复齐国。

东周人苏秦是一位合纵家，他向燕昭王献策，提议借助秦、赵两强之力攻破齐国。苏秦入齐后，这时秦国试图与齐连横，相约称帝。苏秦劝齐废除帝号，组织合纵进攻秦国，使得"天下爱齐而憎秦"。齐王依计，组织齐、赵、魏、韩、燕五国合纵攻秦，然而合纵国并不团结。当时宋王偃十分暴虐，国内分崩离析，五国合纵攻秦后，齐便发兵灭宋，立即激化了齐、赵矛盾，也使秦感到齐的压力，结果导致秦、赵、燕、韩、魏五国合纵攻齐，苏秦的计划成功了。

于是合纵国推举乐毅同时担任赵、燕两国国相，以及五国联军的统帅，率军攻齐。乐毅亲率燕军长驱直入，攻入齐都临淄。此后5年，乐毅先后攻下齐70多座城池，只有即墨、莒两座城没有攻占。而正当乐毅率军大举破齐之时，苏秦的反间计被齐王发觉，车裂而死。公元前279年，燕昭王去世，其子燕惠王即位。乐毅率军长期驻扎齐国，引起燕惠王猜忌。燕惠王改派骑劫取代乐毅，乐毅逃亡赵国。骑劫在齐国施暴，激起齐国军民反抗，齐国将军田单利用军民士气，用火牛阵突袭燕军，袭杀骑劫，然后率军反击，尽复失地。齐愍王因此得以复国，但齐国从此衰落。

5. 长平之战

燕、齐大战前后，秦国一面经营巴蜀，由蜀郡守李冰建成都江堰，使巴蜀之地成为天府之国，一面又大破楚国，攻破楚都郢城。随

57

着齐、楚的衰弱，能与秦国抗衡的唯有赵国。地处北方的赵国经常遭受游牧部族的进攻。公元前325年，赵武灵王继位后，开始进行"胡服骑射"的变革，废弃中原肥大端庄的服装，改穿胡人窄袖的衣裤，废弃笨重的战车，改习射。此后赵灭中山，攻略胡地，国势渐强。公元前299年，赵武灵王将王位传于少子赵惠文王，自称主父，专攻军事。此举引起长子章不满，趁赵武灵王与赵惠文王出游沙丘（今河北巨鹿东南）时起兵作乱，进入了主父行宫。公子成（武灵王弟）与司寇李兑为镇压叛乱，包围了主父行宫。但包围主父行宫是死罪，平叛之后公子成等不敢解围，赵武灵王也被饿死行宫之中。

赵惠文王亲政后，起用蔺相如、廉颇、赵奢等名臣，大破齐、秦。其子赵孝成王继位时，秦大将白起攻韩，战领野王（河南沁阳），导致上党（山西长子）与韩本土脱离。上党守将冯亭不愿投降秦国，遂以17城池降赵。于是赵派廉颇驻守长平（山西高平县西北）。秦将王龁随即进攻长平，廉颇垒壁坚守，双方集结近百万大军在长平东西50多里的山地对峙三年之久。公元前260年，秦施反间计，赵孝成王起用"纸上谈兵"的赵括取代廉颇，秦则另派大将白起与赵决战。赵括对秦发动全面进攻，白起诱敌深入，然后从赵军后方绝断粮道，又派25 000骑兵包抄赵军后路，并以骑兵5 000将赵军分截为二。赵军被围，缺粮40余天。突围失败之后，赵括率精锐与秦军决战，被乱箭射死，赵军大败，战俘40余万被白起坑杀。长平之战后，秦国围攻邯郸三年之久。公元前257年，赵国公子平原君出使楚国求援，门客毛遂自荐同往，说服楚王出兵救赵。同时魏国信陵君窃得魏国虎符，调兵救赵。楚春申君也派军队前来会合，于是赵、魏、楚三国合纵，大败秦军，解邯郸之围。

邯郸解围之后，东方六国并不能团结，仍忙于吞并小国。不久，楚灭鲁，秦灭周，魏灭卫，燕、赵互伐，齐再遭到燕、楚、魏的联合进攻。公元前247年，信陵君率领楚、燕、赵、魏、韩五国合纵攻秦，秦军一度败退函谷关。但到公元前242年，秦国通过不断蚕食，领土已与东方的齐国相接。公元前241年，赵、楚、魏、燕、韩五国组织最后一次合纵攻秦，旋遭失败。从此东方六国再也无力组织对秦的有效进攻，最后被秦逐个吞并。

秦始皇

秦族本是为周王牧马的附庸,后来在对西戎的战争中逐渐强大起来。战国时期,秦国通过商鞅变法,成为战国七雄中最强大的一方,为秦吞并六国奠定了政治基础。秦的统一大业和帝制中国的开始,都在秦始皇手中完成。然而单纯按照法家思想建立起来的中央集权、君主专制的政治体制也是极为脆弱的,秦二世而亡是最好的说明。

一、秦国崛起

1. 秦族起源

开创帝制中国的秦国,原本只是一个很不起眼的小部族,但这个部族可以追溯的历史非常久远。秦族追认五帝中的颛顼为远祖,女性先祖名叫女修,女修的传说与商族等东夷族群十分相像,也是吞食了燕子的卵,生下了大业,因此秦族也被认为是东夷族群的一支。传说大业的儿子大费又称"伯翳",曾辅佐大禹治水,有人认为"伯翳"就是被夏启消灭的"伯益"。大费善于调养鸟兽,驯马驾车更是其专长。

西周时,大费的后裔造父调教出八匹骏马献给周穆王,又为周穆王驾车,受封于赵城,成为赵氏的祖先。大费的另一支女防则依附于造父,居住在赵城。女防的曾孙大骆有两个儿子,长子成是申侯之女所生,另一子非子在西方牧马,得到周孝王的赏识。在周孝王的扶植下,非子自立门户,受封于秦(今甘肃清水东北),成为周王

的附庸。

西周后期，西戎叛乱，周宣王封非子的玄孙秦仲为大夫，并命秦仲讨伐西戎，秦仲最后战死疆场。周宣王为秦族补充7 000兵力，命秦仲的五个儿子秦庄公等继续讨伐西戎。庄公等击退西戎、收复犬丘之后，周宣王将犬丘赐给庄公，封他为西垂大夫。这样秦族成为周王室防御西戎的安全屏障，庄公之子秦襄公又把妹妹嫁给了周王，进一步巩固了秦与周王室的关系。犬戎之乱中，秦襄公起兵勤王，并护送周平王东迁。周平王于是封秦襄公为诸侯，并将岐山以西之地赐给秦襄公。秦襄公及其子秦文公击退戎人，占据岐西，收编残余的周民，使秦国在西部站稳脚跟，并开始向岐东发展。经过几代人的努力，秦国终于扫平了关中的戎人和其他小国，势力发展到华山一带，开始与晋国发生正面冲突。秦穆公在位时，任用百里溪、蹇叔等贤臣治国，迎娶晋献公女儿穆姬，先后扶立晋惠公、晋文公两位晋君。当时秦国的势力已经扩展到黄河一带，秦穆公成为春秋时西方的霸主。

2. 商鞅变法

自秦穆公去世至秦献公继位，237年间，秦国经历了15任国君。这期间，秦国势力有所衰落，特别是秦厉公以下，秦国因为君位继承问题长期内乱。秦灵公去世之后，内乱再次发生，公子连未能继位，出奔至魏国。年幼的秦出子继位后，由其母与宦官掌权，引起国人不满，出子被杀，公子连被迎回秦国立为君主，这就是秦献公。秦献公在魏国时，目睹魏文侯变法富强，深受刺激，回国后也施行变法，编制户籍，倡导工商业，废止人殉等，秦国开始复兴。

公元前361年，献公之子秦孝公继位，时年21岁。秦孝公继承献公遗志，下诏求贤，立志变法。不久，商鞅来到秦国，向秦孝公游说治国之术。商鞅出生卫国王族，也称卫鞅，曾做过魏相公叔痤的家臣。公叔痤临终前推荐商鞅继任魏相，魏惠王不以为然。后来商鞅入秦，经秦孝公宠臣景监引荐，商鞅三见孝公，阐发治国之术。商鞅第一次说"帝道"，秦孝公昏昏欲睡，第二次论"王道"，秦孝公不以为然，第三次讲"霸道"，主张以法治国，以农富国，以战强国，从而实现王霸天下的目标。秦孝公听闻大喜，并于公元前356年任命商鞅

第六讲——秦始皇

为大庶长,主持变法。商鞅的第一批变法措施主要是颁布法律、推行法治,废除世卿制,实行军功爵制,重农抑商,奖励耕战,打击儒术与游士。新法颁行三年,初见成效,得到秦国民众认可,商鞅也因此升任大良造。公元前350年,商鞅推出第二批变法措施,普遍推行县制,废除井田制,发展一夫一妻小农经济,改革赋税制度,统一量衡,革除旧风俗,并将都城从雍迁至咸阳。这些措施很快将秦国改造成一个中央集权、君主专制的国家,秦国人人致力耕战,秦国具备了动员战争的强大力量,为秦国在兼并战争中获得最后的胜利奠定了坚实基础。

公元前338年,秦孝公去世,其子秦惠文王继位。曾经受过商鞅处罚的公子虔诬告商鞅谋反,惠文王下令逮捕商鞅。失去秦孝公的支持,商鞅只能仓皇出逃,出关前天色已晚,商鞅打算投宿客店。但为了鼓励农耕,商鞅严禁秦人随意迁徙,投宿需有官府凭证,仓皇出逃的商鞅未带凭证,客店不敢留宿。又因为曾经率军攻魏并设计俘虏魏公子卬,商鞅逃亡魏国的计划也遭到魏国拒绝。最后商鞅逃至封地商(今陕西商县东南),秦惠文王发兵抓捕,商鞅最后车裂而死。

秦惠文王任用张仪开展连横策略,其子秦昭襄王时,秦大破赵于长平,从此东方六国无力与秦抗衡。长平之战的第二年,秦昭襄王的曾孙秦始皇在赵国出生。

二、秦王政

1. 从出生到亲政

秦昭襄王之子安国君原本在赵国做质子。公元前265年,安国君被立为太子,回到秦国。安国君之子异人于是来到邯郸,顶替父亲成了一名质子。时值秦赵长平之战前后,异人在赵国颇受冷遇。而安国君有20余位子嗣,异人非嫡非长,前途暗淡。这时,卫国大商人吕不韦来到邯郸,发现异人"奇货可居",决心出资扶立异人成为秦王。吕不韦一方面给异人五百金,供他结交宾客、延揽名誉。又用五百金收购奇珍异宝,来到秦国为异人游说。安国君宠爱华阳夫人,吕不韦向华阳夫人献上珍贵礼品,然后极力赞美异人的贤德和对华阳夫人的思念,同时传达"色衰爱弛"、立子嗣巩固权位的道理。

华阳夫人深以为然，让安国君立异人为嗣子，并将异人改名子楚，命吕不韦为子楚师傅。此后子楚又向吕不韦索要爱妾赵姬，吕不韦忍痛割爱。公元前260年10月至12月之间，赵姬产下一名男婴，取名"政"，这就是后来的秦始皇。

政出生时，长平之战刚刚结束，此后秦派大军包围赵都邯郸，赵王打算杀掉子楚。吕不韦用六百金贿赂看守的官吏和守城的戍卫，子楚抛妻离子，逃离邯郸，辗转回到秦国。得知子楚出逃，赵国试图加害赵姬母子，赵姬逃匿于母家，躲过一劫。公元前251年，安国君继位，即秦孝文王，立子楚为太子。赵国闻讯，将赵姬母子送回秦国。第二年秦孝文王去世，子楚继位，即秦庄襄王，立政为太子，任命吕不韦为丞相，封文信侯。公元前247年，秦庄襄王去世，秦王政继位，年仅13岁，由太后代行王政。秦王政又尊吕不韦为仲父，由于吕不韦与秦庄襄王、秦王政、太后赵姬的特殊关系，特别是秦庄襄王去世后，吕不韦与太后赵姬私通，因此吕不韦在秦王政亲政之前，掌握了秦国的最高权力。当时的吕不韦拥有门客三千、家僮万人，食河南洛阳十万户。吕不韦掌权期间，继续攻伐东方各国，同时广揽人才，招集门客编写了综合各家学说的《吕氏春秋》。

秦王政逐渐成年，吕不韦担心奸情败露，寻访到嫪毐取代自己成为太后赵姬新的情夫。吕不韦先判处嫪毐腐刑，然后拔去嫪毐须眉，冒称阉人送入宫中侍奉太后。不久太后便有身孕，借口迁往故都雍居住，先后生下二子。嫪毐因为受得赵姬宠信，受封长信侯，在朝中形成吕不韦以外另一股强大的政治势力，并且图谋废除秦王政，立自己的儿子为秦王。公元前238年，22岁的秦始皇前往雍城行冠礼，开始亲政。嫪毐意识到即将失势，决定孤注一掷，发动叛乱，被秦王政镇压。第二年，秦王政以举荐嫪毐的罪名，革去吕不韦丞相之职，命其回河南的封地居住。在河南时，前来拜访、问候吕不韦的各国使者、宾客络绎不绝，秦始皇担心吕不韦勾结外国或者发动叛乱，便下令将吕不韦迁往蜀地。不久，吕不韦饮鸩而死。

2. 李斯与韩非

中央集权、君主专制的帝国政体，是由法家学者精心设计，并由秦始皇开创的秦朝最终确立起来的。战国晚期法家思想的主要代表人物李斯与韩非,对秦始皇产生过深刻的影响。

李斯是楚国上蔡(今属河南)人,出身平民。在乡间担任小吏时,李斯看到厕所中的老鼠偷食污秽的食物,常受人犬惊扰,粮仓中的老鼠却能饱食终日无所事事。受此启发,李斯认为,"人之贤不肖譬如鼠矣,在所自处耳",人生的成败得失,取决于他所处的环境。于是李斯决意学习帝王之术,与帝王相将交往,实现功名利禄的人生理想。李斯不远千里,来到齐国,拜一代名儒荀子为师,然后于秦始皇继位那一年来到秦国,成为吕不韦的门客。由于李斯学识卓越,后经吕不韦推荐,进入朝廷成为郎官,有机会纵论天下大势,从而获得秦王政的信任。按照李斯的谋划,秦国应当综合运用军事、外交、间谍、贿赂等各种手段对付东方诸侯,收买其权臣,刺杀其名士,离间其君臣,一旦时机成熟便大军压境。由于谋策有功,秦王政拜李斯为客卿。

秦王政即位之初,韩国派间谍郑国到秦国游说,建议在泾水、北洛水之间开凿灌渠,试图以此消耗秦国国力。秦王政亲政时,郑国渠已修成,郑国的间谍身份也被发觉。由于嫪毐、吕不韦、郑国都不是秦国人,一批秦国宗室大臣认为外籍人士极不可靠,要求秦王政驱逐来自外籍的客卿、臣工与名士。秦王政采纳了这个建议,李斯也在驱逐行列。途中,李斯上《谏逐客书》,总结秦国自秦穆公以来,正是依赖外籍人士才实现了自己的强国之梦。秦王政得书后,废止逐客令,追回李斯。秦朝建立之后,李斯先后任廷尉、御史大夫、丞相,位极人臣。秦二世时,李斯因劝谏激怒秦二世,被逮入狱。赵高又诬李斯谋反,李斯屈打成招,被处腰斩。受刑前李斯怀念当年的平民生活,对其子感叹:"吾欲与若复牵黄犬俱出上蔡东门逐狡兔,岂可得乎!"

韩非是韩国公子,与李斯同为荀子弟子,钻研"南面君天下"的帝王之术,他的著作被编为《韩非子》。在《五蠹》这一篇中,韩非提出,著书立说、称颂先王、宣扬仁义道德、巧言善辩、以古非今的儒者;招摇撞骗的纵横家;聚集党徒、标榜气节的游侠刺客;逃避兵役、依附于权贵的人;不事耕作、囤积居奇的商人,都是国家的蛀虫,国君如果不能除掉他们,就将导致灭国的严重后果。韩非多次上书韩

王,希望韩国通过变法富国强兵,但韩王昏庸,不能用韩非之策。韩非的著作传到秦国,《孤愤》《五蠹》等篇深得秦王政激赏,声称"寡人得见此人与之游,死不恨矣"。为了得到韩非,秦王政下令进攻韩国,韩王派韩非出使秦国。韩非希望拖延秦灭韩的进程,他游说秦王称,韩国过于弱小,一直依附于秦国,跟秦国的郡县没有区别,秦灭韩,只能引起其他国家的恐慌和反抗,得不偿失,秦国统一天下之策,应该从灭亡赵国开始,一旦强悍的赵国被征服,统一天下水到渠成。韩非的主张否定了李斯首先灭韩的统一策略,引起李斯的嫉恨,因此诋毁韩非,声称韩非是韩国的忠臣,不能为秦所用。于是韩非被投入监狱,后来秦王政分析认为,韩非的统一战争策略更为合理,想要赦免韩非,但李斯早已将毒药给韩非送去,逼其自杀了。韩非虽不能为秦王所用,但后来秦朝很多的政治举措,都来源于他的统治思想。

3. 混同天下

秦王政亲政之后,立即着手统一战争,成就了旷古未有的帝业。秦王政的统一战争,采用连续作战、远交近攻、收买内奸、巧施反间、中间突破、各个击破等策略。公元前230年,秦灭韩。公元前228年,秦将王翦攻克邯郸,赵公子嘉逃亡代郡,自立为代王。

公元前227年,燕太子丹遣荆轲刺杀秦王政。荆轲虽然"好读书击剑",却整日与好友高渐离等击筑、饮酒于街市,无意于列国纷争。刺杀计划无异天方奇谭,荆轲并不认同,只是出于气节,慨然允诺,上演了"风萧萧兮易水寒,壮士一去兮不复还"的悲歌。刺秦失败后,秦王政派王翦大举进攻燕国。公元前226年,秦攻破燕都蓟城,燕王喜逃往辽东,主动将太子丹首级献给秦国,以求宽恕。

公元前225年,秦将王贲围攻魏都大梁,掘开黄河大堤,引水灌大梁,城墙崩塌,魏王降,魏亡。同年,秦王政商讨灭楚计划,秦将王翦认为灭楚需用兵60万,李信认为只需20万。秦王政派李信伐楚,失败而归。秦王政向王翦承认判断失误,坚请王翦领兵伐楚。公元前223年,秦军攻入楚都寿春,俘虏楚王,楚亡。公元前222年,秦将王贲攻取燕的辽东,俘燕王喜、代王嘉,燕、代亡。公元前221年,秦将王贲率破楚扫燕灭代的得胜之师兵临齐境,齐王不战而降,齐亡。

从公元前222年开始,秦王政又发兵50万南下平定百越,战争持续了将近九年。秦军首先攻占了东越(以今浙江温州为中心一带)、闽越(以今福建省福州为中心一带)地区,设置闽中郡。然后大举向岭南地区的南越发动进攻,经过艰苦战争,攻克番禺(今广州附近),然后进攻西瓯(今广西一带)、雒越(今越南北部),并在岭南地区设置南海郡、桂林郡、象郡。公元前215年,秦始皇用兵北击匈奴,夺回河套、九原地区,设云中、九原两郡,迁大量民户到这一带开垦,并在原来秦、赵、燕长城基础上,建成长达五千里的长城。

至此,秦王政完成了秦国混同天下、六合为家的统一大业,将中国的版图扩展至当时的极限。

三、始皇帝

1. 秦朝政体

战国时,秦曾经与齐相约称"帝",秦昭王称"西帝",并尊齐愍王为"东帝",但后来两国都取消了帝号。"帝"的本意是天神,秦以"帝"为国君称号,以示高人一等。吞并六国之后,秦王政认为自己的功业旷古未有,可与统治万物的天神相比,"王"的称号与他的地位不能相称。群臣建议采用"泰皇"的称号,秦王政则改为"皇帝","皇"是大的意思。秦王政是历史上第一个皇帝,因此称"始皇帝",习称"秦始皇"。

秦始皇又废除了谥法,不准后人评价前代的皇帝;规定皇帝自称"朕",皇帝命令称"制"或"诏",皇帝印章称"玺",这些名称均属皇帝专有,其他人不得使用,文书中也不准提及皇帝名字。按照阴阳学家的"五德始终说",秦的兴起被认定为水德代替了周的火德,由于水德尚黑、尚六,因此秦朝的各种器物都以"黑"和"六"为标准,如衣服与旗帜都是黑色的,马车是六尺,用六匹马,等等。

秦始皇废除了封建制度,在全国设置36郡,后来随着版图的扩大,郡的总数又增至48个。秦朝通过战争掌握了大量可支配的土地,除了一部分赏赐给功臣,一部分由国家直接经营,绝大部分土地授予普通农户,授田规模一般是每户百亩,因此"五口百亩之家"成为当时社会生产、生活最普遍的形态。国家向农户授田之后,再向农户每年收取土地租税和人头税，同时向农户征发徭役和兵役。

秦朝的官员，除了一些有名望或有政治才干的人，可以通过自荐或者皇帝征聘的方式进入官僚系统之外，绝大部分普通官吏，都是平民为国立功、获得爵位，然后学习法律，根据爵位的高低授予官职。秦朝这种选拔官员的方式，与后来的察举制、科举制有很大的区别，官吏的主要来源并不是儒家学者，而是立功的军民。秦朝建立之前，授爵的对象主要是立下战功的将士，商鞅曾经规定："斩首一级者爵一级，欲为官者为五十石之官；斩首二级者爵二级，欲为官者为百石之官"，为国立功、获得爵位，就获得了做官的资格。由于秦朝长期处于战争状态，战争中积累了大量立战功、授爵位、有资格做官的人，这些人是秦朝普通官吏最主要的来源。后来凡是为国立功者都可以论功受爵，文法吏以政绩立功，谋士以献策立功，纵横家以外交立功，王子宗亲以质子立功，告发罪犯、间谍、刺客可以立功，模范的农夫也可立功。

2. 焚书与坑儒

焚书与坑儒是两个独立的事件。焚书是因讨论封建制的废存问题引起的。先是丞相王绾等人提议，秦应当继承西周的传统，将皇帝的儿子分封到占领不久的燕、齐、楚故地为王，镇守封疆，屏卫中央。很多大臣对王绾的建议表示赞同，但法家出身的李斯明确反对，认为周初大封子弟，结果导致诸侯之间相互攻伐，不利帝国统一、天下安定，秦始皇采纳了李斯的意见。后来有一次，百官为秦始皇祝寿，纷纷称颂秦始皇功德，有人将"以诸侯为郡县"作为秦始皇的德政。不料这引起了儒家学者淳于越的反对，他当场就提出，废除分封制、实行单一郡县制，是秦政的过失，秦朝不能继承优良的政治统治（事不师古），统治就不能长久。秦始皇因此命令群臣再次讨论封建、郡县的问题。结果李斯不但力排众议维护郡县制，而且针对淳于越指责秦朝"事不师古"，提出政治制度应该根据历史条件的变化而不断创新，三代的政治传统不值得师法，现在的学者食古不化，用过时的理论否定当今的制度，只能引起思想的混乱，因此建议焚烧秦以外诸侯各国的史书，除了官方的学者，民间不能收藏《诗》、《书》等儒家经典和诸子百家，民间有讨论《诗》、《书》者弃市，有用

传统理论否定当今政治制度者灭族,法令下达后30日不执行的也要判刑,民间可以收藏的只有医药、卜筮、种树等应用技术方面的图书。秦始皇采纳了李斯的意见,于是民间大部分违禁图书化为灰烬。这就是"焚书"事件,虽然当时皇家的图书馆中保留着比较完整的古代图书,但是后来秦宫也遭项羽焚毁,大量文化典籍由此失传。

至于所谓的"坑儒",其实是因秦始皇被方士愚弄而引发的。秦始皇觉得自己的功业可以跟天神相提并论,因此也幻想能像天神那样长生不老。公元前219年,秦始皇东巡,来到齐地,这里盛产方仙道的术士,他们鼓吹可以寻访神仙、求取仙丹,齐人徐福(徐市)上书鼓动秦始皇寻求仙药,秦始皇无法抗拒长生的诱惑,欣然资助寻仙计划。但秦始皇第二次东巡时,这些方士两手空空。秦始皇心中生疑,徐福声称已经在海中见到神仙,只是神仙嫌秦始皇的礼物过于轻薄,不愿赐予仙药。秦始皇于是资助大量财物人力,命徐福入海求药。等秦始皇第三次东巡,徐福仍一无所获,这次他声称在海中遇到鲸鱼,无法前行。传说秦始皇因此亲自围捕巨鲸,然后为徐福征集三千童男童女和各种工匠,准备大批船只和贡品,再次入海寻仙求药。但这一次徐福再也没有回来,传说他来到了日本,在那里建立了国家。

除了徐福之外,还有一位玩弄秦始皇的方士是燕人卢生。卢生除了骗取秦始皇信任、入海寻药之外,还要求秦始皇隐藏自己的行踪,声称只有这样神仙才愿赐药。秦始皇言听计从,可是仙药仍然无影无踪。骗术即将败露,卢生开始攻击秦始皇残暴,声称他拒绝继续为秦始皇服务,以示抵制秦政,然后偷偷溜走了。秦始皇听说卢生攻击自己并且潜逃,恼羞成怒,下令调查在咸阳的学者是否在私下诋毁自己、攻击秦政,结果学者们相互告发,有460余人被抓,其中有方士也有儒生,全部被坑杀于咸阳,这就是"坑儒"事件。当时秦始皇长子扶苏劝谏不要坑杀儒生,引起秦始皇反感,被派到北方蒙恬的军队中挂职。

3. 巡狩

巡狩是指中国古代的最高统治者带着自己的军队,在势力范围之内巡行视察,祭祀神明。秦朝建立之后,秦始皇多次巡狩,歌功颂

德,祭天告成,耀武扬威,整饬风俗,同时也利用这个机会考察政治,并为自己求取仙药。

公元前220年,秦始皇第一次巡狩,来到帝国的西陲陇西一带。这里是秦族的发源地,这次出巡的主要目的,可能是举行隆重的纪念活动,向秦族祖先汇报自己的功绩。

公元前219年,秦始皇第二次巡狩。这次东巡的主要目的是泰山封禅,向上天汇报自己混同宇内、天下大治的功绩,巡游途中其他神明也一一祭祀,并且到处刻石歌颂自己的功德。封禅是一个庞大的礼仪,儒家本是礼仪专家,秦始皇要求儒生制定一套完整的封禅礼仪。但儒生们在典籍中找不到封禅礼仪的明确记载,内部起了纷争。秦始皇已抵达泰山脚下,儒生们的封禅礼仪还没有制定出来。秦始皇一怒之下,将他们统统赶走,自己制定了一套礼仪,上山完成了封禅大典。这次东巡,秦始皇又来到琅玡,受当地方士蛊惑,迷恋海上神仙,住了三月。然后前往彭城(今江苏徐州市)。传说周天子有九鼎,秦灭周时仅获八鼎,一鼎掉入泗水,因此秦始皇前往彭城搜寻这个丢失的周鼎,但毫无所获。最后秦始皇乘船进入长江中游,途经湘山祠时遇到大风,秦始皇迁怒于湘山祠所祀娥皇、女英,下令砍伐湘山所有树木,烧毁湘山祠。

公元前218年,秦始皇第三次巡游,再次前往琅玡寻仙求药。这一次秦始皇行至阳武博浪沙(今河南原阳县)时,遇上韩国公子张良派来的刺客,不过刺客误击副车,秦始皇躲过一劫。公元前215年,秦始皇第四次巡游,东临碣石(今河北秦皇岛附近),然后巡视了北方边境,为出兵匈奴作准备。公元前210年,秦始皇第五次巡行,随行的有丞相李斯、少子胡亥和中车府令赵高等。这次巡行一直到达丹阳(今安徽当涂东北小丹阳镇)、钱唐(今浙江杭州)、会稽(今浙江绍兴)等地,然后再次前往琅玡。行至平原津(山东平原县南)时,秦始皇得重病,留下遗诏,令长子扶苏速回咸阳。然而遗书尚未送出,秦始皇行至沙丘平台(今河北广宗西北大平台)时去世。秦始皇去世后,赵高等秘不发丧,说服李斯和胡亥,改动秦始皇遗诏,逼长子扶苏自杀,立胡亥继位。胡亥就是秦二世,秦朝的第二个也是最后一个皇帝。

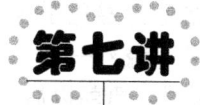

第七讲

帝国的行政制度

帝制中国行政制度的演变,重要的有以下几个方面:中央官制中,宰辅制度经历了秦汉的三公九卿制、隋唐的三省六部、明朝的内阁制、清朝的军机处制;地方行政体制自秦建立郡县制以来,相对较稳定,元朝建立的行省制度,至今影响深远;选官制度主要有汉朝的荐举制度、魏晋的九品中正制、唐以来的科举制度;田税制度的重要变化包括:一是北魏建立的均田制至中唐以后崩溃,租庸调制也随之被两税法所取代;二是人头税或劳役几次被取消,但又有反复,宋代的免役法、明朝的一条鞭法、清朝的摊丁入亩,都有这样的性质。

一、中央行政制度

1. 皇帝称号

2 000多年的帝制中国,历史上出现了280余位皇帝。皇帝的称号,自秦始皇确定以来,基本没有变化。除了"皇帝"这个统称,每一个皇帝还有其他一些称号。

皇帝有年号,用以表示皇帝统治的纪年。公元前140年,汉武帝使用第一个年号"建元",此后凡有新皇帝继位,便立一个新年号。明清以前,皇帝在位期间常因祥瑞或重大政治事件而多次改变年号,如汉武帝采用过"建元、元朔、元光、元封、元狩、元鼎"等年号,唐玄宗用过"开元、天宝"两个年号。明清时每个皇帝一般只用一个年号,因此常用年号指称某一皇帝,如万历皇帝是指明神宗朱翊钧,康熙皇帝指称清圣祖玄烨,"万历"、"康熙"都是年号。

皇帝有谥号。谥号是帝、后、大臣、名士去世后，依其生平事迹而给予的称号。谥号制度始于周时，称谥法。秦始皇为避免子议父、臣议君，废除谥法。西汉时恢复谥法，唐以前皇帝谥号一或二字，如汉孝文帝、汉孝武帝、魏明帝、隋炀帝等都是谥号。唐朝以后，皇帝谥号越加越长，比如，唐玄宗的谥号是"至道大圣大明孝皇帝"，宋徽宗的谥号是"体神合道骏烈逊功圣文仁德宪慈显孝皇帝"。

皇帝又有庙号。庙号是皇帝死后在太庙中所用的称号，一般开国皇帝称某祖，其后均称宗，但也有例外，如明成祖、清圣祖等。太庙神位本有限制，并非每一位皇帝都有庙号，西汉十二帝，有庙号者仅五帝，两晋十五帝，称庙号者仅六帝。隋唐以后，皇帝一般都有庙号，唐宋皇帝一般以庙号称之，如唐高祖、唐太宗、宋太祖和宋徽宗等。

2. 三公九卿

帝国体制之下，政事无大小，皆由皇帝一人裁决。皇帝不可能总揽所有政务，必须有人辅助，这样的人选便是身为百官之长的宰相。秦与西汉时期，辅政官员包括丞相、太尉和御史大夫，统称"三公"。其中太尉可能是武将的荣誉职务，不常设。丞相和御史大夫可以自设府衙，称为二府。丞相有总领百官、主持朝政、召集朝议、决定国家军政大事、封驳诏书、任免和选用官吏、主管郡国上计、考核百官、对上谏诤、对下执行诛罚等行政大权，凡国家大政均有权参与，但大政方针须上奏皇帝获得批准，同时要受御史大夫的监督。御史大夫是丞相的副职，同时主管监察，负责保管各种律令图籍。御史大夫与丞相相对平行，可以相互制衡，有利于皇帝控制朝政。

中央的行政体系，除了以宰相为核心的辅政机构，还有各司其职的职能部门。秦汉时三公以下设九卿。九卿包括：

（1）太常：秦称"奉常"，掌管宗庙礼仪，兼管教育，负责选拔博士和博士弟子。

（2）宗正：管理皇室宗族事务。

（3）光禄勋：秦称"郎中令"，掌管宫殿门卫和传达事务，是皇帝的亲近侍卫，也是朝廷的后备官员。

（4）卫尉：统领卫士护卫宫阙。

(5)太仆：掌管国家马政和皇帝乘舆，皇帝出行，太仆亲自驾车。

(6)大鸿胪：秦称"典客"，掌管边疆民族事务、诸侯朝聘宴迎、外交之事。

(7)廷尉：汉景帝时曾改为"大理"，掌管刑狱，负责司法事务。

(8)大司农：秦称"治粟内史"，负责国家财政。

(9)少府：主管皇室财政，秦时兼管宫室、陵寝等土木工程的施工和监督，汉时这部分职能归将作大匠。

3. 宰执机构的演变

皇帝希望宰相忠实地按皇帝的意图行事，而不希望宰相形成独立的权力。当宰相的权力过大时，皇帝便利用亲近的侍从官、秘书班子制约宰相，最后形成侍从官、秘书官取代宰相机构的局面，辅政机构的权力也在这个过程中不断地衰落——这个现象在整个帝制时期不断发生。

尚书本是秦汉时在宫禁设置的掌管收发文书的官署，设尚书令、尚书仆射等职位，在皇帝与丞相之间传达消息，隶属于少府，地位低下。汉武帝为了强化皇帝权力，开始重用尚书令，以及侍中、常侍、给事中等侍从官，并经常召集这些可以出入宫禁的亲随官员，以尚书为平台，亲自决策政务。皇帝居住在宫城中，丞相府等百官的衙署设置在宫城之外，百官平时只有参加朝议时才能进宫，称为朝官。汉武帝提升尚书地位之后，以尚书为核心形成了一个新的辅政团体，这个团体可以在宫中办公，因此被称为中朝官，与此相对，就把在宫外办公的朝官称为外朝官。汉武帝决策重大政务，往往只召见中朝官参议，外朝官往往不能参与，逐渐形成了尚书与宰相府两套辅政体制。汉昭帝时，权臣霍光以"领尚书事"的职位掌握朝政，进一步加强了尚书的辅政地位。东汉时，尚书改称尚书台，机构组织变得更为完善，到曹魏时，尚书台迁到宫外，成为皇帝正式的辅政机构，尚书台的正副长官尚书令、尚书仆射，也成为正式的宰相。到南朝刘宋时，尚书台改称尚书省。尚书省又设立六部作为职能部门，即吏、户、礼、兵、刑、工部，各设尚书、侍郎为正副长官。其中吏部掌管官吏的铨选、考课、勋封等事务；户部掌管户口、田土、财政、赋税等事务；礼部掌管礼仪、祭祀、学校、贡举等事务；兵部掌管军事

行政、后勤供应、武职铨选等事务;刑部掌管司法狱讼和司法行政事务;工部掌管水利土木工程及工匠等事务。

尚书台迁到宫外之后,曹魏又将宫中的秘书监改为中书监,后改为中书省,主管出纳政令之职,以中书令为长官,由于接近皇帝,尚书省的辅政职能,又逐渐归到中书省。东晋时,皇帝又将宫中的侍中省和散骑省合并为门下省,也逐渐掌握了参决军国大政的权力。隋唐时,设在宫外的尚书省和设在宫内的门下省、中书省(隋称内史省)都成为正式的辅政机构,三省正副长官尚书令、尚书仆射、中书令、中书侍郎、侍中、门下侍郎,都成为正式的宰相。唐朝形成了所谓"中书出令、门下封驳、尚书执行"三省分工明确的三省制度,但事实上三省长官都在门下省或中书省的政事堂共同议事。后来其他官员加"同中书门下三品"称号,也能作为宰相进入政事堂议事,"中书门下"逐渐成为宰相职名。唐玄宗时,设在中书省的政事堂改称"中书门下",中书门下制成为正式的宰相制度。

唐玄宗时,又在宫中设置学士院,以翰林学士充任,负责撰写重要的诏书,学士院成为由皇帝直接控制的最高秘书机构,翰林学士也被称为"内相"。这样,学士院与中书门下成为内、外两个辅政机构,翰林学士起草重要诏书(内制),可以不经中书门下直接传达,而中书门下的中书舍人仅起草普通诏书(外制)。

唐朝中后期,宦官专政,唐代宗以宦官充当"内枢密使"。枢密使在禁中办公,执掌机密,参议政治决策,而且常常作为皇帝的代言人,直接向宰相宣布旨意。因此,唐代的辅政机构,中书门下之外又有学士院、枢密院,实际形成了多层次的辅政体系。经过五代的演变,在宋代,中书门下的政事堂成为宰相府,掌管行政事务;枢密院又称枢府,掌管军事,与中书门下合称"二府";三司又称计省,掌管财政,与"二府"共同构成宋朝的辅政体制。

金朝以尚书省为辅政主体,元朝则以中书省为辅政主体,均设丞相之职。明太祖罢中书省,废丞相制度。明成祖时召翰林院编修、检讨等入文渊阁参与机密,文渊阁遂称内阁,入阁诸臣一般被任命为学士或大学士,主持阁务者称首辅,掌握起草诏书(票拟)的权力,重新成为皇帝的辅政机构。清代仍有内阁,但不再具备中枢辅政的地位。清初有"议政王大臣会议",裁决军国机要。康熙时以南书房草拟诏旨,内阁成为处理例行政务及发布文告的机构。雍正时又设"办理军机事务处"成为中枢机构,简称军机处。

二、地方行政体系的演变

1. 监察机构与行政机构

秦始皇废除封建制度,建立单一的郡县制度。此后"县"作为帝国最基本的地方行政单位基本没有变化。县以上的地方行政单位的名称与设置,历代多有变化,但元朝以前基本上维持地方两级行政体制。两级行政体制之上,历代多次出现更高一级的政治机构,如汉朝的州、唐朝的道、宋代的路,这些机构最初的职能多是监察地方行政,但在特定条件下又演变为地方行政机构。元朝实行行省制度以后,三级地方行政体制逐渐稳定下来。

西汉初年,曾经实行短暂的郡、国并行制度。汉武帝以后,封国的独立性大大减弱,实际地位与郡没有差别。汉武帝又将全国分为13部(州),每部设刺史(有时也改称"牧"),监察郡、国,刺史(牧)是中央派出的监察官员而非地方行政官员,在地方没有固定的治所,每年都要回朝廷汇报。东汉时,州刺史(牧)开始有地方上的常设机构,而且不再到京城述职,州刺史(牧)逐渐成为地方常设官员并拥有一定的地方行政实权。到东汉末年,因为镇压黄巾军的需要,朝廷以州刺史(牧)典兵,并经常任命中央九卿为地方州牧,州的地位急剧上升,正式成为郡之上的地方行政机构,州刺史(牧)也成为地方最高军政长官,郡、县两级制逐渐演变为州、郡、县三级地方行政制。魏晋时期,由于州刺史同时拥有军、政大权,刺史往往加将军号,州刺史一般设置政府与军府两套行政系统,政府的主要属官是长史、别驾,军府的主要属官是治中、司马。

隋朝时,朝廷废除郡一级机构,以州直接辖县,以后州、郡两个名称多次反复。唐朝又有长安的京兆府、洛阳的河南府和太原的太原府,府与州平级,因政治地位特殊,地位高于一般的州郡。安史之乱以后,唐朝的地方行政体制又演变为道、州(府)、县三级制。与汉朝的州类似,道也是由中央派出的监察机构,逐渐演变为最高一级的地方行政机构。贞观元年(627),唐太宗分全国为十道,由中央不定期派出黜陟使、宣抚使、按察使或者巡察使巡视并监察地方州县。唐玄宗时十道扩充为十五道,并正式确定各道监察长官的名称为采访处置使。采访处置使有固定的治所并常驻地方,逐步向地方政务渗透。唐肃宗时,采访处置使改称观察处置使。唐代又有节度使,本是中央派出镇守边疆将领的官名。安史之乱以后,唐朝在各地普遍设立节度使,并以节度使兼任观察处置使,地方军政长官节度使与监察长官观察使合二为一,统领一道的军、政、财、民大权,成为势力极大的"藩镇",道也成为州之上的最高地方行政机构。

宋朝建立之后,为加强中央集权,削夺节度使的军、政大权,恢复了州、县两级的地方行政体制。州的长官简称知州,宋代与州并级的地方行政机构有府、军、监,都城、皇帝曾经居住的地区称府,地位略高于州,如开封府、临安府、应天府、大名府等;军多设在军事要地或偏远之地,监多设在矿区。宋朝州、县以上,又有路的设置。宋太宗时分天下为15路,后扩展为23路。各路分设四个互不统辖的平行机构,分别是安抚使司(简称"帅司"),主管一路军政,兼理民政;转运使司(简称"漕司"),主管一路财政,兼理监察;提点刑狱司(简称"宪司"),掌管一路司法,兼理监察;提举常平司(简称"仓司"),主管救济等民政,兼理监察。四个机构平行设立,相互牵制,直接向中央负责。虽然路一级的各种机构可以管理府州军监的一些具体事务,但府州军监直属朝廷,路级机构主要是中央的派出机构,而不是地方行政机构。

2. 行省体制

金朝曾设尚书省的派出机构"行尚书省",但并非定制。元朝中央设中书省,又在地方设中书省的派出机构"行中书省",先后设立岭北、辽阳、河南江北、陕西、四川、甘肃、云南、江浙、江西、湖广等十行省,官员编制与中书省相同,有丞相,平章政事,左、右丞,参知政事等。行中书省以下的行政区划,有路、府、州、县。路的长官称总管,府的长官称知府或府尹,州的长官称州尹或知州,县的长官称县尹。元代路、府、州、县之间的隶属关系比较混乱。

明朝废除元朝的行中书省,将全国划分为13个承宣布政使司,由于政区主要沿袭了元代的行省,一般仍称之为行省或省。因此明朝的地方行政是省(布政司)、府(直隶州)、县三级体制。明朝各省除了承宣布政使司,又有提刑按察使司和都指挥使司,三司为平行行政机构,互不统辖,其中承宣布政使司俗称藩台,主管一省民政和财政,长官设左、右布政使;提刑按察使司俗称臬台,掌管一省司法,长官为按察使;都指挥使俗称都司,掌管一省军政,长官为都指挥使。

清代的地方行政体系相当复杂,但主要沿袭了明朝省、府(州)、县三级体制。清朝主要有18省,总督和巡抚为省级军政长官。其中总督俗称制台,一般辖两省之地,也有辖一省或三省者。巡抚一般每省均设,品级略低于总督,与总督平行行政。总督、巡抚以下,各省又有分管民政、财政的布政使司,分管司法监察的按察使司,以及分管科举、教育的提督学政。清朝的各省还分为数"道",由布政使派出处理一道民政、财政的"分守道",由按察使派出处理一道司法和监察的"分巡道",不过"道"基本上属于省级的派出机构,而不是正式的地方行政机构。清朝与18省平级的地方行政区划,在非汉族地区,还有盛京、吉林、黑龙江、伊犁、乌里雅苏台五个将军辖区,驻藏大臣、青海办事大臣两个办事大臣辖区,此外又有内蒙古六盟、套西二旗、察哈尔八旗盟旗等组织。

三、选官制度

1. 荐举制

秦朝的选官制度,一方面是沿袭战国的传统,从游说之士中选官,另一方面则是根据秦朝的二十等功勋爵制度,实行按军功大小赐爵选官。西汉初年,大量官员是按军功赐爵授官的,中期以后,由军功入仕者逐渐减少。

汉朝的选官制度,主要是察举制度。察举制是指皇帝颁布诏书,指定举荐科目,由中央和地方各级官员按科目举荐人才,由朝廷考核后委以官职。汉代的察举制定型于汉武帝。察举分为岁举和特举两类,岁举通常每年举行,科目主要是孝廉和秀(茂)才。孝廉是指孝子与廉吏,创立于汉武帝时期,秀才是指才学异能之士,又称

"茂才异等"科,西汉时并不经常实行,东汉时才成为岁举常科。特举也称诏举,科目有贤良方正、文学和明经等,其中以贤良方正最为重要,如汉文帝时的晁错、汉武帝时的董仲舒、公孙弘等,都以贤良方正应举。应举贤良方正需要对策,就是由皇帝提出时政、经义方面的问题,由应试者回答,如董仲舒的"天人三策",就是回答汉武帝的三条策问。

魏晋南北朝时,又有九品中正制。九品中正制也称"九品官人法",主要内容包括:由朝廷选择一些在中央或州郡任职的官员,依照他们的籍贯,兼任本州郡的中正,州为大中正,郡为小中正,州、郡大小中正的主要任务是察访与品评同籍士人。考察的内容主要是家世和德才两项,家世又称"阀阅"、"资",主要是指家庭的政治背景;德才,称"状"或"行状",主要是道德才能、生平事迹。中正依据这两个标准,将士人品评为上上、上中、上下、中上、中中、中下、下上、下中、下下九等。郡的小中正将品评材料上报州的大中正,大中正汇总核实后,将材料上报中央的司徒府,司徒府审核后,送往吏部,吏部将中正对士人的品级评定作为授官高低的依据。从曹魏末年到晋朝,中正品评士人的依据,越来越重视家世而轻视德才,九品中正制逐渐演变成门阀士族垄断朝廷高官显职的工具。

2. 科举制

隋朝废除了九品中正制,恢复了察举制,同时加强考试在察举制中的作用。唐朝以后,科举制度成为朝廷选拔官员的主要途径。

唐宋时期,参加科举考试,首先要向官府报名。报名时要准备几份材料,一份是家状,包括报考者的籍贯、父祖三代姓名、年龄、相貌和学习科目等。一份是保辩,就是请相关的人员写的证明书,保证报考者的身份和品德符合报考的条件。科举考试对身份仍有一定的限制,除了女性不能报考之外,僧道、吏人、工商杂类和倡优之家一般是不能报考的。再有一份是识牒,是描述报考者体形特征的文件,比如说"中形,黄白色,少有髭"等,识牒是用来防止冒名顶替的。这个报名的过程,就称为"投牒自举"。在家自学的白丁,或者地方学校的学士,只要符合条件都能参加州府举行的乡试。朝廷每年会给各州府一定的乡贡名额,称为解额,因此乡试也称为解试,通

过解试的称为"发解",乡试的第一名也被称为解元或解首,获得解额后随州府其他贡品入京参加科举,因此这些人称为贡士。国子监所属学校的生徒则通过学校的考试获得解额,称为举人。唐朝时,乡贡与举人每年十月到尚书省报到,由尚书省户部核对考生材料,等第二年正月或二月参加尚书省举行的科举考试,称"省试"。唐朝玄宗以前,省试由尚书省吏部考功司的考功员外郎主管。到唐玄宗时,科举的规模扩大,科举改由礼部侍郎主管。唐朝的省试是科举考试的最高级别,考完之后,试卷经主考官评阅,便可以将录取名单张榜公布,由于是在春天,因此称"春榜"。

唐玄宗时,有一位主持省试的主考官认为,科举取士一考定终生,难以充分考察考生的实际才学,于是自作主张,令考生将平日所写的代表性作品送来,作为科举考试录取的一个参考条件。此举在当时获得普遍称赞,于是考生们纷纷向尚书省礼部进呈平日所作诗文,这就是所谓的纳"省卷"。唐朝也允许达官贵人向主考官推荐优秀人才,于是考生们又纷纷将诗赋文章编成文集,投献给达官贵人,以图得到他们的推荐。这种向私人投献的诗文称为"行卷","省卷"则相应称为"公卷"。达官贵人向主考官推荐人才称为"公荐",因"公荐"形成的名单称为"通榜",是主考官最终录取考生的重要依据。省卷、行卷、公荐的做法,为达官贵人营私舞弊、培育私人政治势力提供了温床。宋朝建立后,宋太祖采取各种措施加强中央集权,禁止省卷、行卷、公荐等行为,并在省试之上,再增加一场科举考试,由皇帝亲自主持并确定最后的录取名次,这就是殿试,科举中第者由此也就成了"天子门生"。

为了防止考官在评定试卷过程中营私舞弊,宋代又实行了"糊名"与"誊录"制度。糊名也称"封弥",宋太宗时开始出现,就是在评定考卷时,将考卷上的考生信息封糊或裁去。宋真宗时又出现了誊录法,即由朝廷安排书吏将考生的考卷重新誊抄一遍,再交由考官评定,为此宋朝还专门设立了誊录院,从而保证了考卷评定的客观公正。宋代科举另一个重大的变革,是科举登第之后的授官制度。唐代科举及第,只是取得了做官的资格,必须再经过吏部的"关试",才能脱去平民的麻布服装,正式授予官职,这也称为"释褐"(或

"解褐")。宋太宗为了笼络人心,科举考试结束后,直接授予高第者官职,不必再参加吏部的关试。

元朝不重视科举取士,罢废科举长达30余年,直至元仁宗延佑二年(1315年)才重开科举,此后也时开时废。明清两朝的科举制度与学校制度密切联系,形成了"科举必由学校"的科举体制。明清的士人要参加科举考试,首先要通过科举预备性考试——童试,进入官学,然后才能依次参加乡试、会试和殿试三级考试,最后获得进士的功名,出仕任官。童试是府、州、县学的入学考试,也是科举的预备考试。朱元璋下令各地相继开办府、州、县学,规定了教官与生员的数量。童试的目标就是要成为这些地方官学的生员——也就是俗称的秀才、相公,从而获得科举考试的资格。没有获得学校生员资格的人,通称童生。生员再经过选拔,合格者才能获得正式科举考试的资格,参加乡试。乡试是生员参加的省级科举考试,考中者称为举人,俗称孝廉,各省的第一名称为解元。举人是一种正式的功名,即使未能进一步考中进士,也可以通过吏部铨选而做官,一般担任较低的职位。举人有资格参加礼部主持的会试,考中者称为贡士,然后再参加皇帝主持的殿试。由于殿试没有黜落,因此考中贡士等于获得进士出身。殿试的主要功能是确定进士的等甲名次,殿试发榜分为三甲,一甲只有三名,为状元、榜眼、探花,称三鼎甲,赐进士及第;二甲若干名,赐进士出身,第一名称传胪;三甲若干名,赐同进士出身。新科进士中的三鼎甲可以直接进入翰林院,成为翰林院修撰或编修,二甲、三甲进士则要参加翰林院的庶吉士考试,此称为"馆选",被录取者可以进入翰林院庶吉馆学习。这些进入翰林的三鼎甲和庶吉士是明清朝宰辅大臣的主要来源,据统计,明朝172名宰相(内阁首辅)中,翰林出身者占了9/10。

四、田税与徭役

1. 土地与田税制度

春秋战国时期,各国普遍建立了税亩制与征兵制,使得全国的人力与财物集中于国君。帝制时代的赋税与徭役制度也有一个发展演变的过程。

第七讲——帝国的行政制度

秦汉实行田租、口赋制度。秦始皇统一全国后,"使黔首自实田",即下令全国农户向政府申报土地数量,据此征收土地税。秦的田租非常沉重,可能高达总收获的2/3。田租之外,又根据人口征收人头税,称口赋。汉承秦制,但田赋减轻为三十税一。此外又有算赋与口赋。算赋是成年男女每人每年向国家交120钱,称一算,主要用于军费。口赋则是未成年男女每人每年交20钱,主要用于皇室开支。汉代土地可以自由买卖,到西汉晚期,官僚与豪强兼并大量土地,不但加剧了贫富分化,而且大地主往往享有税赋特权,严重影响国家财政收入。王莽篡汉后,实行"王田制",规定土地不准买卖,一家男子不满8口而土地超过900亩(一井)者,要把多余封地分给亲属、邻居及他人,无地农民,国家按"一夫一妇田百亩"的数量授田,并向国家缴纳1/10的田赋。但王莽的王田制无法推行,很快宣布失败。东汉末年,长期战乱导致大量无主荒地的出现。曹操将荒地收归国家,招募农户耕种,这是屯田制。公元204年,曹操又实行租调制,规定土地所有者每亩向政府纳粟四升,称田租,每户出绢二匹,绵二斤,称户调,统称租调制。

西晋于280年颁行占田制。占田制是一种国家限制土地占有的制度,规定平民男子最多可占田70亩,女子最多可占田30亩,不论实际占有多少土地,课田(田税)按男子50亩、女子20亩征收。占田制同时规定,各级官员按品级高低占50顷至10顷不等,并且享有赋税的特权。少地的平民为了逃避不合理的赋税,宁愿连同土地一起投献豪强士族,成为他们的荫户,这又造成国家财政的大量流失。

北魏实行均田制。北方长期的战乱导致大量荒地的出现,北魏将其收归国有之后,向平民授田,这就是均田制。均田制规定,国家向男子授田40亩,女子授田20亩,耕牛授田20亩,死后土地归还国家。北魏还将原本以户计征的租调制改为以丁计征,一夫一妇每年纳帛一匹,粟二石。平民既能获得国家授田,租调负担也不重,因此很多人脱离豪强大族,成为国家的编户齐民。同时豪强地主需要按奴婢与耕牛数量缴纳租调,因此北魏政府通过均田制与新的租调制,获得了丰厚而稳定的税源。隋唐仍然实行均田制和租调制。唐中叶时,随着人口的增长,国家无法向农民充分授田。农户受田不

足,家人去世后不必将土地归还国家,国家控制的土地越来越少,均田制开始消亡,农民土地日益不足,生活无靠时不得不转让土地。丧失了土地的农民,或者向地主租种土地而成为佃农,或者沦为流民。

均田制崩溃后,建立在均田制基础之上的租调制难以为继,国家财政再次陷入危机。唐朝因此改革赋税制度,废除按丁计征的租调制,改以按土地计征赋税,两税制于是应运而生。公元780年,唐德宗任用杨炎为相,开始实行两税法。两税是因为一年分夏、秋两次交纳而得名的,税种又分为户税和地税,户税按家庭财产计征,地税则按占有土地的多寡征税,因此两税法总体上是一种财产税。两税法的总额以779年(大历十四年)唐朝的财政收入为总额层层摊派,原来租调中应缴纳的帛绢绵等实物改以折钱计征。宋明时期田赋仍沿袭两税。明初田赋缴纳实物,但1436年(正统元年)明朝规定全国税粮折银缴纳,称为"金花银"。为了有效地征收田赋,朱元璋时曾重新编造包括各户丁口、田产及应纳赋役数量等内容的赋役册籍四份,分存各级政府,因上交户部的一份为黄皮封面,所以称赋役黄册。朱元璋又令各州县编造土地册籍,详列土地面积、形状、四旁所至、土质及田主姓名,作为征税依据,称鱼鳞图册。

明朝中后期又出现了各种避税、逃税方法,有平民将土地寄于权贵名下,称"诡寄",有平民地主将田产零星分附于亲邻、佃仆户下,称"花分"。避税、逃税日益严重,国家赋税再陷混乱。明神宗时,内阁首辅张居正在清丈全国土地的基础上,推行一条鞭法。一条鞭法规定,原来征收的田赋、杂税和力役,全部并入田赋,并全部根据土地占有多寡征收,赋税一律征银。明朝晚期,由于对后金作战与镇压农民军的需要,军费急剧增加,又加派辽饷、剿饷、练饷(练兵费用)三大饷,农民不堪重负。清朝康熙以前,赋税仍分地赋与丁赋,丁赋是徭役的折银。随着土地兼并的严重,贫苦农民无力负担丁赋,康熙年间宣布"滋生人丁永不加赋",将丁赋总额固定化,不因新增人口而增加。此后,又陆续将丁赋摊入田赋征收,这就是"摊丁入亩"。

2. 杂税与徭役

中华帝国以农业立国,田赋是财政收入最主要的来源。但历朝

第七讲——帝国的行政制度

历代也征收工商杂税,并通过盐、酒、矿、茶等特殊物产的专营或承包制度,获得大量的财政收入。宋代以来,工商业有了长足的发展,工商杂税或专营的收入,可能已经不少于田赋收入。

汉唐时期,民众还需向国家服兵役或劳役。唐朝可以用实物代替徭役,成年男子每年20天的徭役,一天可折绢三尺,这就是租庸调制中的"庸"。杨炎实行两税法后,"庸"并入两税,但到宋朝,两税之外又征徭役。宋代徭役称差役法,包括职役与杂徭,职役是担任地方的胥吏,如主管官府财物的衙前,负责督征赋税的里正、户长、乡书手,逐捕盗贼的耆长、弓手、壮丁;负责州县杂务的曹司、孔目与押录、虞候等,主要由较有财力的户轮流承担。衙前等职役责任重大,官府财物如果丢损,要负赔偿责任,民户常常因此破产。杂徭则是临时性的差役,主要是地方上修路、治水、修造官府私邸,主要由贫户承担。王安石变法时,一度废差役,改行免役法,即民户向官府纳免役钱代替徭役,官府再用免役钱募人充役,因此也称雇役。此后雇役、差役多次反复,或者差雇并行。明代一条鞭法之前仍有徭役,一条鞭法实行后,徭役折银,并入田赋一起征收。

第八讲

孔子与其他

春秋时代的孔子,因为坚持自己的理想而在政治上十分失意。但孔子是一位渊博的学者,他整理与传承西周的文化典籍,成为2 000年间中国文化传承的最主要载体。同时孔子提出了自己的政治理想,他认为,西周的宗法礼乐社会是理想的社会,他希望人们通过道德的修养重新建立合理的政治秩序。孔子开创的学派称为儒家,与孔子同时代还有很多杰出的学者以及他们各自开创的学派,与儒家一样对中国文化产生深远影响的,有商鞅、韩非为代表的法家,以及以老子、庄子为代表的道家。

一、孔子生平

1. 成长

孔子字仲尼,名丘。一般认为,孔子出生于公元前551年9月28日,逝世于公元前479年。孔子出自商族,是宋国公室的后裔。宋国第五任国君宋愍公有二子,长子弗父何,次子鲋祀。宋愍公传位于弟熙,鲋祀杀熙,让弗父何继位。弗父何没有接受,于是鲋祀继位,这就是宋厉公。弗父何则是孔子的十世祖。孔子的六世祖孔父嘉是宋国的大司马,后来宋国的太宰华督杀害了孔父嘉、霸占了孔父嘉漂亮的妻子,还将国君宋殇公也杀了。孔父嘉的后人流亡到鲁国,孔子的父亲叔梁纥是鲁国郰邑宰,是个力大无比的贵族武士,传说身高有十尺。一次叔梁纥参加以晋国为首的诸侯联军攻打偪阳(今山东枣庄市南面)的战役,攻城时城墙悬门突然放下,叔梁纥双手托起悬门,入城队伍

第八讲——孔子与其他

得以撤退。传说孔子出生时,父亲已经 66 岁了。史籍记载,"纥与颜氏女野合而生孔子",也就是说孔子的父母没有正当的婚姻关系,孔子是私生子。孔子 3 岁时父亲去世,母亲颜氏在曲阜独自抚养孔子,母子备受社会歧视。

孔子出生的公元前 551 年,是鲁襄公二十二年。当时鲁国的世卿三桓的势力很大。三桓是鲁桓公(前 711 年~前 694 年在位)三位公子开创的宗族。鲁桓公有四个儿子,长子庄公;次子庆父,他的后代称仲孙氏或孟孙氏;三子公子叔牙,后代叫叔孙氏;四子公子季友,后代叫季孙氏。鲁庄公的三个儿子,太子斑与次子鲁闵公都被庆父所杀,庆父又与鲁闵公的母亲通奸,又想自立,因此说"庆父不死,鲁难未已",直到公子季友杀了庆父,才结束了鲁国的内乱。后来季友的孙子季文子掌握了鲁国的政权,这时三桓与国君已是远亲,季文子为了长期在鲁国掌权,号召三桓团结起来。于是季文子与孟孙氏、叔孙氏相互扶助,世袭鲁国司徒、司马、司空三个上卿职位,轮掌国政。后来季孙宿又在自己的采邑私自建造城墙,孟孙氏与叔孙氏也相继仿效,三桓的城邑费、郕、郈,也就成了鲁国的国中之国,再后来三桓便瓜分了鲁国的军队。

虽然父亲是贵族,但孔子是私生子,没有获得贵族的待遇。孔子十六七岁时母亲去世。这时鲁国的执政大夫季武子设宴招待士,孔子前往参加,被季氏的家臣阳虎挡在门外,说"季氏飨士,非敢飨子也",不招待孔子这种没有身份的人。为了谋生,少年时代的孔子学会了很多在当时看来很卑贱的技艺,曾在贵族家里看仓库(委吏)、喂牲口(乘田),因此后来孔子说:"吾少也贱,故多能鄙事。"孔子虽然遭受歧视,但他志向高远,发愤图强,通过不断请教,掌握了各种贵族技能。孔子没有受过正规的贵族教育,没有固定的老师,但他好学好问,认为"三人行,必有我师"。有一次,孔子进入鲁国太庙,太庙正在举行典礼,孔子便不停地向人请教典礼的问题,引起他人的不耐烦。孔子还曾向郯国国君请教太皞氏与鸟名官的问题,向鲁国的乐官师襄子学琴。通过不断的请教,孔子精通了贵族的六艺:礼(礼仪)、乐(音乐)、射(射箭)、御(御车)、书(历史文化,应该包括《诗经》《尚书》《春秋》《易》等)、数(算术历法)。

2. 出仕

鲁昭公时,季平子与郈昭伯斗鸡,季平子在鸡的翅膀上抹芥末,郈昭伯则在鸡爪上捌利器,结果季平子输了,便去攻打郈昭伯,郈昭伯向鲁昭公告状,鲁昭公发兵讨伐季氏,反被三桓所败,先是出奔晋国,后又流亡到齐国。鲁昭公被赶出了鲁国,孔子认为三桓实在无礼,愤而离开鲁国,前往齐国游历。在齐国,传说齐景公曾向孔子请教治国之策,孔子答以"君君、臣臣、父父、子子"和"政在节财",颇受齐景公赏识。齐景公曾经打算以采邑封赐孔子,但遭到齐相晏婴的劝阻,晏婴严厉批评了孔子的政治思想,认为儒士高谈阔论、繁文缛节,不利于现实政治。从此齐景公对孔子敬而远之,两三年后,孔子返回鲁国。

返回鲁国后,孔子系统地钻研了诗书礼乐。他的博学远近闻名,拜师从学者络绎不绝。孔子 50 岁的时候,鲁国的国君是鲁定公,执政是季桓子。因为季氏内部的矛盾,季氏的家臣阳虎曾经囚禁季桓子,后来还打算废除三桓的嫡系,由阳虎等庶系旁支取而代之。孔子素来反对阳虎,但阳虎又想借重于孔子,便趁孔子不在家时馈赠烤猪,孔子无奈,也趁阳虎不在家时前往回礼答谢,不料在返回途中遇见阳虎,阳虎建议孔子出仕,被孔子敷衍过去。后来阳虎打击三桓嫡系的计划失败,出奔到齐国,季桓子重新当政。受了阳虎犯上作乱的教训,季桓子开始对孔子所讲的"君君臣臣"的正名学说产生兴趣,便邀请孔子的两个学生冉有、子路做他的家臣,又请孔子做中都宰。

孔子从政很有成绩,在四五年内从中都宰升为小司空和大司寇。当时三桓都在自己的地盘上建立了城墙,掌握了鲁国的军队,鲁国出现了割据的状态,而三桓又被他们的家臣所控制,季孙氏的费邑被家臣公山不狃把持,叔孙氏的郈都被家臣侯犯占据。这时孔子提出三桓应该拆毁他们的城墙,三桓苦于家臣尾大不掉,便接受了孔子的主张。于是叔孙氏拆毁了郈都,季桓子也打算拆毁费邑,不料家臣公山不狃起兵作乱,孔子发兵镇压,拆毁了费邑。不过孟孙氏后来改变了主意,让家臣公敛处父抵制堕郕邑的计划。孔子命子路率领军队围攻郕邑,鲁定公也御驾亲征,却没能攻下。此后季

桓子开始疏远孔子,鲁国君臣也沉湎于享乐,这让孔子十分失望。一次鲁定公祭天,孔子陪祭之后,竟然没有人按照礼制将祭肉送给孔子。孔子觉得自己受了羞辱,便在他55岁时,弃官离开鲁国,开始了十余年的周游列国。

3. 周游列国

公元前497年,孔子带着一批弟子开始周游列国。

最初的五年,孔子在卫国。卫灵公对孔子很客气,给予孔子相当于鲁国司寇的俸禄。但卫灵公向孔子请教军事问题,孔子却认为礼乐才是大事,拒绝讨论军事,让卫灵公感到失望。卫灵公宠爱继室夫人南子,南子想要见识孔子,孔子觉得不合适,但挡不住南子的热情,还是去拜访了南子。南子名声不好,孔子见南子,让学生子路很不愉快。这让孔子感到难堪,拼命向子路解释,最后还指天发誓,说如果他有什么非礼的举动,就让上天抛弃他。又有一次,卫灵公与南子乘坐同一辆车跑在前面,却让孔子乘坐另一辆车跟在后面。这让孔子感到羞辱,但他不好发作,只好自我解嘲说:"吾未见好德如好色者也。"因为南子行为不检点,卫太子蒯聩派人刺杀南子。刺杀行动失败了,蒯聩被驱逐出境。卫国闹得君不君、臣不臣,父不父、子不子,孔子便离开了卫国。

接下来大概有四年的时间,孔子经过曹、宋、郑等国,都不招人待见。经过宋国时,宋国大夫桓魋试图谋害孔子,因为孔子曾经批评桓魋的石椁太过浪费,骂桓魋"不如速朽之愈也"。在前往郑国的途中,孔子与弟子们走散,独自站在郭城的东门外等候,他被人嘲笑说,脑门像尧,脖子像皋陶,肩膀像子产,腰以下比禹短了三寸,上半身倒有点圣人气象,但下半身却像丧家之狗。孔子听说后,觉得用丧家之狗来描述他的孤独与彷徨,实在很贴切。一路上,孔子还经常遇到一些讽刺他的隐士,有的嘲笑孔子"四体不勤,五谷不分",是个百无一用的书生;有的人说孔子就像落拓的凤凰,"凤兮凤兮,何德之哀",提醒孔子坚持崇高的政治理想,结果只能是丢人现眼;有的则挖苦孔子不自量力,自以为能改变天下无道的局面,"滔滔者天下皆是也,而谁以易之"。

孔子在陈国时,吴国进犯陈国,孔子避兵,带着弟子在陈、蔡之间徘徊,途中断粮,弟子们饿得病倒。跟着孔子落到如此不体面的境地,子路十分恼火,他责问孔子"君子亦有穷乎",孔子回敬子路说,"君子固穷,小人穷斯滥矣",君子为了坚持自己的道德操守,就免不了受穷,像你这样一受穷就牢骚满腹、歇斯底里的才是小人。后来孔子又来到卫国,看到卫国仍有内乱的危险,他的提醒也不被重视,便离开卫国,返回鲁国了。不过子路留在了卫国,成为卫大夫孔文子的家臣。

4. 整理典籍

孔子返回鲁国之前,他的学生冉有、子贡等已经先行回到鲁国从政。子贡从事外交,冉有领兵打仗,都有不俗的表现。季康子听了冉有的建议,厚礼聘请孔子。于是孔子在他68岁时返回鲁国,以元老顾问的身份,在鲁国参政议政,只是他的政见总是与当政者格格不入。冉有帮助季康子改革赋税制度,要将田赋增加一倍,孔子听说自己的学生帮助统治者搜括财富,非常生气,让他的弟子们大张旗鼓地讨伐冉有:"非吾徒也,小子鸣鼓而攻之,可也。"

孔子返回鲁国后大概又过了五年就去世了,享年73岁。最后几年孔子的主要工作是整理文化典籍。传说孔子在当时流传的3 000多篇诗歌中选编了300多篇作为文学教材,这就是《诗经》。又从历代帝王圣贤的3 000多篇重要文件中精选100篇,作为古代史的教材,这就是《尚书》。孔子晚年投入大量精力学习《易经》,"韦编三绝",学习《易经》时,孔子可能作过学习笔记,或许就保留在《易经》的《十翼》中。传说孔子还修订过《周礼》,但后来流传的《周礼》出自汉代,现在只能从《礼记》、《仪礼》中了解孔子讨论礼仪的一些记载。

传说孔子去世的两年之前,鲁国捕获了一头瑞兽麒麟,但统治者无知,将麒麟当成怪兽,还无端地伤害它。当时孔子正在整理鲁国的编年体史书《春秋》,他觉得这头麒麟的遭遇正是自己一生的写照,肩负着天下大道却无人赏识,从此意志消沉,编写史书的工作也无法继续,因此《春秋》记载的最后一件事,就是"西狩获麟"。《诗》、《书》、《礼》、《易》、《春秋》,经过孔子的删订编写,并且用以教学,后来成为儒家的基本经典"五经"。

公元前479年,孔子逝世,葬在曲阜城北。许多弟子服丧三年,然后相别而去。只有子贡在孔子的陵墓旁修筑茅舍,守丧六年才离开。后来有人把孔子的故居、讲堂及弟子宿舍改为孔庙,用以祭祀孔子并收藏孔子生前用物。

二、孔子弟子及后学

1. 弟子

传说孔子有学生3 000人,其中精通六艺的优秀弟子有72人。

子路(名仲由)只比孔子小9岁,是一位性情直伉的勇士。在拜孔子为师之前,子路似乎是个头插野鸡毛的不良少年。遇到孔子时,子路觉得孔子看上去很不顺眼,便想欺凌孔子,但孔子不知用了什么办法,"设礼稍诱子路",便让子路改穿儒生的服装,拜孔子为师了。成为孔子弟子之后,子路几乎成了孔子的侍卫。孔子在鲁国任司寇时,子路曾协助孔子堕三都。后来孔子周游列国,子路始终跟随在孔子身边。孔子曾说:"道不行,乘桴浮于海。从我者,其由与,"就是说,如果有一天他被迫要乘船浪迹海外,愿意跟随他的学生大概只有子路一人。

子路好勇而粗鲁,孔子经常教训子路。孔子偏爱颜回,有一次夸奖颜回不求功名利禄,耐得住寂寞。子路不服气,他问孔子,要是碰到领兵打仗,老师你会派谁去呢?孔子很生气地挖苦子路,说:"暴虎冯河,死而无悔者,吾不与也,"就是说,打仗也不能用那些不知道自己怎么死的冒失鬼。还有一次孔子得了重病,子路急急忙忙为孔子组织了一个治丧委员会,后来孔子病好了,听说了这件事,把子路臭骂了一顿。不过孔子对子路坦率直爽的性格还是欣赏的,他曾夸奖子路说,自己穿着破棉袍,敢跟穿着皮大衣的人站在一起而毫不脸红的人,恐怕只有子路,"衣敝缊袍,与衣狐貉者立,而不耻者,其由也欤",像这样不嫉妒不贪求的人,干什么事情都会顺利,"不忮不求,何用不臧"。子路难得到老师的表扬,便整天念叨着《诗经》里这一句"不忮不求,何用不臧",结果又被孔子教训了一顿,你就这么点德性,还整天挂在嘴上没完了。

孔子结束周游列国,从卫国返回鲁国时,子路留在卫国大夫孔文子家做家臣。当时卫灵公去世，继位者卫孝公是出逃的太子蒯聩的儿子，孔子则认为卫国应该迎立太子蒯聩。子路的主人孔文子，是逃亡在外的太子蒯聩的姐夫，后来蒯聩勾结他姐姐的情夫回国争夺君位，这个过程中劫持了孔文子的儿子孔悝。子路为了救出孔悝，在格斗中被杀。临死之前，子路系好被割断的冠缨，说："君子死，冠不免。"子路死后被剁成肉酱，孔子听说后，再也没有吃过肉酱。

子贡（端木赐）是孔子学生中的成功人士，他精通六艺，善于言辞，曾担任鲁、卫两国的国相，出色完成过很多外交工作。在从政的同时，子贡也经商并大获成功。《史记·货殖列传》共记载了17个人的经商活动，子贡列在第二。子贡经济实力雄厚，各国国君因此特别尊重子贡。据说孔子身后名声大振，很大程度上得力于子贡的宣扬，这跟子贡的经济实力，以及他在上流社会的广泛交往不无关系。宰予（字子我）也是个能辞善辩的学生，他思想活跃，又有些自由散漫，一次大白天还在睡觉，被孔子发现了，臭骂了一顿："朽木不可雕也，粪土之墙不可污也。"

子游（言偃）、子夏（卜商）、曾参（子舆）三人在孔子去世后，都授徒讲学。其中子夏的学生非常著名，包括魏文侯、李悝、吴起等战国时的改革家。曾参特别重视孝道，传说是《孝经》的作者，宋代的理学家又认为孔子学说的正宗，是通过曾参、子思（孔子之孙）、孟子这个脉络传授下来的。颜回是个贫困生，也是孔子学生中的道德模范，最受孔子钟爱。不过颜回很早去世，让孔子非常伤心。

2. 孟子与荀子

战国时期最著名的儒家学者，是孟子与荀子，但是有关这两个人的生平，现在知道的已经很少。

孟子名轲，据推测出生于约公元前372年，卒于公元前289年。孟子是鲁国三桓中庆父（孟孙氏）的后代，不过孟子出生于邹国（今山东邹城）。《汉书》上讲孟子的老师是孔子的孙子子思，但子思先于孟子出生70年便去世了，《史记》上讲孟子"受业于子思之门人"，虽然并非不可能，但年龄的差距还是很大。孟子35岁之前的行迹，除了孟母三迁的故事，几乎是一片空白。35岁前后，孟子应该已经

招收了很多的学生,并且开始与政治人物交往。公元前332年,孟子大约40岁时,第一次来到齐国,居住了大约8年。当时齐国的国君是齐威王,齐国的"稷下学宫"正处于兴盛期,孟子也参与其中,并被聘为上大夫,"不任职而论国事"。此后孟子在宋、薛、邹、鲁、滕、梁等国逗留,公元前318年再次到齐国做客卿,又居住了大约7年。然后经过鲁国,回到邹国,聚徒讲学,并潜心著述。回邹后再过了20年,孟子去世,终年84岁。

有关荀子的记载更少。荀子名况,出生于约公元前313年,卒于公元前238年,曾游历过齐、秦、楚等国,参与齐国的稷下学宫。荀子考察秦国后认为秦政治清明、民风淳朴,缺点是不能用儒家学说。荀子曾在楚国任兰陵(今山东苍山县西南兰陵镇)令,后来春申君被杀,荀子被免官,从此在兰陵潜心著书授徒。荀子生活在战国晚期,他的学说大量吸收了法家的思想,他的学生李斯与韩非是当时法家思想的代表人物。

三、百家争鸣

1. 法家、儒家与道家

春秋战国时候,涌现了一批自由的学者,他们著书立说,对政治、历史、社会、人生、文化和技术等各种问题,提出自己的见解。这其中包括商鞅、韩非为代表的法家,孔子、孟子、荀子为代表的儒家,老子、庄子为代表的道家,墨子为代表的墨家,以及邹衍为代表的阴阳家,公孙龙为代表的名家(逻辑学与诡辩术)。这其中,对后世影响最大的,是法家、儒家和道家三个学派。

法家因为主张中央集权、君主专制,最切合战国社会转型与政治变革的需要,中华帝国的体制也是根据法家的设计构建起来的。在儒家中,孔子主张恢复西周的宗法礼乐秩序,孟子主张国君应该保护民众的利益,这些主张在当时都不受重视,但深刻影响了秦以后中国的政治文化。荀子则主张礼法并用,将儒家学说与法家思想结合起来,不仅他的学生李斯与韩非为秦始皇所重用,而且儒表法里也是历代帝王统治中国的不二法门。

道家的代表人物是老子与庄子。老子名耳,字聃,生卒年不详,

一般认为老子是楚国苦县(今河南鹿邑县)人,曾任东周王室管理典籍的史官,年代应该比孔子稍早,传说孔子曾向老子请教。《道德经》(《老子》)的成书年代,学术界历来意见不一。马叙伦、郭沫若等学者认为成书于春秋,梁启超、冯友兰、范文澜等学者认为成书于战国,顾颉刚等人认为此书成于秦汉之间。《老子》的版本,除了传世本外,又有1973年湖南长沙马王堆汉墓出土的帛书《老子》,和1993年湖北荆门郭店楚墓中出土的竹简本《老子》。楚简《老子》虽然十分零碎,但内容与传世《老子》有明显的区别,可见传世《老子》有一个漫长的流传、演变过程,最早的《老子》版本应该出于春秋时代。老子向往氏族公社时代"小国寡民"的社会形态,这是不切实际的空想,但他"无为而无不为"的思想后来也成为帝王统治术的一种。战国晚期,有一批学者融合了道家与法家的思想,假托黄帝和老子,主张统治者应该"无为而治","恭俭朴素",废除严苛的刑法,实行轻徭薄赋,对民众实行最大限度的不干预政策,通过"无为"的手段而达到"有为"的目的,这种政治思想称为"黄老之术"。秦亡汉兴,经过秦朝的苛政与长期的战乱,民众极度疲弱,汉初统治集团总结秦亡的历史教训,选择了黄老之术作为统治思想,刘邦进入关中,即宣布废除秦朝严苛的刑法,文帝、景帝更是厉行节俭,采取与民休息的政策,都是受黄老之术的影响。

庄子(约前369~前286)名周,宋国蒙(今河南商丘东北)人,楚庄王的后裔,曾做过漆园的小吏。庄子生活贫困,曾向监河侯借粟,但他又拒绝楚威王厚币聘他为相。庄子是个浪漫的个人主义者,追求精神生活的自由和生命的逍遥状态。他的思想深刻影响了中国文人的精神信仰和文学创作,并将传统的隐士文化上升到哲学与美学的高度。道家思想也是道教形成的一个源头,老子与庄子的著作被称为《道德经》和《南华经》,后来成为道教的经典。

2. 其他学派

墨家的墨子(约前468~前376)名翟,可能是长期居住在鲁国的宋国人,曾经学习儒家学术,但因为不同意儒家讲究礼乐的观点,脱离儒家而另立新说,聚徒讲学,形成墨家学派。墨子的弟子大都是注重技术和实干的下层人士,他们经常集体活动,称集团的首领

为"钜子",在各国奔走、游说,墨子本人曾游历过齐、卫、楚等国。关于墨子最著名的事迹,是他曾经阻止楚国进攻宋国。公元前445～前450年间,墨子听说公输盘(鲁班)为楚国建造攻城云梯,准备攻打宋国,墨子从齐国出发,日夜兼程,10日赶到楚国都城郢,与公输盘论辩,阐述兼爱、非攻之说。然后墨子与公输盘在楚王面前演习攻防战,墨子以身上的革带为城,以小木板为器械,公输盘用九种方式攻城,都被墨子瓦解,而守城器械仍有富余。最后公输盘建议杀掉墨子,墨子告诉楚王和公输盘,自己的弟子禽滑厘等300人已持自己制造的守城器械,在宋城之上严阵以待,楚王不得已放弃了攻宋的企图。墨家主张兼爱、非攻,主张舍己利人,相信鬼神的力量。墨家思想在春秋战国时影响很大,与儒家并称显学,但兼爱、非攻的思想代表了下层人士的政治理想,与专制政治格格不入,不可能被统治者所接受,因此墨家思想在汉代以后逐渐湮没。不过墨家"摩顶放踵,利天下而为之"的侠义精神,对中国文化仍有深刻影响。

战国时又有阴阳五行家,这一学派的代表人物邹衍(约前305～前240)是齐国人,好谈天文,曾参与稷下学宫,游历魏、赵、燕等国,备受诸侯礼遇。五行家认为,事物都具有阴阳两种相互对立和转化的力量,万物又由木、火、土、金、水五种元素组成,五行又相克相生,通过阴阳和五行就可以说明万物的起源和变化。邹衍将五行的属性释为"五德",创"五德终始说",认为历代王朝各占一德,王朝更替的本质,是五德的相克。一德兴起,上天必然显现各种征兆以示下民,新兴的帝王必须依照天的旨意,制定符合德性的行政、服色等制度,比如周是火德,水克火,秦就是水德,色尚黑、数尚六。

名家的代表人物公孙龙是赵国人,他是平原君的门客,反对兼并战争,善于诡辩,提出过"离坚白"和"白马非马"等论题,发展出一些抽象的逻辑命题。不过名家的学术传统后来没有传承下来,导致中国文化缺乏抽象思维和逻辑理性。

四、帝国时代的思想史

1. 从政治神学到玄学清谈

秦朝独尊法家,汉初用黄老之术,直到汉武帝独尊儒术,儒学才

重新发展起来。西汉的儒学出现了严重的政治神学化的倾向。汉武帝时,董仲舒先上《天人三策》,后著《春秋繁露》,以儒家的伦理思想为主,按阴阳五行家的宇宙论,建立了一套由"天"主宰的政治神学,被汉武帝所接受。董仲舒认为,天是有意志的,是宇宙万物的缔造者和主宰,是至高无上的神。天按照自己的形体制造了人,人是天的副本,人类的一切都是天的复制品,这就是"天人合一"的思想。董仲舒还宣扬"天人感应"说,认为上天不但为人间建立了完善的秩序,还密切注视人间的活动。如果人间违背了上天规定的伦理秩序,君主有了过失而不省悟,上天便将降下灾异以示警告。如果君主治理天下太平,天就会出现符瑞表示赞赏。总之,上天密切关注统治者的一举一动并随时采取措施进行赏罚,这就是"天人感应"。从董仲舒的《春秋繁露》开始,出现了很多儒家经典的神秘化注释,其中包含了大量的神话、宗教、预言的内容,这样的著作称为纬书。谶是包含着神秘预言的语言或图案,如秦始皇时流传的"亡秦者胡也",就是一句典型的谶语。从西汉末年开始,纬书中出现了很多谶语,谶、纬逐渐结合起来,形成了所谓的谶纬之学。东汉章帝时,又召开了白虎观会议,总结西汉以来的谶纬之学,将各种政治、社会现象全面系统地神学化,会议的内容最后由班固编成《白虎通义》。

魏晋南北朝时期,天下分裂,政局轮替,外族入侵,君弱臣强,儒家政治神学所宣扬的政治秩序被打破,失去了现实的依据而成为空洞的学说。当时的门阀士族以官僚地主的身份,掌握了国家的政治经济资源,他们需要表达自己的政治诉求和精神价值,于是清淡玄学在士族阶层中流行起来。玄学产生于曹魏正始年间(240～248)的何晏、王弼等人,在两晋南朝继续发展。玄学作为一种思潮,影响范围极广,学术上的代表人物有阮籍、嵇康、向秀、郭象等人,政治上的代表人物则是东晋的王导与谢安,文学上的代表人物是谢灵运和陶渊明,艺术上的代表人物则是王羲之与顾恺之。玄学理论家主要通过注解《周易》、《老子》、《庄子》表达自己的思想,认为"无"是宇宙万物的本体,"虚无"是把握政治和人生的根本途径,反映了一种政治与道德上放任自流的态度。玄学家将维护帝国政治秩序的儒家政治神学称为"名教",而将自己的"虚无"理念称为"自然",认为

"名教"出于"自然","自然"高于"名教"。清谈是玄学名士在对话中表达对"虚无"哲学的把握,比如,一位大官问一位名士"老庄与圣教同异",名士回答说"将无同","将无同"就是说"不是差不多的吗",按照清谈的标准,这样的回答非常精彩。

2. 从宋明理学到乾嘉考据

魏晋玄学兴盛,儒学自然衰落。直到唐代,韩愈等人掀起儒学复兴运动,并在宋代由程颐、朱熹等人发展为理学。韩愈模仿佛教的禅宗,提出了儒家的道统体系,认为儒家的道统由尧、舜、禹、汤开始,经周文王、周武王、周公而传给孔子、孟子。孟子以后,儒家道统中断,直至韩愈才将道统重新接续。韩愈又通过《礼记·大学》中"正心、诚意、修身、齐家、治国、平天下"的论述,提出了儒家的心性说,认为必须通过个人的道德修养去实现儒家的政治理想。同时代的李翱又通过《礼记·中庸》中"天命之谓性,率性之谓道,修道之谓教"的论述,提出人的本性是纯洁明净的,因为在人世间受到情欲的污染才迷失了本性,因此主张"灭情复性"。到宋代时,儒学沿着韩愈、李翱等人开创的道路继续发展,其中王安石构建的儒学体系称为"新学",由周敦颐、张载、二程(程颢、程颐兄弟)开创,由朱熹集成的儒学体系称为"理学"。理学认为,世间万物都有一套符合"天理"的稳固秩序,从日常饮食起居到家庭伦理,从乡村秩序到国家政治,从四季更替到日月星辰无不如此。因此儒生无论在家族还是朝廷,无论对社会还是个人,一举一动、一言一行,都应该符合"天理"的内在要求和外在规范。

程朱理学在南宋时就曾遭到浙东事功学派和陆九渊"心学"的挑战。虽然在元明清三代成为国家的正统思想,但理学也因此成为求取功名的工具,仁义道德成为空洞的说教,思想上已经僵化,信仰的吸引力也随之丧失。在这种背景下,明朝的王守仁(号阳明)发展陆九渊的"心学",提出"知行合一"的理论,认为把握儒家真理的根本途径不在于学习儒家经典,而在于把握内心善良的本性,也就是所谓的"致良知"。他认为,"致良知"就是行动的一部分,也必然产生合理有效的行动,这就是"知行合一"的理论。王阳明的心学摆脱了科举功名的束缚,他的学生非常广泛,有朝廷重臣、地方士绅,以

及商贾、贫民百姓。王阳明的后学中，影响最大的是泰州学派，其首领王艮出生于扬州以煮盐为业的灶丁家族，他主张只有适应百姓日用的思想学说才是"圣人之道"，吃饱穿暖是安身之本。王艮长期在下层百姓中讲学，一生未入仕途，学生中既有何心隐、罗汝芳、李贽这样的著名学者，也有不少田夫、樵夫、陶匠、佣工和商人。

李贽号卓吾，做过 20 多年的地方官，对官场十分厌恶，54 岁时辞官，专事著述和讲学，后被明朝以"敢倡乱道，惑世诬民"的罪名迫害致死，著作被列为禁书。李贽的思想在当时表现得十分极端，他反对"以孔子之是非为是非"，宣扬"童心说"，认为"自私"是人的天性，应该肯定人的欲望，主张"穿衣吃饭，即是人伦物理"，反对虚伪的说教。明朝灭亡后，又有一些思想家反思理学，如明末清初的王夫之、黄宗羲、顾炎武。这三位思想家都曾从事抗清活动，其中浙江余姚黄宗羲认为，专制君主是"独夫"、"民贼"，提出"天下为主，君为客"的反专制思想，主张将学校建成议政和监督政治的机构。顾炎武则反对理学的空谈，倡导经世致用的实学。但在清朝的文化专制政策下，顾炎武经世致用的实学，到乾隆、嘉庆年间转变为脱离社会现实、为考据而考据的"乾嘉考据学派"。乾嘉学派缺乏关注现实政治、社会的思想性，但为整理古典文献作出了巨大贡献，其中以安徽人戴震的成就最大，称为"皖派"。

第九讲——士大夫政治与宗族组织

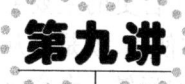

士大夫政治与宗族组织

中华帝国的政治体制,是按照先秦法家的设计构建起来的。法家明确将儒家学者排斥在帝国政治体制之外,韩非反复强调儒家对帝国政治的危害,他说"儒以文乱法",儒家"称先王之道,以籍仁义、盛容服而饰辩说,以疑当世之法,而贰人主之心"。但是两汉以来,中国的官僚系统逐渐由儒家学者占据,并成为以后中华帝国政治体系的一个显著特点,这就是所谓的"士大夫政治"。"大夫"和"士",本是西周贵族的称号,也是周代各诸侯国官员的主要来源。春秋战国以来,"士"日益成为学者的代称,其中又以儒家学者为代表,而"大夫"则成为对官僚的尊称。帝国时代的"士大夫",主要是指尊崇儒家文化的行政官员,或者是担任行政官员的儒家学者,是对"学者-官僚"两种身份兼而为一的专门称呼,因此英语中也有将"士大夫"翻译成"Scholar - officials"。中华帝国的政治体制,由排斥儒家学者,逐渐演变为"士大夫政治",经历了一个复杂而漫长的历史过程,这既是单一的法家体制的脆弱性所决定的,也是儒家文化自身努力的结果。

一、士大夫政治

1. 儒家文化的影响力

以孔子为宗师的儒家学说虽然在春秋战国时影响很大,但秦朝只是把儒生当作传承古典的学者,在朝廷中立博士官安置他们。除了秦始皇封禅时曾经向儒生咨询过礼仪的问题,儒生在秦朝实际的政治中并没有太大的影响。军功受爵、学习秦朝法律，这是当时进入官僚系统的一般程序，精通法律文书，这是秦朝对官吏的主要要求，因此秦朝的官吏被称为"文法吏"。"文法吏"的使命，就是服从皇帝与上级的命令，确保整个官僚系统高效、精确的运转。秦亡汉兴，汉高祖刘邦生性无赖，不喜儒家文化。西汉初年的丞相萧何、曹参、张苍、周昌等人，都是秦朝文法吏出身。汉朝建立之后，继承了秦朝的传统，文法吏仍是官僚系统的主要制度。

但是另一方面，由孔子整理并用以教学的《诗》、《书》、《礼》、《乐》、《易》、《春秋》，相对完整地保留了西周的古典文化，在文化传承方面儒家具有其他任何先秦学派不可比拟的优势，即使遭到帝国政治的排斥，儒家经典仍然是教育文化的基本内容。因此在秦汉时期，仍有很多儒家学者在民间招徒讲学，有些儒师的弟子可达百余人。通过文化教育，儒家在政权之外培植了深厚的社会根基。同时秦汉政府也清楚，古典文化不可尽废，因此设立博士官并以经通五经的儒师充任，如西汉前期的叔孙通、随何、贾谊等官员，都是以五经为博士的儒家学者。

儒家学者能够占据中华帝国官僚系统的主流，除了儒家在教育文化方面的优势之外，更为重要的是，即使遭到帝国政权的严厉打击，儒生们也从未放弃自己的政治理想。虽然汉朝的创建者并不青睐儒生，但为了政权的长治久安，汉朝统治者不得不反思秦朝灭亡的历史教训。与此同时，儒生也从自己的立场对秦政展开严厉的批判，并试图按照儒家的方式，改造汉朝的政治。儒生们认为，秦朝之所以灭亡，是因为秦政不遵"仁义"的原则，不能以礼乐教化民众，更缺乏一个能够约束君主、纠正决策失误的儒生官僚集团。他们认为，秦始皇建立的那种皇帝可以为所欲为地统治民众，官吏们只能绝对服从皇帝的意志，这样的政治模式是错误的。儒家认为，皇帝的统治必须服从于一个高于皇帝个人意志的道义原则，任何政治决策都应该符合仁义的标准。判断政治是否符合仁义的标准，主要依据是看有没有照顾到社会各阶层、各集团的利益，特别是民众基本的物质与精神需求。要达到这个目标，就必须有一批通精儒家文化的贤德之士在皇帝身边不断地监督、劝谏、指导。除了皇帝的政治

第九讲——士大夫政治与宗族组织

行为要符合仁义的标准外,儒生们还认为应该大兴教育,使整个社会自下而上地接受儒家文化,这样民众就会自觉地遵守皇帝符合仁义的统治,政府就不需要通过严苛的法律来维持统治秩序。因此儒生们心目中的理想政治,就是尊崇儒教,实行仁政,复兴礼乐,与民为惠,选拔贤德,扩充太学。

2. 独尊儒术与儒表法里

由于儒家学者在传承古典文化方面的优势,以及他们对政治理想的执著追求,西汉政权逐渐接受了某些儒家的政治理念,儒家文化的政治势力也开始扩张。西汉初年虽然以黄老之术作为统治的最高原则,但是儒生仍占据着博士官的主要席位,并有机会影响皇帝。汉武帝的师傅卫绾就是儒生,后来升任丞相。他曾奏请汉武帝,要求荐举贤良时罢黜法家与纵横家的言论,以儒家学说作为选拔贤良的标准。公元前134年,董仲舒在对策中提出,"诸不在六艺之科、孔子之术者,皆绝其道,勿使并进",要求朝廷罢废儒家以外的政治思想,并在设立五经博士的基础之上,设立太学,专门传授五经,培养儒家学者。汉武帝采纳了这些建议,这一年诏举孝廉,将儒家的道德标准作为选拔官员的主要标准。公元前124年,丞相公孙弘建立了一套完整的太学制度,儒学正式成为汉朝官学,这个过程也就是所谓的"罢黜百家,独尊儒术"。太学建立之后,生员不断增长。公孙弘时规定博士官置弟子五十人,昭帝时增加为百人,宣帝末增到两百人,元帝增加为千人,成帝末增加到三千人,平帝时王莽秉政,博士弟子的名额更达到了一万八百人,而东汉末年的太学生竟有三万余人。同时各地也开办官学,设置学官,除了培养儒生之外,也承担着教化乡里的任务。

"独尊儒术"并没有使儒家学者成为西汉行政官员的主流。一方面,传统的文法吏在官僚系统中仍占据优势,儒家学者只能通过文化教育和舆论对政治产生影响,却不能掌握国家机器的实际运作,由于政治理念的不同,西汉政权中形成了"文吏"与"儒生"两派官员的对立与竞争。另一方面,西汉的皇帝虽然承认政治决策需要参考"仁义"的原则,在一定程度上施行"王道",但这并没有成为汉朝政治唯一或者最高的政治原则,"法治"、"霸道"仍然是西汉最重

要的政治理念,皇帝扶植儒术,不过是希望利用儒术缓和统治危机、帮助树立皇帝"仁义"的形象。比如,实行"罢黜百家,独尊儒术"的汉武帝,在位时穷兵黩武,好大喜功,迷恋美色,寻仙求药,无论是政治上还是私生活上,都不符合儒家的标准。但汉武帝热衷于招揽儒士,与儒生高谈阔论,因此当时有朝臣直言汉武帝是"内多欲而外施仁义,奈何欲效唐、虞之治乎"。

由于汉武帝穷兵黩武,到汉昭帝时,汉朝出现了比较严重的统治危机,昭帝因此参考儒生的意见,重新实行"与民休息"的政策。公元前81年,昭帝下诏全国推举贤良文学六十人到长安,询问民间疾苦。贤良文学都是儒生,他们要求罢废汉武帝时实行的盐铁官营和平准、均输政策,遭到御史大夫桑弘羊的强烈反对。于是双方开展辩论会议,论战的焦点除了盐铁、经济问题之外,还涉及匈奴政策、德教与法治优劣得失等问题。结果桑弘羊作出某些让步,部分地区停止了铁器官营政策,但其他政策不变,这就是"盐铁会议"。儒家学者虽然在这些政治斗争中获得了局部的胜利,但这次会议同样显示"法治"、"霸道"在政治中仍占据主导地位,凸显了西汉政治中儒法的对立。

继汉昭帝即位的汉宣帝,少年时系统学习过儒家文化,在位期间一方面提升儒生的政治地位,另一方面实行轻徭薄赋、招抚流亡、赈济贫民等政策。但这并不意味着汉宣帝放弃了"法治"、"霸道"的政治传统。太子(汉元帝)喜好儒术,见宣帝任用文法吏,以刑法治国,提出"陛下持刑太深,宜用儒生",结果引起汉宣帝强烈不满。汉宣帝说:"汉家自有制度,本以霸王道杂之,奈何纯任德教、用周政乎!且俗儒不达时宜,好是古非今,使人眩于名实,不知所守,何足委任!"这句话清楚表明了儒家文化在当时政治中的地位,以及皇帝对儒生的真实态度。汉宣帝还感叹"乱我家者太子也",一度打算废太子。汉武帝的"内多欲而外施仁义",汉宣帝的"以霸王道杂之",体现了汉朝政治文化中"儒表法里"的特点。

3. 士大夫政治的形成

西汉晚期,虽然儒生的势力进一步扩张,但他们并不能掌握政治实权。西汉末年,社会矛盾与政治危机进一步加剧,儒生集团趁

第九讲——士大夫政治与宗族组织

此机会,提出了"奉天法古"的主张,促成了王莽的新政及其失败。在"以霸王道杂之"的统治背景下,儒生的政治理想就是要以"仁义"、"王道"取代"法治"、"霸道"。除了要求皇帝注意民生、教化之外,儒生们还强烈地要求恢复先王的礼制。儒生们相信,只要采用先王、西周的礼乐,天下就会大治,因此根据古典文献重新制定了各种礼乐仪轨,内容包括继嗣、婚冠、丧祭、爵禄、郊庙、明堂、服制、器物和乐律等各个方面,这就是所谓的"法古"。与此同时,当时的儒生又采用天人感应、阴阳五行等学说,认为天是宇宙的主宰和善恶的裁判,宇宙由五帝、五方、五时、五色、五味、五音和五常等五行的各个方面构成,历史因五德始终而不断发展、周而复始,政治制度需要符合五行、五德的运行规律才能健康持续发展。秦朝的制度不符合上天的意志,因此二世而亡,汉承秦制非常危险,汉朝如果想要长治久安,必须彻底废除秦制,重新制定符合天意的各种制度,这就是所谓的"奉天"。

随着政治危机的加剧,朝野上下都预感到"汉运已衰",汉朝将亡,改朝换代的机会即将来临。当时外戚王莽当政,王莽对儒家的"奉天法古"学说深信不疑,并极力拉拢儒生集团。儒生集团则把复古变法的希望寄托于王莽身上,将王莽视为儒家的领袖与圣人。于是王莽与儒生们一起筹划,制定了无数繁琐的礼乐仪轨和政治制度,号称"新政"。然而形式主义的变革无助于缓和社会矛盾、解决政治危机,反而破坏了既有行政系统的正常运作。王莽的新政迅速败灭,儒生奉天法古的宏伟计划也随之破产。

刘秀建立东汉之后,一方面继承秦汉的帝国行政体制,放弃了复古改制的主张,一方面却继续发展儒家文化教育,尊崇儒术,大量吸收儒生进入官僚系统,儒生的政治势力进一步扩张。于是,进入官僚系统的儒生在承担行政职务的过程中,熟悉了帝国的行政运作与文法刑律,逐渐成为熟悉行政事务的儒家学者;同时,受东汉王朝尊崇儒术的影响,众多行政系统中的文法吏转习经术,从而成为掌握儒家义理的行政官员。这样,兼有儒家学者与帝国行政官员两种身份的"学者-官员"阶层,从东汉开始形成,这就是所谓的"士大夫"阶层。从此以后,士大夫始终是中华帝国官僚系统的主要构成,深刻影响了中华帝国的政治性格。

二、门阀士族兴衰史

1. 宗族复兴

周秦之际发生了中国古代史上最重要的一次社会转型,其中最重要的内容,就是要打破以"部族"、"氏族"为基础的社会形态。部族时代的最后一个霸主周邦,建立了完善的宗法制度,并以此作为周部族统治的政治基础。周邦的宗法体系外,还有众多异姓部族邦国,从事农业生产的普通民众,也以氏族作为基本的组织形式。经过春秋战国的变法运动,宗法体制逐渐崩溃,基层的氏族组织被拆解为一夫一妇的小家庭,众多部族邦国则在兼并战争中被消灭。秦汉政权为了保证帝国政治体制正常运作,不遗余力地破坏"部族"、"氏族"组织,打击富豪强宗,以维护小家庭为单位的编户齐民体制。秦朝将六国富豪与强宗12万户迁居咸阳附近,加以监视,切断他们发展宗族势力的地方根基,同时派大军平定百越与西南夷等部族。汉高祖时,曾将六国旧贵族宗室以及豪强大族十余万口迁往关中,此后又规定凡是官至二千石和富豪兼并之家都要迁徙。此外汉朝还任用酷吏打击豪强,汉武帝设十三州刺史,其首要责职就是查办"强宗豪右,田宅逾制,以强凌弱,以众暴寡"的现象。

秦汉政权虽然不遗余力地打击豪强宗族,但在中国,宗族组织的社会基础与文化积淀非常深厚,一旦帝国政权对基层社会的控制略有放松,宗族组织就会迅速复兴,成为帝国难于驾驭的社会力量。汉朝前期采用"黄老之术",无为而治,与民休息,社会上迅速出现了富可敌国的大地主、大商人阶层。汉武帝在政治上废弃黄老之术,通过盐铁专卖、算缗钱(百分之六的营业税)、均输平准等办法,抑制大商人阶层的发展。但汉武帝以后,政策开始松弛,贫富分化、土地兼并、农民破产的问题日益严重,大商人、大地主集团迅速膨胀,豪强大族势力开始扩张。西汉政权中世代官宦的家族也占有大量土地,具有强大的政治、经济势力,成为世家大族。汉武帝"罢黜百家,独尊儒术"以后,豪强大族开始鼓励族中子弟习儒,儒生在政治上得势后也开始扩张自己的势力。

第九讲——士大夫政治与宗族组织

两汉之际,豪强地主集团的势力非常强大,他们抵制农民军建立的政权,绿林军、赤眉军等农民政权因此无法在长安立足。而出身汉朝宗室、南阳豪强的刘秀集团得到豪强大姓、世家大族的拥戴,重新统一中国,建立东汉政权。东汉政权在政治上进一步扶植儒术,于是豪强大族、世家大族普遍接受儒家文化,兼具地主、官僚、儒生三种身份的宗族组织开始出现,一般称之为"士族"。士族集团建立稳固的宗族组织,倡导宗族内部共同居住,收养赈济同宗贫穷者,建立宗族武装,同富贵、共患难的精神加强了宗族的凝聚力,近万室的大宗族开始出现。

2. 门阀政治

东汉以来,儒生成为帝国官员的主要来源,士族集团利用文化、政治与经济上的优势,逐渐控制选官途径,垄断官僚系统,从而形成了所谓的"门阀政治"。秦汉时文献书写于贵重的竹帛,书籍流传不广,接受教育的机会并不普遍。士族子弟具备读经习儒的优越条件,士族之间又互相提携,渐渐地,帝国官员的选拔对象集中于固定的若干士族中,形成了一个累世公卿的士族。这种世代官宦的士族,也称为"门阀","门"即门第,指家族出身,"阀"即阀阅,指家族的官宦资历。如弘农杨氏世传欧阳《尚书》之学,从杨震起,四世皆为三公。汝南袁氏,从袁安起,四世中位居三公者多至五人。曹魏时实行"九品中正制",本意是选拔优秀的人才,结果"中正"之职被门阀士族所控制,对人才的评定以门阀高下为标准,形成了"上品无寒门,下品无势族"的局面。到西晋时,门阀士族还可以依官位品级合法地占有大量土地,又在婚姻上排斥门第不对等的家族,门阀士族逐渐演变为一个封闭的特殊利益集团。

西晋灭亡后,中原的门阀士族率领宗族乡党,纷纷渡江南下,寻求安身之处。也正是在门阀士族的扶植下,司马睿建立了东晋政权。中华帝国的政治体制,是以皇帝直接控制的官僚系统和编户齐民为基础的,豪强大族兴起以来,大量户口依附于豪强大族而不能向国家缴纳赋税,门阀士族垄断官职,更使皇帝失去了对官僚系统的控制,皇帝反而成了门阀士族扶植的傀儡。东晋政权全赖琅琊王氏中王导、王敦兄弟的扶植才得以建立,因此有"王与马,共天下"的说法。此后东晋政权相继由琅邪王氏、颍川庾氏、谯郡桓氏、陈郡谢氏四大家族把持。东晋出现的这种门阀士族垄断官职、占有大量土地与人口、掌握政治实权,士族的权势与皇帝平行甚至凌驾于皇帝之上的政治格局,就是典型的"门阀政治"。

东晋南朝时,士族子弟不需任何努力,就可以担任高官,不需要任何政绩,就可以升迁公卿。这种依赖门阀家世的制度,导致士族阶层迅速腐化堕落,政治上只知争权夺利而不问国家前途,文化上不学无术,生活上则是娇生惯养,甚至到了"肤脆骨柔,不堪行步,体羸气弱,不耐寒暑"的地步。南朝萧梁时发生侯景之乱,门阀士族阶层束手无策,遭受沉重打击,开始走向衰败之路。

在北朝,中原的门阀士族虽然仍有很大势力,但鲜卑拓跋部建立的北魏政权拥有强大的军事力量,又通过均田制掌握大量的编户齐民,政治上并不依赖门阀士族。后来宇文氏的北周政权与关陇豪强大族合作,建立府兵制度,形成所谓的"关陇集团"。隋唐统治者无不出自关陇集团,唐朝建立之后,关陇、山东、江南各地的门阀士族仍拥有各种政治特权和强大的社会影响力。但是,唐朝政权通过均田制与科举制巩固了皇权,门阀士族在与皇权的较量中逐渐处于下风。

唐代门阀士族的衰落表现在两个方面。一是士族在《氏族志》中地位的下降。唐太宗下令编撰《氏族志》,编撰者沿袭传统的门阀等级,以山东崔氏为一等。唐太宗对此非常不满,要求以"今日官爵高下作等级",于是改以皇族李氏为一等,外戚为第二等,崔氏降为第三等。二是科举制度取代了九品中正制,门阀士族不再垄断官僚系统,平民通过自学也可以参加科举、进入仕途,士族子弟虽然在科举、选官过程中占有相当优势,但毕竟不能单凭门阀出身维系政治特权。在仕途上依赖科举,等于在政治上依赖皇权,士族集团的经营重点转向中央与官场,而不再是乡村与宗族社会,他们的社会影响力越来越依赖于他们在官场中的地位,独立性日益衰退。

三、科举理学化与士绅阶层

1. 儒学复兴及其制度化

士大夫政治,是儒生独占帝国官僚系统的一种独特的政治形态。但是在唐朝,儒家文化出现了衰退。汉唐之际,儒家学术主要由门阀士族所传承,唐朝门阀士族的衰落,本身就是儒学不振的一个重要方面。更为重要的是,唐朝的科举考试独重进士科,进士科主要考察士人的诗赋文学才华,因此通过进士科进入官场的多为文士,而非儒生。同时,汉代以来形成的经学,在唐朝日渐失去活力,儒学不仅在精神层面难以吸引精英阶层,在社会层面也难以规范民众的行为观念。佛教与道教得到统治者的宠幸,在社会上日益流行,西域传入的摩尼教、景教、祆教在中原广泛传播,再加上五胡入华以来中原地区深受胡族文化影响,唐朝在文化上形成一种兼容并蓄、开放多元的格局,温文尔雅、端庄质朴的儒家文化,也深受豪放不羁、自然随意的异族风气的冲击。

但是儒学毕竟具有深厚的文化积淀和社会根基,官僚系统中不乏坚守儒家理想的人士。中唐以来,藩镇割据、宦官专政、宗教特别是佛教的兴盛,儒家理想中的政治文化秩序趋于崩溃,这些自然会引起儒士的焦虑,抵制异端文化、重建儒家理想中的政治文化秩序,就成为中唐以来韩愈、李翱等一部分儒士的强烈诉求。由中唐韩愈等人的倡导,经宋朝程颐、朱熹等人的努力,儒学在宋代形成了一种新的形态——理学。

唐末五代,军阀割据,儒生遭到歧视,被排斥在官僚系统之外。宋朝建立,大兴科举,信任文官。科举制度虽然让流落民间的儒生看到了进入官僚系统的希望,但令他们沮丧的是,科举考试沿袭唐朝的陋习,只考诗赋辞章,官员们唯皇帝是从,只知舞文弄墨,不知圣人的道德理想。因此北宋的理学家们对科举制度提出了尖锐的批评,甚至认为通过科举考试选拔官员根本就是一个错误。理学家们设计了一种由理学家控制的学校取士的方案,他们认为,理学家应该全面地掌握各级学校文化教育的权力,由理学家系统地教育、培养儒生,然后将优秀的学生推举给朝廷,再由朝廷考核录用。只

有通过这个办法,才能保证进入帝国官僚系统的都是纯正的儒士,才能保证帝国的政治走向理学的正轨。理学家的这种选官方案,等于要求皇帝和朝廷将选拔官员的权力拱手相让于儒生集团,这显然是不可能的。

学校取士制度难以推行,理学家又退而求其次,要求改革科举制度,将理学作为科举考试的标准,将科举士人改造成符合理学标准的儒家学者。科举理学化的趋势在南宋就已经出现,到1252年,元世祖忽必烈宣称自己为"儒教大宗师",轻而易举地占据了儒学最高领袖的地位。元朝恢复科举时,又规定以《大学》《中庸》《论语》《孟子》四书为考试内容,以朱熹《四书章句集注》作为解释四书的标准。元朝还规定,为儒士单独编列户口,称为儒户,儒户可以世袭,享有某些免除税役的特权,还可以出任地方学校的教官。

明清时,理学不但被确立为国家的正统思想,而且通过与学校制度、科举制度的深度结合,成为整个帝国运行的基本文化构架。理学的制度化主要体现在三个方面。首先是皇帝确立为儒学的最高权威、儒生的最高领袖。明太祖朱元璋相信学术思想必须绝对地为皇帝的专制独裁统治服务,钦定程朱理学为唯一正确的思想。朱元璋严厉禁止思想自由,不允许任何人再对理学进行发挥,学术"非朱氏之言不尊",思想"不烦后人发挥,照他说的去做就成"。但朱元璋自己却拥有任意删改圣人言论的自由,他发现《孟子》的论述中有"君之视臣如草芥,则臣视君如寇仇"等轻君的思想,以及儒生有出仕自由、指导君主、君主应该尊敬儒生等尊贤思想,便认为孟子大逆不道,将其中篇幅多达1/3的忌讳之言删除,编成了一本思想"纯正"的《孟子节文》。朱元璋用强权霸占儒学权威的地位,并不能让天下儒士心服口服。而清圣祖康熙皇帝虽然出身夷狄,却由于其杰出的文治武功,被很多儒生视为理想中的圣君,主动地尊其为道统的传承者,皇帝作为儒生领袖的地位由此得到了确立。其次,从明朝开始,从中央到地方,无论是皇宫国都、府卫州县,还是闾巷之间,普遍设立学校,竭力宣扬程朱理学,上至皇亲国戚,次而大臣武将,以及庶民百姓,普遍接受理学的教化。最后,明朝将学校的理学教育与科举考试结合起来,形成"科举皆由学校"的体制,由此选拔出

第九讲——士大夫政治与宗族组织

来的官员,自然都是政治上纯正可靠的"理学家"。

2. 乡绅阶层的形成

明朝学校大兴,科举、学校、理学三者紧密结合,学校培养的大量儒家学者,除了一部分能够进入仕途,成为"士大夫"之外,朝廷也赋予无法进入官僚系统的儒生们某些政治与经济的特权,让他们沉淀在基层社会,成为在政权之外自觉维护理学政治秩序的重要力量。明朝儒生需要先考入官学,才有资格参加科举考试,考入官学成为生员,也就是俗称的"秀才"。秀才是一种正式的功名,也是一种政治身份,见了知县不必下跪,官府不能随便用刑,百姓见了要称老爷,秀才家的房门要比别人家的高出三寸,还可以免除部分地丁钱粮或差赋徭役。秀才参加省级的乡试,考中者称为举人,举人是更高级的功名,可以出任比较低级的官职,如果不进入仕途,社会地位更是显著提高,见知县称"会见"而不称"拜见",除非革去功名,否则知县无权审理举人。这些由朝廷教育系统培养、却未进入官僚系统的儒士,可以在民间自觉地维护理学设想中的政治秩序,从而成为帝国政权重要的社会基础。这个特殊的阶层一般称之为"乡绅阶层"或"士绅阶层",与明清的官僚士大夫阶层一样,他们同样是明清特殊的学校、科举、理学体制的产物,在明清的社会、政治生活中发挥着重要的作用。

唐朝士族衰落之后,士大夫阶层的宗族组织日益瓦解。宋代的理学家主张重建宗族组织,从宋仁宗开始,范仲淹、欧阳修、苏洵和石介等一部分士大夫开始置族产、设义学、修族谱、设祠堂。张载、程颐、朱熹等理学家则从理论上重新设计平民化的宗族制度,他们将宗族组织作为传播理学、构建理学化社会秩序的最佳途径。元朝科举不兴,理学却在民间日益广泛传播,由此产生了一大批仕进无望的儒生,不少人开始通过经营宗族来实践理学的理想。唐朝均田制崩溃之后,宋元明清历朝基本上采取不抑兼并、不立田制的政策,朝廷不再限制土地流通。土地在民间自由流转,逐渐形成了一个没有政治特权的平民地主阶层,被称为"土豪"或"庶族地主"。理学家复兴宗族的方案,也是土豪阶层维护自身经济利益与社会地位的合理途径,随着理学在民间的传播,土豪阶层也日益接受理学思想。

到了明朝，理学成为获得功名、进入官场的敲门砖，土豪阶层更是趋之若鹜。宗族组织既能维护地主的经济政治利益，又符合理学思想，土豪与乡绅阶层都热衷于此。虽然明初朱元璋一度打击江南宗族势力，但从明中叶起，朝廷允许民间建立祠堂、追祭远祖，宗族组织于是普遍发展起来。

宗族组织需要设立族长，在明清，获得科举功名的士绅阶层，自然成为族长的最佳人选。在士绅阶层的领导下，宗族制度以族规约束族众的思想言行，要求宗族自觉维护国家的政治秩序，同时设立族田、族产用于祭祖、办学、赡养贫困族人，资助族人参加科举考试。这样的宗族组织，一方面显示出强大的社会功能，成为民众建立生活秩序的重要组织，另一方面士绅阶层也通过这个平台树立起权威与势力，同时宗族也成为帝国统治网络的重要环节。

第十讲

精英信仰与民间宗教

儒、释、道三教,构成了传统中国精神生活的主要内容。由儒家文化培育出来的士大夫阶层,普遍信仰"达则兼济天下,穷则独善其身"的人生哲学。道教是中国的本土宗教,最初出现在社会下层,与巫术非常接近,后来与神仙方术结合,追求养生之道是道教最重要的特色之一。佛教是由印度传入的,魏晋时期,佛教深受崇尚玄学清谈的文人学士的欢迎,唐朝时中国佛教宗派林立,其中最有中国特色的是禅宗,主张不立文字、顿悟成佛。中国的民间宗教,以弥勒崇拜和摩尼教对历史的影响最大,两者往往成为民众起义的精神号召与组织形态。

一、儒家与道家

1. 儒家的信仰

帝国时代的中国,皇帝以下,主要分为官僚士大夫与平民两个阶层。士大夫信奉"达则兼济天下,穷则独善其身"的人生哲学,在得意时信奉孔孟的儒家理想,失意时又亲近老庄的道家思想。

帝国的政治体制与社会结构,最初是根据法家思想构建而成的。按照法家的设计,官僚阶层根本不应该有自己的政治理想与精神信仰,荣华富贵才是官僚唯一值得追求的东西,如果官吏不在乎荣华富贵,君主就无法控制官吏。因此法家设计的君臣关系,应该是相互算计的、赤裸裸的交易关系,"害身而利国,臣弗为也……君臣也者,以计合者也"。如果官吏有独立的信仰,他们就可能不服从君主的意志,法家认为这是极其危险的,"若此臣者,不畏重诛,不利重赏,不可以罚禁也,不可以赏使也,此之谓无益之臣也"。

两汉以来,帝国的官僚系统主要由儒家学者占据。儒家的信仰主要有两个方面,一方面是个人道德的完善,就是要做一个仁爱之人,"求仁而得仁,又何怨"。另一方面则是追求完善的政治秩序,也就是儒家所谓的"入世"精神。这一点宋儒张载说得最有气魄:"为天地立心,为生民立命,为往圣继绝学,为万世开太平。"至于孔子,他称赞"有博施于民而能济众"者"何止于仁,必也圣乎",也自许"如有用我者,吾其为东周乎"。

如果只是追求个人道德的完善,也就是所谓的"独善其身",还是一个比较容易达成的目标。但要将儒家的政治理想变为现实就非常困难,姑且不论儒家有没有这样的能力,问题在于儒生难以获得充分的政治权力。帝国时代,一个儒生想要获得尧舜禹汤、文武周公这样的权势是根本不可能的,参与政治的唯一途径就是出仕任官。但选官的权力在皇帝手中,出仕任官的机会本来就非常渺茫。即使有机会从政,也必须服从皇帝的意志,遇到一位儒家理想中的皇帝可能微乎其微。如果君主的决策与儒家的理想背道而驰,那么根据儒家的道德标准应该弃官隐退,这就是所谓的"以道事君,不可则止","邦无道,则可卷而怀之"。在官僚系统以外坚守儒家政治理想,有一个退而求其次的办法,就是在民间自行授道、教化民众,这就是所谓的"在下位则美俗"。不过在恶劣的政治环境中,民众也可能是庸俗嗜利而且顽冥不化的,因此教化民众也是件不容易成功的事情。在"上不循于乱世之君,下不俗于乱世之民"的情况下,儒生只好"独善其身","守死善道","隐居以求其志"。

2. 道家的隐逸

儒家的隐居,是坚守理想,而非放弃理想,这与纯粹的隐士是有区别的。孔子周游列国时,曾遇到多位隐士。隐士认为,天下无道是谁也无法改变的事实,坚守自己的理想而四处躲避没有道德的人,还不如干脆放弃虚无缥缈的政治理想,而保全自己的生活,"滔滔者,天下皆是也,而谁以易之? 且而与其从辟人之士也,岂若从辟世之士哉?"儒家的隐居,是躲避恶劣的政治环境以"守死善道",而道家的庄子认为,相对于个人的自由而言,苦苦追求政治秩序本身

就是不值得的,人生真正的价值是获得一种精神上的"逍遥"境界。因此庄子并不讨论治国平天下的方略,他不但要避开政治,而且还要远离世俗生活,让生命融入自然的过程,让精神遨游于无止境的宇宙,这样才能体现出真正的人生价值。

东汉时期,儒学大盛,而政治衰落,失意儒生渐渐增多,避世隐居、独善其身的隐逸之士随之出现。魏晋南朝时期,天下大乱,道德沦丧,隐逸之风随之盛行,老庄思想风靡整个士大夫阶层。当时的隐逸分为两种,一种是政治上的失意者,因为厌恶黑暗的政治而远离官场,而追求那种"采菊东篱下,悠然见南山"的田园生活,代表人物如陶潜。另一种则是政治上的当权者,他们既要维护既有的政治特权,又贪图隐居山林的闲适生活。这样的隐居非但不是天下无道时的无奈选择,倒成了太平盛世的一道景观。这一类隐居的代表人物是葛洪,他说隐居与从政一样,都能积极地维护既有政治秩序,"在朝者陈力以秉庶事,山林者修德以厉贪浊,殊途同归,俱人臣也"。

二、道教

1. 原始道教

中国道教的发展历程,最初兴起于民间,后来演变为道教符箓派,魏晋时经门阀士族改造而成为道教丹鼎派,唐宋金元时再由失意文人重构而成为道教内丹派。

中华帝国以小农经济为基础。小农经济十分脆弱,朝廷苛政、豪强兼并、政局动荡,都容易导致小农经济破产,编户齐民常常因此沦为流民。脆弱的小农需要某种形式的组织生活与精神信仰,以安顿他们悲惨的生命。帝国时代已经边缘化的巫鬼文化,不但能够为小农提供禳灾祈福、请神疗病、送葬求雨等日常服务,同时也提供了一种精神信仰和组织纽带。东汉末年出现的太平道与天师道(五斗米道),本来就是这样一种巫鬼信仰。

西汉成帝时,出现了甘忠可所撰的《包元太平经》一书,他假托赤精子授道,宣扬太平道,鼓吹汉朝将亡,后来被捕,病死狱中。东汉时《包元太平经》被于吉改编成《太平青领书》,也称《太平经》,宣扬巫神崇拜、善恶报应、太平治道、符水疗病等内容，后来于吉在南方传道，被孙策所杀。东汉末年，钜鹿（今河北平乡）人张角自称"大贤良师"，以《太平经》传道，奉祀太一神，以符水、咒语疗病，劝人行善信道，称"太平道"，吸引大量民众。张角经营太平道十余年，徒众扩张至数十万，在各地组织起大量太平道教团。太平道宣称"苍天已死，黄天当立"，并于公元184年发动道徒起兵反汉，史称"黄巾之乱"，活动20余年，被东汉政权所镇压。

在太平道被镇压的同时，巴蜀地区的张陵（张道陵）又创立了五斗米道。相传汉顺帝时，张陵在鹤鸣山学道，太上老君授予"正一盟威之道"，并被封为"天师"，因此五斗米道也称"正一道"、"天师道"。此后张陵率千余弟子四处布道，以《道德经》为道经，劝人行善悔过，救人疾病，制定戒律，建立祭酒制度，大量吸纳当地的巫鬼信徒入道，因入道者需交纳五斗米，故称"五斗米道"，也称"米巫"。张陵去世后，教权由其子张衡、张鲁继承。益州牧刘焉曾以张鲁为督义司马，命其进攻汉中。后来张鲁母亲被刘焉子刘璋所杀，于是张鲁割据汉中，将汉中划为二十四治，设"治头大祭酒"之职统治道徒民众，实行义舍、宽刑、禁杀、禁酒、收租等政策，建立了一个政教合一的地方道教政权。东汉政权对张鲁束手无策，便拜张鲁为将军，统领汉中，承认了张鲁的地方道教政权。215年，张鲁投降曹操，率道民随曹操北迁，其五子与道徒在北方备受尊崇，天师道由此传播至中原士族社会，影响日益扩大。

2. 道教的发展

天师道传到北方后，为满足士族阶层的需求，开始融合秦汉神仙方术，发展养生之术，逐渐演变成为以长生成仙为教旨的神仙道教。晋王司马氏与琅邪王氏等门阀士族都信奉天师道，服食养性，修长生术，成为天师道世家。天师道贵族化以后，内部迅速腐化。出身士族、长期在嵩山修道的寇谦之不满天师道现状，声称太上老君降临嵩山，授其道经与天师之职，命他整顿天师道。于是寇谦之对旧天师道进行了严厉的批评，要求道徒废除旧法，遵从新教，奉行戒律，积善除罪，规范斋仪活动，宣称唯其如此，方能感动神仙下凡接引，飞升成仙。这一教派称为新天师道。423年，北魏太武帝在平

第十讲——精英信仰与民间宗教

城即位,寇谦之声称神仙授他《录图真经》六十卷,命他辅佐北方泰平真君。次年寇谦之前往平城进献《录图真经》,经司徒崔浩推荐,得到北魏太武帝信任,将新天师道确立为官方宗教。寇谦之和太武帝相继去世后,新天师道势力大减,直至北齐取消了新天师道的官方地位,道团随之散亡。

与此同时,五斗米道部分道徒继续向民间发展。如蜀汉政权灭亡后,四川地区出现了陈瑞领导的民间天师道教团,兴盛一时。李特、李雄流民集团的很多领导就是张鲁天师道徒的后裔,隐居青城山的道教领袖范长生曾经支持李特、李雄集团建立大成政权,范长生被封为国师。东晋时,钱塘杜氏世奉天师道,杜子恭建立的道团信徒多达万户。杜子恭后来传道于琅邪孙氏和吴兴沈氏,杜子恭去世后教权落入琅邪孙氏。孙泰善于道术,百姓敬之如神,王侯乐于结交,教团不断扩大。后来孙泰宣称晋室将亡,被司马道子所诛。其侄孙恩逃亡海岛,与妹夫卢循先后起兵反晋,遭到镇压。

兴起于民间的太平道和天师道,是道教的源头之一。道教的另一个源头,是兴起于江南、以炼丹为核心的丹鼎派道教。汉桓帝时,会稽上虞人魏伯阳以周易为理论基础,融合黄老学说,将汉代神仙方术中秘传的炼丹术理论化,写成《周易参同契》一书。该书由隐语写成,秘密传授。晋代的葛洪出身道教世家,精通各类道经与神仙方术。融会贯通之后,葛洪写下神仙道教的理论著作《抱朴子·内篇》,一方面调和神仙道和儒家礼教的关系,增加了道教的社会教化作用;另一方面传承和发展炼丹术,认为服食金丹是得道成仙的根本途径,晚年还远赴广东罗浮山炼制丹药。由魏伯阳、葛洪开创的以炼丹为主的道教,就是道教的丹鼎派。

南朝时,出身士族的陆修静弃儒学道,不但建立了一套比较完善的道教斋仪,还将各种道经分为"三洞四辅",三洞是洞真部《上清经》,洞玄部《灵宝经》、洞神部《三皇经》;四辅是太玄部(《道德经》及其注疏)、太平部(即《太平经》)、太清部(炼丹服食书)、正一部(天师道经书)四部经书,作为三洞经书的辅助。陶弘景同样出身士族,38岁时辞官,至茅山(今江苏句容句典山)隐居修道40余年。陶弘景弘扬上清经法,将茅山建成上清派教团的基地,开创了道教的

111

上清派茅山宗。同时陶弘景还将佛教"轮回转生"说引入道教,在《真灵位业图》中第一次构建了一个有系统的道教神仙体系。

魏晋南北朝时又有以陕西周至县终南山下楼观道院为中心的楼观道的兴起。这样到唐朝时,道教的主要宗派包括陶弘景所传茅山上清派,江西龙虎的天师道,以及终南山楼观道。宋元时,楼观道已经衰落,道教灵宝派以江西清江县阁皂山为中心重新复兴,与茅山、龙虎山并称江南符箓派三山。此外宋元时期又从灵宝派派生出灵宝东华派,并出现了天心、神霄等新的符箓派道教,其中天心派以驱邪禳灾而著名,神霄派以传习神霄雷法而得名。

3. 内丹派与全真教

唐朝安史之乱及至五代,政局动荡,战乱不断,很多文人儒士、失意官僚隐逸山林,修炼道术,出现了一些传奇人物,如钟离权、吕岩(字洞宾)、陈抟等人。后来道教内丹派尊钟离权与吕洞宾为祖师,因此也称"钟吕金丹派"。传说吕洞宾本是唐末五代的一名隐士,出身望族,累举进士不第,功名无望而退居山林,后因游华山,遇钟离权而入道。内丹派的真正创始人是北宋著名道教学者张伯端,他所著《悟真篇》,以诗词歌颂形式阐述内丹宗旨及练功方法,倡言性命双修,以精、气、神三宝为原料,以人体为熔炉,经身体修炼后在体内形成"金丹",其实就是一种气功养生的方法。张伯端号"紫阳真人",因此也称"紫阳派"。金朝兴起的全真教也属于内丹派,与张伯端开创的道派分别称为金丹派北宗与南宗。南宗开始时也是秘密传授,道徒多出自民间山野,不强调出家,后来传至白玉蟾,才开始组织较大道团组织,兼修符箓道法。

全真教创始人王喆,号重阳子,世称"王重阳"。王重阳是陕西咸阳大魏村人,青年时代正值宋金交战,饱尝乱世之苦。王重阳当过地方小吏,怀才不遇,传说后来遇见仙人授金丹真诀,于是弃家入终南山修炼,在山中凿穴而居,号称"活死人墓"。修成得道之后,王重阳便开创全真教,主张性命双修,道、儒、释三教圆融,以《道德经》、《般若心经》、《孝经》作为教派经典。王重阳前往山东传道,劝导民众看破功名富贵,规定道士必须出家住观,遵守清规戒律,不娶妻室,不吃荤腥,断除酒色财气,信奉者甚多。王重阳最著名弟子是所谓的全真七子：马钰、谭处端、刘处玄、丘处机、王处一、郝大通和孙不二（马钰之妻）。王重阳之后，全真教由丘处机嗣教。宋元之际，丘处机应成吉思汗之召，以73岁高龄长途西游，在今阿富汗境内谒见成吉思汗，得到礼敬，被获准"掌管天下出家人"。丘处机返回燕京后，入住大天长观（后改为长春观）。由于得到统治者的支持，全真教开始大建宫观，进入全盛时期。后来全真七子的门徒各立门派，以丘处机龙门派最盛。全真教传到南方后，金丹派南宗道徒纷纷归入全真门下。

明清时，道教的正统主要是全真教与天师道，但都因腐化而衰落。明初武当山道士张三丰备受朝廷尊崇，但多次寻访而不得。张三丰道法应该出自全真教，但传授方式更像金丹派南宗，在云游过程中随机遇收徒授道。张三丰去世后，武当山与各地道士纷纷奉其为祖师，形成三丰道派。传说张三丰不仅精于内丹气功，而且武功高强，被推为武当内家拳法创始人。清朝初年，已经荒芜的全真教祖庭北京白云观，仅有一名俞姓居士，后来俞居士请全真教龙门派弟子王常月入住并任方丈，王常月又奉旨说戒于白云观，吸引大批徒众，全真龙门派逐渐复兴。

三、佛教

1. 佛教传入

两汉时，印度佛教传入中国。佛教宣扬四大皆空，万物因缘而起，人因贪欲而陷于苦海，唯有学习佛法，断绝欲望，方能超脱轮回，进入光明圆满的涅槃境地。佛教在印度分为初期佛教、部派佛教、大乘佛教、密教四个发展时期。公元前三世纪，佛教在孔雀王朝阿育王支持下，分南传、北传两条路线开始向外传播。南传佛教经斯里兰卡、缅甸、泰国、老挝、柬埔寨、印度尼西亚等地，传入中国云南西双版纳地区，属于部派佛教上座部。北传佛教一路经中亚传入中国，又从中国传到朝鲜、日本、越南等国，一般称为汉传佛教，以大乘佛教为主。另一路传入中国西藏，后逐渐流传于中国的藏、蒙、满等民族中，并传至俄罗斯、不丹、尼泊尔等国，一般称为藏传佛教，以密教为主。

一般认为,公元前2年大月氏使臣向西汉博士弟子口授《浮屠经》,这是有关佛教传入中原的最早记载。中国佛教界则普遍支持汉明帝"感梦求法说",称东汉明帝梦见金身神人,顶有日光,于是派使者至大月氏国求得佛经《四十二章》,时间应该在1世纪60年代。此说后来还敷衍出摄摩腾、竺法兰两人来华译经,汉明帝为之修白马寺等传说。佛教刚刚传入中原时,并没有引起中原特别重视,一般视为宣扬"清虚无为"的黄老之术一类。东汉以后,一些西域僧人将佛经翻译成汉文。当时中原已有佛寺,但只准西域人奉祠,朝廷明令禁止汉人出家为僧。曹魏时期的朱士行在白马寺受戒,法号八戒,成为中国第一个真正具备僧侣资格的汉人。

魏晋时期,玄学流行于士族阶层,并以佛教"缘起性空"理论附会玄学"贵无贱有"学说,佛教理论开始受到重视。朱士行受玄学风气影响,希望研究佛教《般若经》,但当时的译本删略太多,文意晦涩,于是决心西行求法。他从长安出发,经河西走廊,到达当时西域的佛教中心于阗(新疆和田),找到梵本《放光般若经》。西晋时这部经典送回洛阳,并被译为汉文,影响很大,王公贵族、门阀士族都通过这部经典讨论玄学。到东晋十六国时,佛教般若学与玄学进一步融合,并引起内部的争论和分化,形成所谓的"六家七宗",其中"无本宗"的创造人释道安系统整理了汉译佛学经典,组织僧徒四出传教,制定僧徒的戒规,提倡僧侣以"释"为姓。道安派遣弟子四出传教,其中慧远在庐山建立并长期主持东林寺。慧远政治手腕圆滑,与权贵、名士关系密切,为其传教提供了方便。慧远信奉净土,宣扬因果报应、信佛者往生西方净土极乐世界,曾经招集玄学名士刘遗民等123人在弥陀佛像前建斋立誓,共期死后往生西方佛国极乐世界,佛教"净土"思想开始在南方流传,慧远后来也因此被奉为中国净土宗初祖。在慧远等人的推动下,佛教在东晋、南朝大为流行,梁朝时全国佛寺竟达2 800余座,形成很大的政治势力。

东晋十六国时,北方出现了一位佛教译经大师鸠摩罗什。鸠摩罗什是西域龟兹人,被后秦国主姚兴迎到长安,待以国师之礼,在长安逍遥园先后翻译佛经九十八部、四百二十五卷,其中比较系统地翻译了龙树是观宗大乘学说的主要经典。

2. 佛教与政治

北朝曾发生两次灭佛事件,一次是北魏太武帝。太武帝信奉寇谦之的新天师道,排斥佛教,一次因发现长安某佛寺藏有兵器和大量财物,甚至藏匿妇女,遂诛杀长安沙门,并下诏全国灭佛。太武帝去世后,文成帝下诏复兴佛教,并在僧人昙曜的请求下开凿大同云岗石窟。此后北魏诸帝大抵信奉佛教,大力建寺、造像、修塔、开凿石窟,孝文帝曾亲自为出家僧尼剃发,允许佛教发展寺院经济,并开始开凿洛阳龙门石窟。在统治者的推动下,北朝佛教以惊人速度发展,据载最盛时北朝佛寺有三万余所,僧尼二百余万人,导致国家税源不足,同时也引起儒、道两家的强烈不满。结果北周武帝宇文邕召集群臣、沙门、道士等人,辩论三教先后,定儒教为先,道教为次,佛教为后。第二年武帝下诏废禁佛道二教,先后毁寺观4万,并强迫300万僧尼道徒还俗。北周武帝灭佛主要是为了与寺观争夺税源。北周武帝还设立"通道观",让诸教领袖以官僚身份会通教义,企图将佛、道两教纳入儒家体系,创造一个以帝王为如来,以王公为菩萨的宗教社会。北周武帝去世后,宣帝宇文赟又重新复兴佛教。

唐朝武则天崇信佛教,佛教徒则为武则天称帝营造声势,进献《大云经》,声称武则天是"弥勒佛投胎"。龙门石窟中奉先寺卢舍那佛像是武则天捐二万贯"脂粉钱"开凿的,据说该佛是根据武则天的形象雕凿的。唐朝皇室热衷于迎奉佛骨。传说古印度阿育王在释迦牟尼逝世若干年后,借助鬼神之力,曾修造84 000座宝塔,重新安放佛陀舍利,其中供奉于中国者有19处,陕西扶风法门寺所藏佛指舍利为第五处。唐王室认为,佛骨"三十年一开,则岁丰人和",唐太宗曾三次开塔瞻礼舍利,此后高宗、武后、中宗、肃宗、德宗、宪宗、懿宗和僖宗八位皇帝六迎二送佛指,每次迎送,皇帝都顶礼膜拜,声势浩大,朝野轰动,等级之高,绝无仅有。在宪宗迎奉佛骨时,韩愈曾上《谏迎佛骨表》以示反对,甚至提出将佛骨投于水火,触怒皇帝,被贬为潮州(治所在今广东潮安)刺史。

此后反对佛教的呼声渐多,唐武宗崇信道教,深恶佛教,于845年(会昌五年)下令拆毁佛寺、佛像,没收寺产良田,迫令僧尼还俗,同时也波及大秦景教、袄教。这次废佛史称"会昌废佛",宣宗即位后，又下令复兴佛教。北魏太武帝、北周武帝与唐武宗都曾毁佛，史称"三武灭佛"。

3. 中国佛教宗派

南北朝时，佛教根据传习经典和佛教哲学观点的不同，形成不同的学派，而隋唐时期，随着对佛教理论的吸收、消化，在中国形成了诸多佛教宗派，包括天台宗、唯识宗、华严宗、律宗、禅宗、净土宗和密宗等。天台宗发源于南朝天台山僧人智顗，是中国最早创立的一个佛教宗派，因以《法华经》为主要教义，也称法华宗，后来传往日本。唯识宗以《成唯识论》为主要经典，创始人是曾在印度那烂陀寺留学的玄奘及其弟子窥基，玄奘回国后长住长安慈恩寺，又称慈恩宗。华严宗以《华严经》为最高经典，创始人法藏曾受武则天赏识，赐号为"贤首"，故又称贤首宗。律宗以研究与传持戒律为己任，以《四分律》为主要经典，因创始人道宣常驻终南山，也称南山宗。律宗制定的中国佛教的受戒法仪影响深远，唐玄宗时鉴真东渡日本所传者即是律宗。净土宗宣扬一心专念"阿弥陀佛"之名即可往生阿弥陀佛西方净土，教义简单，方法易行，在下层群众中有长期广泛的影响。密宗由唐朝时印度僧人善无畏、金刚智来华创建，以《大日经》和《金刚顶经》为主要经典，主要通过秘密真言（咒语）传教，也称真言教。唐以后密宗开始衰落，8~11世纪间，印度密教传入中国西藏、蒙古地区，与当地本教相结合而形成"藏密"，俗称"喇嘛教"。

禅宗以禅定作为基本的修行方法，故名，是最具中国特色的佛教宗派。传说禅宗创造人是印度僧人菩提达摩，"一苇渡江"、"九年面壁"等，都是有关达摩的神话传说。禅宗五祖弘忍弟子很多，在各地传法。其中神秀在荆州当阳（今湖北当阳）传法，影响很大，曾被武则天召入京师，又受唐睿宗、中宗礼遇，号称"三帝国师"，被尊为禅宗北宗领袖。弘忍的另一个弟子慧能在南方传法，慧能的弟子神会不服北宗，抵制神秀成为禅宗六祖，宣称慧能所传才是禅宗正宗，应该确立慧能禅宗六祖的地位。神会的努力获得了成功，他自己后来也被确立为禅宗七祖。为了树立南宗和慧能的权威，后来形成了很多有关慧能的传说，以至于慧能的真实面貌现在已经难以复原。根据南宗的描述，慧能俗姓卢，出身低微，生在岭南一个农猎家庭，

第十讲——精英信仰与民间宗教

是一个文盲,后来参谒弘忍。一次弘忍召集弟子作偈子,打算以此确定衣钵传人。神秀的偈子是"身是菩提树,心如明镜台,时时勤拂拭,莫使有尘埃",而慧能则作"菩提本非树,明镜也非台,本来无一物,何处惹尘埃",弘忍认为慧能的见解超过神秀,密授衣钵。此后慧能销声匿迹,混杂于民间。隐居16年后,一日慧能在南海(广州)法性寺(今光孝寺)听两僧人辩论风幡是风动、幡动的问题,慧能称是心动,住持印宗法师十分敬重,亲自为其剃度,弘扬佛法,此后慧能又在韶州(广东韶关)曹溪宝林寺(今南华寺)传法。

神会等人指责北宗"传承是傍,法门是渐",主张渐悟,不懂禅宗的真谛,只有南宗主张的顿悟才是佛法的正宗。

禅宗的顿悟理论宣扬"放下屠刀,立地成佛",抛弃了印度佛教烦琐的教义,迎合了中国士人文化的口味,也由此完成了佛教的中国化过程。慧能之后,南传禅宗又演化为五家七宗,其中以临济宗杨岐派最为流行。宋明时,由于禅宗主张不立文字,通过类似玄学清谈的方式来传法,逐渐演变成为一种文字游戏,被称为"话头禅",受到文人士大夫的欢迎。明末禅宗已经衰落,中国佛教又出现了禅宗与净土宗结合的趋势,主张禅净双修,吸引了大量信众。

四、民间信仰与宗教

所谓民间信仰,一般是指民间各种神灵崇拜的现象,而宗教除了有特定的崇拜对象之外,一般还宣扬特定的价值观念和生活方式。中国民间崇拜的神灵偶像五花八门,自然神如雷公、风伯;英雄神如关帝、文昌、各地的城隍;各类保护神,如门神、灶神、土地、妈祖;动物神如龙王、蚕神,乃至一树一石,都可能在民间获得广泛的信仰崇拜。这些信仰的对象,有些是朝廷承认的,有些则是不断遭到官府打击的所谓"淫祀"。帝国时代各级官府所在的城市中有各种神庙,一般是官府所建并由官方组织祭祀活动,同时也供民众祈求神灵,可以说是国家统治体系的一个层面。但乡村中的各种神庙,一般由民间自发建造,其社会功能也相当复杂。比如,某一区域的民众信奉龙王,各村各乡都会修建大小不一的众多龙王庙。村民们会独自到龙王庙中祈求自己的命运或保佑自己的家人,也会在旱灾时集体到龙王庙求雨。丰收节庆,村民们可以在龙王庙集会,如果与其他村族因争夺水源而发生集体械斗,也在龙王庙召集村民。这样的神庙往往成为乡村之中最主要的公共活动场所。

民间宗教指不被官方承认的宗教形态。帝国统治下的小农往往通过秘密宗教组织起来,形成秘密社会甚至反政府力量。东汉末年出现的五斗米道与太平道,就是典型的民间宗教,也是中国道家的源头。佛教传入中国以后,又出现了以弥勒信仰为核心的民间宗教。弥勒佛信仰主要有两个内容:一是宣称弥勒佛本是释迦牟尼的弟子,死后往生兜率天,成为兜率天主,世人专念"弥勒"佛号死后可往生兜率陀天;二是弥勒佛将在乱世从兜率天降生尘世,重建太平盛世,救度亿万众生,因此弥勒佛是"未来佛"。弥勒信仰后来又演变为所谓的"三佛应劫"说,宣扬人类历史分为三个阶段,青阳劫由燃灯佛掌教,红阳劫由释迦佛掌教,白阳劫是世界最大灾难来临之时,那时将由弥勒佛降生救度九十二亿人。两晋南北朝时,中国开始流行弥勒信仰,动荡时局中,民众无不希望弥勒这样的救世主降生,沙门中也常有人自称弥勒,起兵造反。

唐朝时,又有发源于波斯的摩尼教传入中国。摩尼教由三世纪古波斯的摩尼创立,宣扬世界由黑暗王国与光明王国两个王国构成,后来黑暗王国入侵光明王国,大战之后,黑暗众恶魔化为现实世界中日、月、山、川等物质世界,而光明众使者则统治管理这个物质世界,最后天地崩坍,大火爆发,物质世界和所有邪恶之人都将灭亡,黑暗王国永久禁锢,光明王国永恒存在。一般认为,摩尼教在武则天时传入中国,开始朝廷并不禁止。五代、宋朝时,摩尼教在民间发展,教徒穿白服,提倡素食、戒酒、裸葬,并发生多次摩尼教组织的暴动,包括北宋时著名的方腊起义。元代时摩尼教又与弥勒信仰结合,演变为白莲教,宣扬"明王出世,弥勒下生",成为元末义军的主要信仰,红巾军的精神领袖韩山童、韩林儿父子,就被奉为出世之明王、下生之弥勒。

第十一讲——政权轮替与政权体系

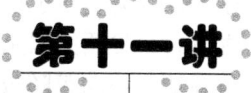

政权轮替与政权体系

帝国政治在中国延续了二千余年,经历了五十余大大小小、或统一或分裂、或长治或短命的王朝,直至1911年清朝被推翻,中国模仿西方建立"民国",帝制中国的历史才告结束。二千余年的中华帝国史,政权不断轮替。中华帝国政权轮替,主要有三种形式:一是自下而上的民众暴力革命,二是政权内部的叛乱,三是外族的入侵。这其中,两汉、唐、明四大王朝兴起于暴力革命;莽新、曹魏、西晋、南朝、北齐、北周、隋、五代、宋,都是政权内部的叛乱者建立的;十六国中的多数政权,以及北魏、辽、夏、金、元、清朝,都属于部族入主中原后建立的政权。

一、民众起义

1. 秦汉时期的民众起义

西汉王朝是在秦末革命中崛起的。最先起兵反秦的是平民陈胜、吴广,他们因戍边误期、面临死罪而揭竿而起,迅速得到全国响应,攻城略地,并在陈县(今河南淮阳)建立张楚政权。据称陈胜是一个有野心的人,还是一个雇农时,便与他们相约"苟富贵,勿相忘",遭到他人嘲笑,让他不由叹息"燕雀安知鸿鹄之志"。陈胜的张楚政权不久便覆灭,但是陈胜首义之后,各个阶层都汇入反秦战争的洪流中,其中包括六国的旧贵族张良(韩国)、项梁(楚国)、田儋(齐国)、魏咎(魏国)等,恢复六国是他们反秦的主要目标。此外又有遭受迫害的儒生以及孔子八世孙孔鲋,东南沿海遭秦朝镇压的东瓯、闽越等百越部族,此外还有英(黥)布这类逃亡的刑徒,或者刘

邦、萧何、曹参这样的地方小吏。在所有的反秦力量中,楚国旧贵族项羽因骁勇善战脱颖而出,秦朝灭亡后,各地的反秦力量建立了以项梁为霸主的诸侯国体系。项氏世代为楚将,项羽的叔父项梁因杀人逃亡吴地(今江苏吴县)隐居,被吴中名士奉为领袖。项羽跟随叔父,曾学兵法,力能扛鼎,勇猛无比。项羽也是一个有野心的人,秦始皇巡游至会稽(今浙江绍兴),项羽观其出行排场,便称"彼可取而代也"。陈胜起义之后,项梁与项羽率吴中八千子弟起兵,直至推翻秦朝。项羽自封为西楚霸王之后,各地诸侯相互攻伐、举兵反楚,其中被封为汉王的刘邦最后战败了项羽,建立了汉朝。刘邦是沛县(今属江苏)人,曾任当地泗水的亭长,他是一个好酒色、言行随便、爱开玩笑的人,在当地很受一些人的欢迎。刘邦也是一个有野心的人,他多次到咸阳服徭役,经常可以看到秦始皇出行,曾感叹"大丈夫当如此也"。后来刘邦负责押送一批刑徒,路中刑徒不断逃亡,眼看无法完成任务,刘邦干脆放走了所有的刑徒,自己也因此而逃亡。陈胜起义后,县吏萧何、曹参,狗屠樊哙等人,推举刘邦为沛公,起兵反秦,直至建立汉朝。

西汉末年,王莽篡汉建立新朝,社会矛盾进一步激化,民众暴动遍布各地,其中以绿林军、赤眉军势力最大。公元17年,荆州地区因连年饥荒,新市人(今湖北京山东北)王匡、王凤率饥民暴动抢粮,汇聚于绿林山(今湖北当阳东北)。绿林军本来只想抢粮渡过饥荒,王莽派来镇压的军队反被饥民所败,于是王匡、王凤开始攻城略地。后来绿林山中发生瘟疫,饥民们分兵转移,其中一支西入南郡(今湖北江陵),称"下江兵",另一支由王匡所率称"新市兵"。新市兵进至随县(今湖北随州)后,平林(随县东北)人陈牧等数千人加入绿林军,称"平林兵"。平林兵中有汉朝宗室刘玄,绿林军建立更始政权后,拥立刘玄为帝。绿林军推翻新莽政权之后,更始政权进入长安,不久王匡与刘玄分裂,另一支农民军赤眉军攻入长安,刘玄投降赤眉军。赤眉军的首领是琅邪人樊崇,公元18年起兵于莒,逐渐成为山东各地农民军的首领,后来王莽派兵镇压,樊崇命农民军将眉毛涂成红色,故称"赤眉军"。更始政权建立后,赤眉军曾投降更始政权,后遭到排挤。结果樊崇攻打长安,取代更始政权,并立另一个汉朝宗室、放牛娃刘盆子为帝。但赤眉军政权遭到关中豪强抵制，无法在长安立足，不久退出长安回师东归，途中被刘秀所败。

刘秀及其长兄刘縯是刘邦九世孙，曾祖时举族迁居南阳蔡阳（今湖北枣阳西南），是当地的豪强地主。刘秀青年时代曾到长安学《尚书》，略通大义，以后在南阳经营田产，年轻时的理想是"仕宦当作执金吾，娶妻当得阴丽华"，而他的长兄刘縯"好侠养士"。22年，刘氏兄弟在家乡舂陵（湖北枣阳南）起兵，称"舂陵兵"，并与新市兵、平林兵联合作战，成为绿林军的一支。更始政权建立之后，刘縯受猜忌被杀。更始政权进入长安、攻克洛阳后，刘秀受命进军河北，从此开始独立发展，由于得到豪强地主阶层的拥护，最终平定各地割据势力，建立了东汉政权。

东汉末年的黄巾军虽然没有开创王朝，但这是中国历史上第一次以宗教组织的民众起义。黄巾军的首领是以符水治病宣传太平道的巫师张角，十余年间太平道徒众发展至几十万，遍及青、徐、幽、冀、荆、扬、兖、豫八州。张角将徒众分为三十六方，每方设渠帅统领，并宣扬"苍天已死，黄天当立，岁在甲子，天下大吉"，策划于184年（甲子年）起兵。184年，太平道召集荆、扬等地数万人于邺城（今河北磁县南），并联络洛阳城内宦官为内应，约以三月五日起兵，因叛徒告密，张角提前起兵，因头戴黄巾而称黄巾军。黄巾军声势浩大，虽然遭到东汉政权和豪强武装的联合镇压，但也直接导致军阀割据局面的出现，加速了东汉的灭亡。

2. 隋唐时期的民众起义

隋炀帝穷兵黩武，连续三次东征高丽。河北、山东是筹备东征的基地，兵役、力役最为沉重。610年，这一带连遭水灾、旱灾，民众走投无路，邹平县民王薄于长白山（今山东邹平南）起义，揭开了隋末起义的序幕，从此反隋武装遍及全国，其中以河南瓦岗军、河北窦建德、江南杜伏威三支武装势力最大。随着各地民众起义，隋朝大乱，统治集团内部的贵族官僚与各地豪强也纷纷起兵，试图夺取政权。613年，隋炀帝第二次东征高丽，负责运送粮草的杨玄感起兵反隋，旋遭失败。此后起兵反隋的官僚与豪强包括朔方（陕西）梁师都，江东沈法兴，江陵的萧梁宗室萧铣，金城（甘肃兰州）薛举、薛仁

杲父子,武威(甘肃)的李轨,马邑(山西朔县)的刘武周,涿郡(北京)的罗艺,以及太原(山西)留守李渊。

翟让与李密领导的瓦岗军是反隋的中坚力量。翟让原是东郡(今河南滑县)小吏,犯法当斩,越狱逃亡至瓦岗(滑县东南),聚集同郡单雄信、徐世勣等起兵。翟让起兵四年之后,李密来归,成为瓦岗军的重要首领。李密曾祖父李弼是西魏八柱国之一,杨玄感起兵反隋时,以李密为谋主,失败后李密逃亡至淮阳(今属河南)聚徒教授,经另一支反隋武装首领王伯当引荐,投奔瓦岗军。后来王伯当、秦叔宝、程咬金以及一批隋朝降将投靠李密,加入了瓦岗军。在李密、翟让的率领下,瓦岗军多次大败隋军,翟让又推李密为首领,后来被李密所杀。618年,隋炀帝在江都(今江苏扬州)被部将宇文化及所杀,在洛阳的隋炀帝孙杨侗被王世充立为皇帝,李密投杨侗,败宇文化及,然后又与王世充决裂。兵败后李密、王伯当等降唐,不久又反唐被杀,单雄信、秦叔宝、程咬金等先投王世充,后秦叔宝、程咬金又投归李唐,单雄信则在王世充败降时被杀。最终李唐政权平定了各地的割据势力,建立了统一的唐朝。

唐朝末年,濮州(今山东鄄城)人王仙芝与冤句(今山东菏泽)人黄巢先后起义,归附者数万人。王仙芝与黄巢都以贩私盐为生,黄巢又粗通诗书,几次参加科举考试以失败告终,但他是一个豪迈任侠之人,曾作诗《不第后赋菊》:"待到秋来九月八,我花开后百花杀。冲天香阵透长安,满城尽带黄金甲。"反唐军队开始在江淮间战斗,王仙芝战死后,队伍由黄巢统帅,曾南下攻占广州,然后北上攻克长安,建立大齐政权。后来黄巢部将朱温叛变降唐,唐朝又得到沙陀族李克用支援,黄巢无法在长安立足,退出长安后兵败而亡。王仙芝、黄巢失败之后,降将朱温掌握了唐朝政权,最终代唐自立,建立后梁政权。

3. 元明时期的民众起义

元朝末年,政治腐败,群雄峰起。1348年,台州黄岩(今属浙江)盐贩方国珍率先起兵反元。此后,宋元以来在民间广泛传播的白莲教徒众纷纷起兵。1351年,河北的白莲教首领韩山童自称"弥勒佛下生、明王出世、宋徽宗八世孙",与刘福通等策划在颍州(今安徽阜

第十一讲——政权轮替与政权体系

阳)举兵反元。起兵之前韩山童被官府捕杀,刘福通率众起兵,头裹红巾为号,因此称为"红巾军"。同年另一位白莲教首领、布贩出身的徐寿辉在蕲州(今湖北蕲春)起兵,参加这支队伍的湖北渔夫陈友谅和四川农民明玉珍后来分别建立了大汉和大夏政权。第二年,同属白莲教韩山童系统的濠州(今属安徽)富豪郭子兴在家乡举兵响应,第三年泰州(今江苏大丰境)盐贩张士诚也起兵。元末群雄初起时势力不大,各自为政,但因元朝内讧,互相倾轧,元朝重臣脱脱含冤而死,以致各地叛乱难以平定。各地红巾军攻占了湖北、湖南、江西一带的广大地区,1355年刘福通立韩山童之子韩林儿为帝,国号大宋,改元龙凤,各地红巾军接受大宋政权号令。这一年郭子兴病死,兵权由部将朱元璋掌握。朱元璋出身生于濠州钟离县(今安徽凤阳)贫苦农家,17岁时成为孤儿,后入皇觉寺为僧,常离寺叫化,后投郭子兴军,郭子兴留为亲兵,并将养女马氏许配朱元璋。后来刘福通北伐失败,退守安丰(今安徽寿县),又被张士诚势力攻破,刘福通被杀,韩林儿被朱元璋迁至滁州软禁。此后陈友谅据福建、明玉珍据四川、张士诚据浙西、方国珍据浙东。朱元璋势力迅速崛起后,先后击败陈友谅、张士诚、方国珍等,统一东南半壁,并招徕宋濂、刘基等浙东名士,积极争取豪强地主阶层支持。然后朱元璋沉杀白莲教首领韩林儿,发兵25万北伐灭元,并在南京称帝,建立明朝,并最终推翻了元朝统治,将蒙古人驱赶出中原。

明朝末年,陕西等地饥荒,饥民暴动频发,后来汇聚成为声势浩大的农民军起兵反明,1641年陕西农民军在李自成领导下攻陷洛阳,杀死福王朱常洵,1643年攻破潼关,占领西安。另一支由张献忠领导的农民军则进入四川地区建立大西政权。1644年李自成在西安建国大顺,然后攻陷居庸关,杀入北京城。崇祯皇帝自缢,明朝灭亡。李自成是陕西米脂(今横山县)人,幼年时因家贫为僧,也曾为本县大姓牧羊,成年后充当驿卒,先后加入不沾泥、高迎祥农民军,高迎祥战死后成为农民军领袖。张献忠是陕西延安人,曾为捕快、边兵。

二、内部的叛乱

1. 权臣篡位

权臣篡位是指掌握政治实权的大臣或者其他人员通过和平方式夺取政权。中国历史上通过这种方式实现政权更替的王朝包括：新莽、曹魏、晋朝、南朝、北齐、北周、隋朝，以及武周与后梁。

王莽是外戚，汉元帝皇后王政君的侄子，颇有正直名声，一度官至大司马。哀帝时王莽被排挤出朝，平帝继位后，王政君以太皇太后的身份临朝称制，复任王莽为大司马，进封安汉公。平帝死后，仿效周公摄政，自称"假皇帝"，公元8年自立为帝，改国号"新"。

曹魏的实际创立者是曹操。曹操的父亲曹嵩是宦官曹腾养子，曾买官太尉。曹操20岁举孝廉为郎，后任骑都尉，在镇压黄巾军过程中崛起，迎汉献帝于许（今河南许昌东），自为司空，总揽朝政，后进位丞相、进爵魏王。220年，曹操去世后，其子曹丕代汉称帝。

篡魏建晋的司马炎，其祖父司马懿就已掌握曹魏政权。司马懿出身门阀士族，曹操任丞相时，他是丞相主簿。曹丕为魏王太子，他任太子中庶子。曹丕称帝，他官至录尚书事。曹丕死，司马懿受遗诏与曹真等共同辅佐魏明帝曹叡，并负责对蜀战争。魏明帝死，司马懿又受遗诏与曹爽辅佐魏废帝曹芳。当时曹爽专政，司马懿称病赋闲，伺机而起。后来司马炎趁曹爽陪同曹芳谒明帝高平陵之机，发动政变，消灭曹爽集团，掌控朝政。司马懿死后，其子司马师与司马昭相继擅政，司马师杀曹芳，司马昭又杀曹丕孙曹髦，立魏元帝曹奂。司马昭死后，其子司马炎于265年废曹奂自立，国号晋。

南朝宋武帝刘裕出身平民，参加北府兵，在镇压五斗米道孙恩时立功，升任建武将军。后击败篡位自立的桓玄，主持北伐灭南燕、后秦，升任国相，进封宋王，并于420年代晋建宋。齐高帝萧道成出身门阀士族兰陵萧氏，投笔从戎，官至骠骑大将军，进封齐王，掌握朝政，479年强迫宋顺帝禅位，建立南朝宋。梁武帝萧衍是齐高帝萧道成族弟，掌握朝政后累官至相国，进封梁王，502年建立南朝梁。陈武帝陈霸先在镇压侯景的战争中崛起，官至相国，进封陈王，557年代梁建陈。

第十一讲——政权轮替与政权体系

北齐的实际创立者为高欢,开始时从杜洛周起兵反北魏,后归附魏将尔朱荣。尔朱氏败亡后,高欢废立皇帝,掌握政权。高欢死后,其子高洋于550年废魏帝自立,国号齐。北周的实际创始人宇文泰,开始时从鲜于修礼起兵反魏,后亦归附魏将尔朱荣,并随贺拔岳入关中平定叛乱。贺拔岳死后,宇文泰掌握关中地区,在长安另立西魏政权。宇文泰死后,其三子宇文觉代魏称帝,国号周。

隋文帝杨坚出身关陇贵族,北周时进封隋国公,北周静帝时任左大丞相、都督内外诸军事,掌握政权,581年代周建隋。武则天原是唐太宗才人,后被唐高宗迎立为昭仪、皇后。后唐高宗因病不能亲政,由皇后处理政务,逐渐掌握政权。其子李旦在位时,武后代唐自立,国号周。但武则天晚年,宰相张柬之等发动政变,逼武则天退位,李唐政权得以复辟,因此一般不把武周视为独立的王朝。

灭唐自立的朱温本是黄巢部将,黄巢在长安被唐军围困,朱温降唐,任宣武军节度使,成为唐三大藩镇之一。唐昭宗时朱温进封梁王,尽杀宦官,掌握政权,迁都洛阳。907年代唐自立,国号梁。

2. 军阀割据

作为一种政权轮替的方式,军阀割据是指掌握了某一地区的军政大权者自立称帝,建立地区性割据政权。这里简单介绍三国时的蜀汉与东吴,以及五代时的十国政权。

三国时,蜀汉创立者刘备属于汉皇族远亲,东汉末年参加镇压黄巾军,先后依附陶谦、曹操、袁绍、刘表,后来与孙权联手抵抗曹操,占据荆州四郡,然后吞并益州,占据汉中。曹丕称帝后,刘备也自立,国号汉。东吴政权的创立者孙权,其父亲孙坚原为地方小吏,后参加镇压黄巾军和袁绍反董卓的战争。孙坚死后,其兄孙策依附袁术,割据江东五郡,表为讨逆将军,进封吴侯。孙策死,孙权表为讨虏将军,后与刘备联手抵抗曹操,保有江东。229年孙权称帝,国号吴。

五代时的十国政权中,称帝者包括吴、南唐、闽、前蜀、后蜀、南汉、北汉政权。吴政权的实际创立者杨行密士卒出身,后杀守将,返回家乡庐州攻占官衙,唐朝封其为庐州刺史。此后杨行密攻克扬州、宣州,任淮南节度使,进封吴王,抵制朱温势力,割据江淮。杨行

密死后,继位的次子杨隆演称吴国王,四子杨溥称帝。吴国徐温、徐知诰父子专政,后来杨溥被迫禅位于徐知诰,徐知诰改国号唐,史称南唐。徐知诰本名李昪,出身平民、孤儿,曾为僧,后被过继给武将徐温。

闽政权的实际创立者王审知,开始时兄弟三人投靠割据固始的民变首领王绪。王绪死,其兄王潮率众占据福州,王潮死,王审知受唐朝册封为闽王,后来其子王鏻称帝,国号闽。前蜀政权创立者王建私盐贩出身,曾参军阻击黄巢军,升任永平军节度使,攻占成都后进封蜀王,进而占据整个川蜀地区,907年在成都称帝,国号蜀,史称前蜀。后蜀创立者孟知祥曾为后唐部将,前蜀被灭后任成都尹、进封蜀王,934年称帝,国号蜀,史称后蜀。南汉的实际创立者刘隐原为海商,后因平定地方民变而受唐朝官职,唐末因劝朱温称帝,进封南海王。刘隐死后,其弟刘龑于917年称帝,国号大越,第二年改国号汉,史称南汉。北汉创立者刘崇是后汉高祖刘知远之弟,后汉时任河东节度使,郭威代汉建周时,刘崇在太原称帝,国号汉,史称北汉。

3. 叛乱兵变

叛乱与暴力革命不同,革命是由政权以外的民众发动的反政府战争,而叛乱是由政权内部的官员或将领发动,兵变则是国家的军队发动兵变夺取政权。这种政权更替的方式集中出现于五代。后唐政权创立者李存勖,其父是通过镇压黄巢而崛起的沙陀族人李克用,后来成为与朱温并列的唐末三大藩镇之一,朱温建梁篡唐后,仍与朱温对抗。李克用死后,其子李存勖攻灭后梁而自立,923年在洛阳称帝,国号大唐,史称后唐。后晋高祖石敬瑭原为后唐权臣,因在政治斗争中遭猜忌,结果以献地为条件联合契丹攻克洛阳,灭后唐而称帝。后汉高祖刘知远本是石敬瑭的亲信,官拜太尉,进封北平王。晋出帝石重贵被契丹掳走后,刘知远在太原称帝,国号汉。后周太祖郭威是后唐军吏,后汉时官至侍中、同中书门下平章事,因势力膨胀而引起汉隐帝猜忌,汉隐帝下令诛杀,郭威发动兵变,攻克开封后称帝,国号周。宋太祖赵匡胤本是郭威的部将,后周时累官至殿前都点检,统率禁军,959年后周世宗病逝,继位的柴宗训年仅7岁,第二年赵匡胤率禁军发动兵变,夺取后周政权。

三、部族入侵与政权体系

1. 十六国与北魏

1911年以前的中国历史,主要分为部族时代与帝制时代两个阶段。然而公元前221年帝制在中国确立之后,部族并未从此退出中国历史舞台,特别是西、北方向的游牧部族,不但长期与中原王朝抗衡,而且经常入主中原,开创王朝,成为中华帝国历史上政权轮替的重要方式之一。游牧部族入主中原建立的政权,主要包括十六国中的大部分,以及北魏、辽、金、元、清。这些成功地在中原建立了王朝的北方部族,在统治中原的过程中,一方面采用汉制,另一方面也大量保留部族旧制,汉制与旧制的交汇,又促进了政治体制的创新,为帝制中国的政治文明注入了新鲜力量。

西晋王朝经八王之乱已极度衰弱,各地起兵反晋者日多。自匈奴人刘渊建立汉国、攻灭西晋,直到北魏统一北方,大约与东晋同时,中国出现了大小20个政权,其中一夏、二赵、三秦、四燕、五凉,加上蜀中的成汉,史称"十六国"。在这20个政权中,绝大部分由匈奴、鲜卑、羯、氐、羌五个部族所建立。其中匈奴人建立的政权包括刘渊在平阳(今山西临汾市)建立的汉国、刘曜在长安建立的前赵、赫连勃勃在统万城(今陕西靖边县)建立的大夏、沮渠蒙逊在张掖建立的北凉;鲜卑人建立的政权包括拓跋氏在山西大同建立的代国,秃发乌孤在河西建立的南凉,乞伏国仁在甘肃一带建立的西秦,慕容氏在邺(今河南安阳)建立的前燕、在山西建立的西燕、在河北建立的后燕、在山东建立的南燕等;羯族人则有石勒在襄国(今河北邢台)建立的后赵政权;氐族人则有苻健在长安建立的前秦、吕光在甘肃建立的后凉政权;羌族人则有姚苌在长安建立的后秦政权。北魏是十六国时期拓跋氏建立的代国的复兴,这个政权打破原有部族政治体系,模仿中原帝国政体,吸纳汉族典章制度,创制了均田制、三长制等新型的帝国政治制度,为此后的隋唐帝国奠定了基础。

2. 辽与金

契丹族是鲜卑族的分支,在4世纪前期已见于历史记载。唐太宗时,契丹归附唐朝,从武则天时开始,契丹逐渐强盛,但受到突厥

和回纥的压制。唐后期,回纥衰亡,中原战乱不休,契丹乘机兴起,成为漠北的强大势力。长期以来,契丹分为很多部族,其中主要有八部,各部的酋长叫做"大人"。八部大人又共推其中一人为可汗,作为最高首领。另外,还有一个负责军事的首领,称为"夷离堇",与可汗构成二元首长制。耶律阿保机出身契丹贵族,自七世祖起便充当夷离堇。阿保机继位后,又被推为可汗。后来阿保机采纳汉族士大夫建议,推翻部族推选可汗的制度,于916年自立为皇帝,国号契丹,后改国号大辽。契丹是游牧部族,居无定所,皇帝不在京城居住,而是分四季在不同地区设行帐渔猎,中央政府随皇帝行帐迁居,皇帝的行帐称为"捺钵",这种制度也就称为"捺钵"。辽朝幅员辽阔,境内民众分为以农业为主的汉人、渤海人和以畜牧业为主的契丹人、奚族人等,为了对不同民族进行有效的统治,辽太宗时在中央设置南面官(以其官署设在皇帝行帐之南)、北面官(官署设在皇帝行帐之北)的双轨统治机构。南面官依据"汉制"统治汉人及渤海人,官员杂用汉族地主知识分子和契丹贵族;北面官以"国制"(辽朝制度)统治契丹人和其他少数民族,机构比较简单,根据契丹部落的传统建立,官员一律任用契丹贵族。

  10世纪初,居住在东北地区的女真人大多附属于契丹,其中编入契丹户籍的称为熟女真,不编入户籍的称为生女真,生女真中又以完颜部最有实力。1113年,完颜阿骨打担任女真部族联盟首领,并开始起兵反辽。1115年,阿骨打称皇帝,国号"大金",1125年灭辽,1127年灭北宋。阿骨打称帝后,推行猛安谋克制度。猛安谋克原是女真部族的组织编制,阿骨打对归附的部族首领一律给以猛安或谋克的称号,以三百户为一谋克,十谋克为一猛安,实行兵民合一,各户壮丁平时生产,战时出征,因此猛安谋克既是军事组织,又是地方行政组织。金朝初年设燕京与云中两枢密院,实行金、汉分治的二元政治体系,后经几代皇帝变革,至世宗、章宗时,废除女真传统的部族贵族议政的勃极烈制度,仿照中原实行三省六部制,改燕京枢密院为行台尚书省,完成了政治上由金、汉二元体制向一体化的转变。

  3. 元朝

第十一讲——政权轮替与政权体系

蒙古是东胡语系室韦的一支,在唐朝称为"蒙兀室韦",9世纪末10世纪初形成了鞑靼联盟。契丹崛起征服了鞑靼各部,一部分西迁到漠北高原。蒙古后来吸收了匈奴、突厥等语系及东胡语系的其他各族的后裔,势力开始扩张。13世纪初,铁木真统一蒙古各部,称"成吉思汗"。此后成吉思汗灭西夏,元太宗窝阔台灭金朝,元世祖忽必烈又灭南宋,建立元朝。

元朝设中书省总理全国行政事务,枢密院掌军事,地方上设立十个行中书省,简称行省,掌管全省军政大事。同时实行军民分治的政策,保留了军职世袭的旧制。元朝军队进入吐蕃后,喇嘛教领袖萨班代表西藏与蒙古建立宗藩关系。此后忽必烈册封八思巴为国师,并由其总领总制院。总制院是元朝掌管全国佛教事务并统辖吐蕃地区的行政机构,后更名为宣政院。同时元朝在西藏地区设立三路宣慰使司都元帅府,直接对西藏地区进行行政管辖。此外元朝还在云南设立行省,又通过澎湖巡检司管辖澎湖与台湾。

4. 清朝

明朝时,东北的女真各部不相统属,互争雄长,明朝政府对它们采取分而治之的政策。满族出自建州女真,1583年努尔哈赤起兵,相继统一建州各部、女真各部,创八旗制度。八旗制度将分散的女真族组织起来,平时生产,战时自备粮草军械出征,是一种军政合一的组织,由努尔哈赤的子侄们分别担任各旗的旗主。1616年,努尔哈赤在赫图阿拉称汗,建国号大金。努尔哈赤死后,第八子皇太极于1636年在盛京称帝,改国号清。此后皇太极征服朝鲜,统一漠南蒙古和东北全境,并不断进攻明朝。皇太极病逝后,年幼的九子福临继位,皇太极弟多尔衮摄政称王。李自成农民军攻入北京,推翻明朝后,驻守山海关的明将吴三桂降清,引清兵入关。清军击败李自成农民军后进入北京,由此取代了明王朝的统治。

清朝以异族入主中原,一方面以野蛮的剃头令等手段强迫汉族屈服于满清的统治,另一方面则尽量承袭明朝的政体,以有效统治汉族地区。清朝又通过多种体制建立了对蒙古、新疆、西藏与西南等非汉族地区的统治。漠南蒙古在满清入关之前即已归服清朝,此后康熙皇帝多次在多伦草原与蒙古各部会盟,并将漠北喀尔喀蒙古

分为34旗,重新赐封爵位。后来漠西蒙古的准噶尔部先后发动叛乱、入侵西藏、勾结沙俄,被康熙、乾隆两代帝王平定。乾隆还平定了维吾尔和卓兄弟的叛乱,此后清廷设立伊犁将军,统一管理新疆军政事务。对于西藏地区,清朝在乾隆年间颁布《钦定藏内善后章程》,规定清廷所派驻藏大臣的地位与达赖喇嘛、班禅平等,总揽西藏军政、宗教、司法事务,又制定"金瓶掣签"制度,通过抽签确定达赖喇嘛和班禅转世灵童的人选。在云贵、广西、四川、湖南等地,清廷大力废除世袭的土司、土官制度,由中央政府派出官员(流官)直接管辖。

四、三大政权体系

在三种政权更替的方式中,叛乱是在政权内部完成政权更替的,民众起义是政权外部自下而上的革命,但毕竟是在帝国内部完成的。通过这两种方式完成的政权更替,先后政权的构架与典章制度,一般都有很强的延续性,因此有所谓汉承秦制、唐承隋制、宋承唐制、明承元制等。外族入侵的情况就不一样了,北方部族入主中原,必然面临着本部族与汉族社会结构与政治体制两方面的冲突,因此就必须在两方面打破原有的体制,然后通过某种方式重建社会结构与统治秩序。从这种意义上讲,虽然秦汉开创的帝国体制与士大夫政治一直延续下来,但由北方部族入主中原而开创的王朝,将对中国的政治与社会展开全盘的改造,从而将帝制时代的中国划分为几个不同的政权体系。

首先是秦汉六朝体系。秦汉帝国不仅奠定了中华帝国体制与士大夫政治的基础,也促成了传统意义上"汉族"的形成,这个政权体系随着晋朝北方部族大规模进入中原开始衰落,五胡入华、晋室南迁,秦汉体系由南朝的宋、齐、梁、陈延续。公元589年,陈灭于隋,秦汉六朝政权体系在南方消亡,历时810年。

其次是北朝隋唐宋体系。以五胡入华为先导,以鲜卑族开创的北魏政权为基础,这个政权体系在隋唐时期达到辉煌,宋朝以来遭到北方部族的不断入侵,宋室南渡,并最终走向消亡。这个政权体系以308年匈奴人刘渊称帝建汉为开端,以1279年南宋彻底灭亡为

第十一讲——政权轮替与政权体系

末端,历时971年。

最后是辽金元明清政权体系。这其中,辽、金、元、清四大王朝均由北方部族所开创,不但部族入侵成为这个时期政权轮替的主流,甚至北方部族成为中国政治的主流。这时期的中国政治,似乎打破了原来那种王朝内部循环更替的规律,出现了各族之间相互争霸的格局。辽、金、元三大王朝,从某种意义上讲就是契丹、女真与蒙古三大部族先后称霸的历史,甚至明朝也可以理解为是参与族群争霸的一方——汉族。这个政权体系以916年契丹首领耶律阿保机称帝为始,以1911年清朝灭亡为终,历时995年。

第十二讲

两汉史

秦二世而亡,陈胜、吴广在大泽乡揭竿而起,一呼百应,天下骚动,六国旧势力与各地豪杰纷纷起兵。最后小吏出身的刘邦打败了贵族出身的项羽,建立了汉朝。汉武帝时,汉朝与匈奴展开决战,占尽优势,汉朝的统治也达到顶峰。此后由于土地兼并、贫富分化等问题,社会矛盾日益加剧。王莽利用汉朝的政治危机篡夺了政权,但迅速败亡。东汉政权是在豪强地主阶层的支持下建立起来的,宦官与外戚的专政严重困扰着东汉的政治,而原始道教组织的民众起义将东汉推向崩溃的边缘。

一、楚汉战争

1. 大泽乡与巨鹿

"民不畏死,奈何以死惧之"。秦朝过度使用民力,法律过于严苛,在残酷的统治下,民众难逃一死,便会铤而走险。公元前209年,陈胜、吴广等农民被征发戍边,行至蕲县大泽乡(今安徽宿县东南)时,遇大雨不能前行。面对误期斩首的刑法,他们揭竿而起,以陈胜为将军,吴广为都尉,迅速攻下大泽乡、蕲县等地,十天左右时间便横扫数百里,势力发展到战车六七百辆,骑兵千余人,步兵万余人。攻占陈县(今河南淮阳)后,陈胜建立了"张楚"政权。建立政权之后,陈胜出兵三路攻秦,结果西路军被秦将章邯所败,吴广被部将所杀;北路军北上之后,纷纷脱离陈胜,由六国旧贵族恢复故国,其中武臣自立为赵王,韩广自立为燕王,周市立魏咎为魏王,田儋自立为

齐王。这时陈胜也众叛亲离,难以抵挡章邯的进攻,退至下城父(安徽蒙城西北)时被御者所杀。

陈胜的张楚政权曾拜楚国旧贵族项梁为上柱国(楚官名,军事统帅)。陈胜被害后,项梁听从谋士范增之策,立楚怀王之孙心为楚怀王,以盱眙(今属江苏)为都。项梁对秦作战开始很顺利,但秦军主力章邯大破项梁于定陶,项梁战死。此后章邯北上攻打赵地。当时张耳、陈余立赵国旧贵族赵歇为赵王。章邯进攻赵地,张耳与赵歇被围于巨鹿(今属河北邢台市)城内,秦军驻扎于巨鹿南,驻扎在巨鹿北的陈余有数万军队,却不肯发兵救巨鹿之围,张耳、陈余因此结仇。巨鹿向各路反秦军队求救,楚怀王派宋义为上将军、项羽为次将军,发兵救巨鹿之围。宋义行至安阳后就不再前进,准备让赵、秦决战后再采取行动,并任其子为齐相。项羽对此十分愤怒,便杀了宋义,然后破釜沉舟,一举大破秦军,解巨鹿之围,令诸侯镇服。秦将章邯战败后,遭赵高责骂,遂率军投降项羽。项羽为防降军造反,坑杀秦军二十余万。

2. 秦亡楚兴

正当项羽取得巨鹿大捷之时,楚怀王派出的另一路军队,由刘邦率领向关中进发。楚怀王还与诸将相约,谁先入关中谁就做关中王。这时秦军的主力被吸引在河北一带,刘邦向西进发比较顺利,途中又遇到了张良。当时张良正在辅佐韩王成攻打韩国故地,刘邦的大军一到,就攻下了十余城,于是韩王留守阳翟,而张良跟随刘邦,一路上攻城略地,向咸阳进发。

这时秦二世胡亥已被赵高杀害,赵高本来想请刘邦在关中称王,但刘邦不敢相信。于是赵高立子婴为秦王,不再用帝号。不久刘邦攻至灞上(西安市东),子婴又袭杀赵高,捧着皇帝的玺印,向刘邦投降。秦朝从此灭亡,一时天下无人称帝,历史似乎又回到了战国争雄的时代。刘邦召集关中父老,宣布废除秦朝的苛法,约法三章,"杀人者死,伤人及盗抵罪",原秦朝各级官吏留任原职,这些措施深受关中民众欢迎。刘邦是贪财好色之人,咸阳城内无数珍宝美女令其十分迷恋,但张良等劝刘邦将财宝封存府库,等各路诸侯共同处分,唯有秦朝律令图书和户籍材料被萧何收藏。刘邦听张良之计,退出咸阳,驻军灞上。

正当刘邦攻入关中之时,项羽结束了在河北的战争,封降将章邯为雍王,率诸侯军向关中进发。雍州在关中,项羽封章邯为雍王,破坏了楚怀王"先入关中者王之"的约定,刘邦得知这个消息,派兵守函谷关抗拒项羽。项羽攻破函谷关,范曾建议杀刘邦。项羽在鸿门(今陕西临潼东北)设宴,企图杀害刘邦,宴中刘邦尊项羽为诸将首领,然后借机溜走。鸿门宴后,项羽入咸阳,屠城,杀子婴,烧秦宫室,收罗财宝妇女。

此后项羽发号施令,分割天下。他尊楚怀王为义帝,封地仅湘江上游的弹丸之地。自立为西楚霸王,都于彭城(今江苏徐州市)。此外又根据自己喜恶分封十八诸侯,其中刘邦本该封关中王,项羽却将刘邦封到偏僻的汉中、巴蜀;关中分为三地,封给章邯等三位秦朝降将。项羽又削减六国旧贵族封地,如魏豹由魏王而缩为西魏王,赵歇由赵王而缩为代王,韩广由燕王而缩为辽东王,田市由齐王缩为胶东王。此外又封张耳为常山王,在巨鹿之战中与张耳结怨的陈余仅获三县之地,而齐国旧贵族田荣未获封地。项羽的分封体系引起了诸侯之间的种种矛盾,其中田荣与陈余最为不满,率先发难。田荣是田市的叔父,在齐国贵族中率先反秦,项羽将他排除在分封体系之外,他就将项羽分封的田市、田都、田安攻杀驱赶,占据齐地。陈余则请得田荣助兵,击败常山王张耳,复立赵王歇。正当齐、赵反楚之时,项羽派人袭杀了义帝楚怀王。

3. 楚汉相争

刘邦志在天下,反楚是迟早之事。在萧何的极力推荐下,刘邦拜韩信为大将,攻占关中。这时项羽杀韩王成,辅佐韩王的张良从此追随刘邦,刘邦另立韩王信,派张良发兵重新占领韩地。面对西、北两面叛乱,项羽首先出兵齐地。在大败田荣后,项羽烧杀掳掠,引起齐人怨愤,田荣之弟田横再次起兵。刘邦则乘机东进,降西魏王豹,房殷王司马卬,率各路诸侯56万军队伐楚,攻占楚都彭城。大胜之后,刘邦在彭城收罗财宝美女,每天设宴欢饮。项羽以精兵三万还击,刘邦溃不成军,一败再败,父亲、妻子都被楚军掳走。

汉军大败,诸侯纷纷背汉投楚,刘邦退守荥阳、成皋一线,与楚

军对峙。萧何从关中征用大量民夫补充军队;张良建议派韩信北伐,连续攻下魏、代、赵、燕诸国;又派使者说降九江王英布;陈平又用反间计,离间项羽大将钟离昧和亚父范增的关系。即使如此,在战场上刘邦对项羽仍无优势,反被楚军包围,连失荥阳、成皋。刘邦突围,闯入韩信军帐夺取军权,一边命韩信攻齐,一面派军与彭越联手,进攻楚地,同时亲率韩信的部分军队夺回成皋,屯兵广武(今河南温县东)。项羽急于决战,以烹杀刘邦父亲相威胁。刘邦不为所动,反要项羽分杯肉羹。项羽要求与刘邦单挑决战,刘邦则历数项羽十大罪状,被项羽射伤,转移成皋养病。

正当刘邦、项羽对峙之时,韩信正在顺利进攻齐国。这时刘邦又派郦食其劝降齐王田广,韩信得知田广归顺,原本打算停止进攻。不料有一位说客蒯通提出,如果韩信不能攻下齐地,那么韩信大军多年的战功将不如郦食其三寸之舌。于是韩信发兵攻破齐国,郦食其被齐国烹杀。破齐之后,韩信要求假王齐国,刘邦为防变故,忍忿封韩信为真王,并令其攻打项羽。这时蒯通以及项羽的使者都劝韩信自立门户,三分天下,韩信不忍,没有答应。

形势不利楚军,项羽与汉和约,以鸿沟为界,楚汉平分天下,项羽放还刘邦父、妻,罢兵东归。但刘邦依张良、陈平之计,决心乘机反攻,一举吞并天下,于是约韩信、彭越会战。不料韩信、彭越失约,刘邦大败。在刘邦许诺封王之后,韩信、彭越才与刘邦会合,联手进攻项羽。这时项羽向垓下(今安徽灵璧县南沱河北岸)撤退,遭到汉军十面埋伏和四面楚歌。最后项羽率八百骑突出重围,汉军以五千骑追击。项羽退至东城(安徽定远东南)只剩二十八骑,最后退至乌江(安徽和县东北)。传说当时乌江亭长驾船前来接应,但项羽觉得无颜见江东父老,将坐骑乌骓马送给亭长后自刎而亡,汉军将领将项羽的尸体撕为五份向刘邦邀功请赏。此后项羽作为一个失败者饱受政治家的批评,但他重情义的一面又颇受文人的推崇。

二、汉初政局

1. 翦灭异姓王

刘邦灭楚之后,天下仍是诸侯割据。刘邦为获得诸侯支持,分封七个异姓王：楚王韩信，赵王张敖，韩王信，梁王彭越，淮南王英布，燕王臧荼，长沙王吴芮。公元前202年，刘邦在异姓王的联合"请求"下，在定陶（今属山东）称帝，国号汉。两年后刘邦迁都长安。

刘邦称帝后，除了长沙王吴芮外，其余异姓王相继被刘邦消灭。最先造反的是燕王臧荼，刘邦亲自平叛，并以刘邦同乡卢绾取而代之。后来卢绾在对匈奴、陈豨作战中不力，刘邦问罪，卢绾逃离长安，刘邦去世后，卢绾逃往匈奴，被匈奴封为东胡卢王。

刘邦猜忌韩信，灭楚后，以伐鲁国为名，闯入韩信营帐夺其兵权。然后以韩信楚人为由，封韩信为楚王，都下邳（今江苏睢宁北）。后来韩信被诬谋反，刘邦借口巡游云梦（今湖北潜江县西南）来到楚地，试图偷袭韩信。韩信觉得自己无罪，提着项羽亡将钟离眜首级拜见刘邦，但仍被刘邦囚禁，不由感叹"兔死狗烹、鸟尽弓藏"。刘邦后来将韩信降为淮阴（今属江苏）侯，这令韩信十分不满，开始与陈豨密谋反叛。陈豨在边地起兵，刘邦亲自前往平叛，韩信称病拒绝同往，打算在刘邦离朝后响应陈豨，不料被人告发。皇后吕雉与丞相萧何设计，诈称陈豨已被平定，令朝臣入宫庆贺，韩信不知实情，入宫后被伏兵所杀。刘邦回朝后得知韩信已死，"且喜且哀"。

韩王信开始时被分封在太原郡对付匈奴，因遭猜疑，叛逃至匈奴，后来在对汉战争中阵亡。梁王彭越因没有全力平定陈豨之叛，被刘邦贬为庶人、流放蜀地。彭越向吕雉求情，吕雉劝刘邦杀彭越以除后患，彭越因此受醢刑并夷三族。刘邦又将彭越之醢赐给诸侯以示警告，淮南王英布因此恐惧，布置军队防备刘邦，结果被人告发谋反，刘邦出兵镇压，英布兵败而死。另外，赵王张敖是刘邦的女婿，因受刘邦辱骂，赵相贯高等私自谋划刺杀刘邦，未遂，贯高被捕，张敖也贬为宣平侯。

2. 吕氏之乱

公元前195年，刘邦在镇压英布时中箭，取道故乡沛县返回长安，数月后去世。去世之前，刘邦见太子刘盈仁弱，担心政权落入吕后手中，一度打算废太子另立戚夫人之子刘如意，遭到吕后极力阻止。刘邦临终时与大臣们刑白马为盟，誓约"非刘氏不得封王，非功臣不得封侯，违者天下共讨之"，并指定曹参、王陵、陈平为萧何之后丞相的继位人,并以开国功臣周勃为太尉。

刘盈即汉惠帝,在位时由吕太后掌权。刘邦去世后,吕氏毒死赵王刘如意,迫害戚夫人,将戚夫人断手足、去眼、熏耳、饮瘖药,使居厕中,命曰"人彘",还召汉惠帝观看。惠帝以为此非人所为,从此纵酒淫乐,不理朝政。吕氏又强立惠帝外甥女张氏为惠帝皇后,又以宫女子刘恭为张氏子。汉惠帝在位七年后去世,刘恭继位,得知生母被杀,扬言报仇。吕氏废刘恭,另立刘弘,又分封吕氏外戚为王,引发皇室刘氏与外戚吕氏的尖锐矛盾。公元前180年,吕氏去世,其侄吕禄、吕产聚兵长安,准备发动政变。吕禄女婿、皇室刘章获悉政变阴谋,密告其兄齐王刘襄,刘襄立即起兵向关中进发。未等刘襄进入长安,朝中丞相陈平、太尉周勃已经与刘章联手,平定吕氏之乱。刘弘也被废除,朝中大臣谋立新帝,刘邦长孙刘襄因母舅有野心被放弃,另立刘邦与薄姬所生代王刘恒,这就是汉文帝。汉文帝与其子汉景帝信奉清静无为的"黄老之术",实行轻徭薄赋、与民休息的政策,使汉朝国力得以迅速恢复和发展,史称"文景之治"。

3. 削藩

刘邦认为秦朝十五年而亡,周朝延续近八百年,分封制的优越性十分明显,因此在翦灭异姓王后,分封同姓诸侯。刘邦去世时汉朝有9个同姓王,文帝时又发展到近20个。然而同姓王并不能忠于汉室,文帝时济北王刘兴居趁汉朝与匈奴作战起兵反叛,淮南厉王刘长勾结闽越与匈奴图谋叛乱,均被镇压。后来文帝采用博士贾谊"众建诸侯而少其力"的主张,将齐国分为六、淮南分为三,削弱诸侯的力量。

景帝时,御史大夫晁错上《削藩策》,鼓动景帝削藩,结果引发"七国之乱",吴、楚、赵、胶西、胶东、淄川、济南等七国以"诛晁错、清君侧"为旗号,起兵反汉。景帝诛杀晁错,试图以此安抚叛军,不料叛军变本加厉,吴王刘濞自称"东帝"。于是景帝命大将周亚夫率兵镇压。叛乱平定后,景帝进一步分割诸侯,并剥夺了诸侯的任官之权。

汉武帝以"推恩令"名义继续分割诸侯,又找各种理由对诸侯削地夺爵,但当时仍有淮南王刘安勾结衡山王刘赐图谋造反,被武帝及时镇压。汉武帝时，诸侯国的势力已经大为削弱，地不过数县，官员均由中央派遣，诸侯并无实权，"惟得衣食租税"供养而已。

三、汉武帝时代

1. 汉匈战争

汉景帝太子本是刘荣，景帝妹刘嫖试图将女儿陈阿娇嫁给刘荣，遭到太子母栗姬拒绝。刘嫖转而将女儿嫁给胶东王刘彻，并设法使景帝立刘彻为太子。公元前140年，刘彻继位，这就是汉武帝。

汉武帝时，汉朝与匈奴展开了大规模的决战。匈奴即战国时的胡人，公元前三世纪前后兴起于大漠南北。秦始皇时从匈奴手中夺回河南地（今内蒙古河套一带）。秦二世时，匈奴头曼单于乘中原动荡之机又占领河南地。头曼单于后来被其子冒顿所杀。冒顿本为太子，后来头曼欲立少子，先让冒顿出使月氏为质，后又派兵攻月氏。月氏欲杀冒顿，冒顿盗马逃回匈奴，后乘头曼野外狩猎时，以鸣镝指挥亲卫军士乱箭射杀头曼，自立为单于。匈奴在冒顿单于时盛极一时，有控弦之士30万，西破月氏，东击东胡，北服丁零，南并楼烦、白羊，并乘楚汉相争之时，屡犯燕（今河北北部）、代（今河北蔚县一带）。公元前200年，匈奴兵围马邑（今山西朔州），骚扰太原，刘邦率军30余万出击，被匈奴围困于平城白登山（今山西大同东）7日之久，不得已刘邦用陈平计，贿赂单于阏氏，使其劝说冒顿单于与汉和亲，冒顿果然罢兵，汉遣公主为单于阏氏，岁奉币帛，开放关市与匈奴交易。惠帝、吕后时，冒顿曾修书吕后，语涉侮辱，吕后不敢发作，只能委曲求全。

汉朝与匈奴的和亲政策，至汉武帝始有转变。公元前133年，马邑人聂壹以马邑城诈投匈奴，汉武帝设伏兵于马邑山谷。匈奴军臣单于亲率大军，行军距马邑不足百里时发现破绽，及时撤军，史称"马邑之围"。从此匈奴与汉朝断绝和亲关系，不断侵扰汉境，揭开汉朝和匈奴大战的序幕。在卫青、霍去病统帅下，汉朝取得汉匈战争的三次决定性战役的胜利。

公元前127年，匈奴入侵，卫青领兵从云中出击，夺回河套一带，并在这里设朔方郡（内蒙杭锦旗北），解除了匈奴对长安的直接威胁,史称"河南之战"或"漠南之战"。

公元前121年,汉武帝命霍去病出兵陇西,远征匈奴。霍去病过焉支山(今甘肃山丹县境),深入匈奴境内千余里。同年夏,霍去病南下祁连山,沉重地打击了匈奴右部,史称"河西之战"。这战中,匈奴浑邪王杀休屠王,率部四万余人归汉,将匈奴中最肥美的河西走廊献给汉朝,汉朝在此设武威、酒泉、张掖、敦煌等郡,史称"河西四郡"。"失我焉耆山,使我妇女无颜色。失我祁连山,使我六畜不蕃息",是河西之战后匈奴中流传的歌谣。

公元前119年,卫青、霍去病率十万骑兵再次远征,匈奴转战漠北,卫青追击匈奴至寘颜山(今蒙古人民共和国杭爱山南)赵信城,歼2万人。霍去病则奔袭两千余里,大败匈奴左贤王部,追击至狼居胥山(所在地不详,一说在今内蒙古境内,一说在今蒙古人民共和国境内),歼7万人,史称"漠北之战"。战后霍去病在狼居胥山封禅,告祭天地,庆祝胜利。

卫青与霍去病的出身卑贱。卫青母亲是平阳侯曹寿家卫姓女婢,卫青是其私生子,卫青的异父姊少儿和子夫也是卫氏私生,子夫是平阳公主的歌女,卫青则是平阳侯家奴。后来子夫入宫,受武帝宠幸,卫青也成为皇帝侍从,后因战功获武帝重用。霍去病则是少儿与霍姓小吏的私生子,也因子夫之宠成为皇帝侍卫。

2. 张骞通西域

汉匈大战以前,张骞应募出使西域,联络月氏共击匈奴。公元前138年,张骞出使西域,途经匈奴时被拘留,历时十余年,娶妻生子。后来张骞找到机会逃脱,继续西行,经大宛、康居,抵达月氏。月氏因受到匈奴、乌孙欺压,一路西迁,在帕米尔以西妫水流域征服大夏后重新定居下来,这时已经无意抗击匈奴。张骞在月氏居留岁余而还,返回途中又遭匈奴扣留一年有余,然后乘匈奴内乱返回长安,向汉武帝汇报西域情状。

汉匈战争中,张骞因立功,被封博望侯。张骞又参加河西战争,战争中失期当斩,以侯爵赎罪,被贬为庶人。公元前119年,汉武帝命张骞率领一支庞大的使团再次出使乌孙。此时匈奴势力已被逐出河西走廊,道路通畅,张骞顺利抵达乌孙,并在乌孙派遣副使出使

大宛、康居、大月氏、安息、身毒、于阗等国。公元前115年,张骞回国,乌孙派使者随行出使汉朝,此后张骞所派出的副使也带西域各国使者来到汉朝,汉朝由此与西域各国建立关系。

张骞凿通西域之后,汉武帝得知大宛出产汗血马,派使臣携带金帛及金马要求换取,遭到拒绝,汉使恼怒,出言不逊,"椎金马而去",大宛联络邻国劫杀汉使。汉武帝大怒,派李广利率军出征,不料初战不利。汉武帝倾全国之力再次征讨,大宛杀其王毋寡而降,献马三千余匹,汉军这才撤军。

3. 轮台罪己诏

公元前100年,汉武帝派使者苏武接回被匈奴扣留的使臣,正巧匈奴内部有人劫持单于母亲投降汉朝,此事牵涉到苏武副使张胜,匈奴于是长期扣留苏武。第二年汉武帝派李广利攻打匈奴,被匈奴包围,几乎全军覆没。此后又派李陵率五千步兵讨伐匈奴,因援军不至,李陵孤军奋战,矢尽粮绝,被俘而降。汉武帝论罪,司马迁为李陵辩解,结果激怒武帝,被处宫刑。

公元前91年,丞相公孙贺之子被人告发以巫蛊诅咒汉武帝,牵连卫皇后的两个公主。此后汉武帝任命江充调查巫蛊,涉罪而死者数万人。江充曾得罪太子刘据,于是诬告太子宫中有巫蛊,刘据起兵捕杀江充,汉武帝命丞相刘屈氂镇压太子,刘据兵败,后自杀,母后卫子夫也自杀,这就是"巫蛊之祸"。

公元前90年,李广利出五原击匈奴。出征之前,李广利与其女婿刘屈氂谋立其妹李夫人之子昌邑王刘髆为太子。正当李广利追击匈奴时,谋立之事被人告发,刘屈氂被杀,李广利妻被捕。李广利因此惊惧,又受匈奴夹击,最终投降匈奴。

连年的对匈奴战争使汉朝国库空虚,民众受尽盘剥反抗不断,宫廷斗争更使汉武帝心灰意冷。这时大司农桑弘羊等人提出,在轮台(今新疆轮台县东南)以东屯田戍边,作为抗击匈奴之前线基地。但汉武帝意识到汉朝民力疲惫,急需调整政策,于是下诏罢废屯田方案,并对之前穷兵黩武、扰劳天下的政策表示反悔,宣称从此改弦更张,与民休息,发展农业,这就是"轮台罪己诏"。

四、两汉之际

1. 从汉昭帝到汉哀帝

公元前 87 年,汉武帝去世。临终前,汉武帝赐死太子母钩弋夫人赵氏,由年仅 8 岁的幼子刘弗陵继位,霍光、金日䃅、上官桀、桑弘羊等人辅政。刘弗陵就是汉昭帝,在位时由霍光主持朝政,上官桀与桑弘羊不服,谋立燕王刘旦(武帝子),被霍光诛杀。

公元前 74 年,21 岁的汉昭帝去世,因没有子嗣,霍光谋立立昌邑王刘贺(武帝孙),刘贺荒淫,在位 27 日后被霍光废除。霍光又立武帝曾孙刘询,这就是汉宣帝。刘询是武帝废太子刘据的孙子,巫蛊之祸时出生数月,系狱五年后遇赦,由外祖母收养在民间成长,好学喜任侠,在位时注意与民休息,有"宣帝中兴"之称。

宣帝之后,其子汉元帝刘奭继位。汉元帝柔弱好儒术,在位时宫女王嫱(昭君)自请嫁匈奴呼韩邪单于。呼韩邪死后,王昭君上书求归,汉成帝命其遵从胡俗,复为呼韩邪子复株累单于阏氏。元帝之后,皇后王政君所生刘骜继位,这是汉成帝。汉成帝十分荒淫,专宠赵飞燕姐妹,朝政由母舅王氏把持。成帝后宫有孕,皆被赵飞燕谋害,结果汉元帝庶孙刘欣通过贿赂赵飞燕等人得以继立,这是汉哀帝。元、成、哀三帝时,汉朝政治昏乱,贫富分化,社会矛盾尖锐,限制兼并的政策根本无力推行,朝野均预感汉德将亡,以致汉哀帝一度打算禅位于男宠董贤。

2. 新莽政权

汉成帝时朝政由母舅王氏把持,二舅王曼早死,其子王莽被太后王政君收养在后宫,后任大司马。汉哀帝时王莽称病离职,汉平帝继位后,王莽复为大司马,进封安汉公。王莽当政后,四处散财笼络人心,增加博士名额网罗儒生。公元前 5 年,相传王莽毒死汉平帝,立两岁的刘婴(孺子)为帝,自称"假皇帝",仿周公摄政。然后伪造天书为篡汉制造舆论。公元 8 年,王莽废孺子刘婴,自立为帝,改国号为新,西汉灭亡。

王莽篡汉后,针对西汉末年尖锐的社会矛盾,以儒家经典《周礼》为依据,制定了一系列迂阔的改革政策,非但于事无补,反而引起更严重的混乱。比如,王莽宣布"更名天下田曰王田",将土地收归国有重新分配,人均不得超过一百亩,这个政策不具可行性,不久宣告破产。又如,王莽实行"五均六筦",五均指平抑物价,六筦指盐、铁、酒、五均赊贷、名山大泽、铁币铜冶等改由国家专卖。这些措施事实上造成了国家对工商业的垄断,反而激化了社会矛盾。王莽又无端改革币制,将货币分五物(五种币材)、六名(六种名称)、二十八品(二十八种币值),引起币制混乱。此外王莽又改地名、官制、官名,停止官员俸禄,几乎导致行政瘫痪。王莽的对外政策更为荒唐,他改称"匈奴单于"为"降奴服于",将匈奴单于囊知牙斯改单名"知",改高句丽为"下句丽",断绝与西域的交通,激起边境动乱、藩国反叛,从而加速了新莽政权的灭亡。

3. 刘秀称帝

王莽的统治激起全国各地民众起兵反抗,其中以湖北绿林军、山东赤眉军势力最大。后来汉朝宗室、南阳豪强刘縯、刘秀兄弟起兵加入绿林军。绿林军攻占昆阳(今河南叶县)时,王莽派百万大军向绿林军进攻,其中数十万军队将昆阳重重包围。昆阳城内只有八九千绿林军,这时刘秀率十余骑出昆阳城,到附近郾城、定陵组织援军。王莽军围攻昆阳时,刘秀率援军从外围进攻,击毙王莽军主帅,昆阳城内声势大振,里应外合,王莽军顿时全线崩溃,数十万主力被歼。当时刘縯因为恃功自傲,被绿林军更始政权所杀,刘秀明哲保身,既不炫耀昆阳之功,也没有对更始政权表现出不满。

绿林军攻入长安时,刘秀分兵向河北发展,打败多处割据武装,各地地主武装纷纷归附,势力迅速发展起来。公元25年,刘秀在鄗南(今河北柏乡)称帝,与更始政权分庭抗礼,国号仍称"汉",因后来定都洛阳,史称东汉,刘秀就是光武帝。更始政权败亡之后,刘秀又镇压赤眉军,削平各地割据势力,至公元36年统一全国,开创了东汉帝业。他在位时轻徭薄赋,释放奴婢,与民休息,恢复社会生产,迅速奠定了统治基础。

五、东汉兴衰

1. 宦官、外戚与党锢

刘秀之后,继位的汉明帝与汉章帝都尊崇儒术。公元79年汉章

帝召集经师、儒生、官吏等数十人整理五经经义,史称"白虎观会议",群臣论经之《白虎议奏》,后由班固整理成通论五经的《白虎通义》(《白虎通德论》)。

汉章帝之后,汉和帝继位,窦太后临朝,外戚窦宪等专政。和帝不满窦宪专政,与宦官郑众等设计捕杀窦宪党羽,窦宪被逼自杀。窦宪与郑众开启了东汉外戚与宦官轮流掌权的政局。汉和帝之后,出生不久的汉殇帝继位,在位一年后病夭。邓太后立汉安帝,邓氏外戚开始专政。汉安帝亲政后,又以宦官诛灭邓氏,任用妻族阎氏外戚。宦官、外戚专政的局面,令朝中士大夫集团十分不满,太尉杨震弹劾宦官、触犯外戚,被安帝罢官,愤而自杀,士大夫与宦官、外戚逐渐成为东汉政坛的三股政治势力。安帝之后,宦官孙程等立汉顺帝,顺帝又任用妻族梁氏外戚,妻兄梁冀专政,历顺帝、冲帝、质帝三朝,汉质帝称其为"跋扈将军",结果被梁冀毒杀。梁冀又立汉桓帝,汉桓帝又以宦官诛灭梁氏,朝政再次落入宦官手中。

东汉尊崇儒术,大兴太学,桓帝时有太学生三万余人,形成一股强大的政治势力,以清议舆论的方式影响政治。当时有太学生褒扬官员李膺、陈蕃等人,抨击宦官集团。166年,李膺诛杀结交宦官的方士张成,宦官教唆张成弟子上书告发李膺结交太学生、诽谤朝廷。汉桓帝将李膺、陈蕃等二百余人逮捕入狱。次年党人被赦归乡里,终身禁锢不得任官。这是第一次党锢之祸。汉桓帝去世后,窦太后立汉灵帝,太后父亲窦武起用李膺等党人,图谋诛杀宦官。然而计划败露,窦武与陈蕃被害,窦太后被幽禁,李膺等人被再次禁锢。后来宦官捕杀李膺等百余人,数次迫害党人,灵帝又下诏,凡党人门生故吏、父子兄弟及五服亲属都罢官禁锢、不得起用,这是第二次党锢之祸。

2. 东汉衰亡

汉灵帝出自旁庶,贪财无度,公开卖官鬻爵,以后宫作商肆,政治昏乱,民不聊生。184年,张角率太平道徒起兵反汉,头戴黄巾,朝廷称之"黄巾贼"。面对声势浩大的黄巾军,灵帝重新起用党人,派皇甫嵩、卢植、朱儁等率大军镇压。地方官员与各地豪强也组织武装镇压黄巾军,曹操、刘备、孙坚等人,均在镇压黄巾军过程中崭露头角。

189年,灵帝去世,在宦官的支持下,汉少帝继位,何太后临朝。这时袁绍劝外戚何进诛灭宦官,何进又召并州牧董卓进京协助。但何进诛灭宦官的计划遭到何太后的反对,犹豫不决之际,何进被宦官杀害。此后袁绍大肆捕杀宦官,这时董卓进入洛阳,废少帝,立少帝弟汉献帝,这是东汉的最后一个皇帝。董卓掌握东汉政权后,一面起用党人、笼络名士,一面在洛阳烧杀掳掠。士大夫集团不信任董卓,拒绝与董卓合作,袁绍逃到冀州,袁术逃到南阳,曹操逃到陈留,各自组织力量反对董卓。董卓杀害袁氏在洛阳、长安两地的家属五十余口,于是潼关以东州郡牧守纷纷起兵,推袁绍为盟主,共同讨伐董卓。然而由于内部矛盾重重,关东联军对董卓的讨伐并不成功,真正组织起战斗的只有曹操和孙坚。曹操曾率领在陈留招募的数千人进攻董卓,无功而返。只有孙坚一度打败董卓和吕布,进入洛阳扫祭汉室宗庙,传说还在井中寻得传国玉玺。受到关东军和黄巾余部的双重挑战,董卓难以在洛阳立足,便在洛阳烧杀掳掠、发掘帝王公卿陵墓之后,挟持汉献帝迁都长安。在长安,董卓动辄杀戮大臣,司徒王允暗中买通董卓部将吕布,使其伏杀董卓。诛灭董卓之后,王允又打算解除董卓部众,引起恐慌,董卓部将李傕、郭汜等攻破长安,杀王允,之后又相互攻伐。此时关东州郡也开始相互火并,军阀割据局面正式形成,东汉已经名存实亡。

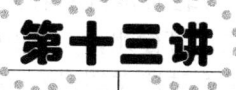

三国两晋南朝史

三国两晋南朝,是中国历史上又一个大分裂的时期。从政权体系的角度讲,这段历史也是秦汉政权的延续和衰亡。天下纷争的三国是英雄辈出的时代,最为后来的中国人所津津乐道。门阀政治在两晋达到了顶峰,学术思想与文化艺术也在这时得到了空前的发展。相对于北朝而言,南朝总体上处于衰亡的状态,南不敌北,似乎也成了中华帝国历史上一个普遍的现象。

一、三国鼎立

1. 曹操

在军阀的混战中,曹操纵横捭阖,重新统一了北方。曹操是沛国谯(今安徽亳州)人,他的父亲曹嵩是东汉末年大宦官曹腾的养子,曾以一万万钱购得太尉官职。曹操好读书,喜兵法,放荡不羁。20岁时举为孝廉,曾任洛阳北部尉。后来参与镇压黄巾军,累功迁任济南国相。汉灵帝组建新军"西园八校尉",曹操是八校尉之一"典军校尉",袁绍则是这支军队的副统帅"中军校尉"。曹操在当时被评价为"治世之能臣,乱世之奸雄",他与袁绍一起密谋诛杀宦官,说明他已经从宦官集团中脱离出来。曹操也拒绝了董卓的拉拢,在董卓掌握政权后,与袁绍等人先后退出洛阳,来到陈留(今河南陈留)纠集宗族、宾客、部典,起兵讨伐董卓。

董卓迁往长安之后,曹操被袁绍派往东郡(今河南濮阳)镇压黑山军,并被任命为东郡太守。这时黄巾残余青州军攻打兖州,兖州牧刘岱被杀,兖州官僚推举曹操任兖州牧。于是曹操率军打败青州军,得降兵三十余万,从中收编了一支精锐部队,号称"青州兵"。曹操占据兖州后面临的局势是:南面是荆州刘表,北面是占领着冀、青、并三州的袁绍,东面是徐州陶谦。曹操首先攻打徐州,一方面因为当时曹操依附袁绍,而陶谦与幽州公孙瓒联手对抗袁绍,另一方面父亲曹嵩前往兖州途中被陶谦部将袭杀。曹操连续攻下徐州十几座城池,"所过多所残戮"。正当曹操进攻徐州时,兖州的陈留(河南开封东南)太守张邈与曹操部将陈宫联手,迎吕布出任兖州牧。曹操回击吕布,交战一年有余,将吕布赶往徐州。然后曹操又打败汝南颍川一带的黄巾军,攻下许县(今河南许昌)。这时汉献帝从长安返回洛阳,但洛阳残破无法居住,曹操便将汉献帝迎至许县。东汉由此迁都于许,又改年号建安,这是公元196年的事情。从此曹操"挟天子以令诸侯",在军阀混乱中获得了政治优势,而且迅速攻占了整个豫州。

攻占许都后,曹操又去攻打许都附近宛县(河南南阳)的张绣,张绣投降。曹操好色,纳张绣的寡婶为妾,又试图收买张绣亲信行刺张绣。计划败露后,张绣袭击曹操,杀曹操子曹昂、侄曹安民,猛将典韦力战而死,曹操中箭受伤,逃回许都。其后张绣与荆州刘表联手,曹操不得不放弃张绣,转而再次攻打徐州。当时徐州牧陶谦已经去世,临终前推举刘备当徐州牧。但吕布被曹操从兖州赶走后,又来进攻刘备,占据了徐州,刘备因此投奔曹操。于是曹操联合刘备攻打吕布,吕布投降,被曹操绞死。此后曹操派刘备阻击袁术,刘备却霸占徐州,反抗曹操。曹操因此攻打刘备,刘备大败,抛妻弃子,北走投靠袁绍,心腹大将关羽则被曹操俘虏。

2. 官渡

曹操占据兖州、豫州、徐州时,袁绍又消灭了公孙瓒,兼并了幽州,占据冀、青、并、幽四州,袁绍与曹操形成两大对立的势力。袁绍消灭公孙瓒之后,便发步兵10万、骑兵1万,准备进攻许都,曹操军队则在官渡(今河南中牟东北)驻守。200年,袁绍派颜良进攻白马(今河南滑县东),曹操派张辽、关羽应战,结果颜良被关羽刺死,成功解救白马之围,然后退回官渡,筑垒坚守。不久袁绍推进至阳武(今河南原阳东南),与曹操在官渡两岸对峙。

第十三讲——三国两晋南朝史

当时袁绍军力强大,粮草充足,准备与曹操打消耗战,曹操则必须速战速决才有获胜机会。曹操采取偷袭袁绍粮草的办法,先火烧袁绍的几千车军粮。袁绍很快又从河北调运一万多车粮草,囤于官渡大营北面四十里的乌巢,派出万余人防守。这时袁绍谋士许攸劝袁绍分兵袭击许都,遭到拒绝,愤而投奔曹操,劝曹操偷袭乌巢。曹操依计,派五千精骑乘夜袭击乌巢,放火烧粮。袁绍听说曹操偷袭乌巢,认为这是进攻曹操大营的机会,只派几千骑兵救援乌巢,而派大军进攻曹营。不料进攻官渡的袁军听说曹操大破乌巢,军粮全被焚烧,以为大势已去,大将张合等投降曹操,袁军人心涣散,不战自溃,袁绍只带八百余骑狼狈逃命。

官渡大败之后,袁绍一蹶不振,两年后病死,三个儿子与一个外甥分领青、幽、冀、并四州,不久相互火并,被曹操一一攻破,四州全部落入曹操手中。至此,除了张鲁占据的汉中(今属陕西),韩遂、马腾占据的凉州(今甘肃一带),以及公孙度占据的辽东(今辽宁一带)外,曹操初步统一了北方。

3. 荆州

刘备是涿郡涿县(今河北涿州市)人,汉宗室后裔,少时家贫,以贩鞋织席为业,并与公孙瓒一起求学于卢植。后来刘备在大商人的资助下参与镇压黄巾军,被黄巾军打败后投奔公孙瓒。曹操进攻陶谦时,刘备前往救援,陶谦去世后被推举为徐州牧。后来刘备被吕布从徐州赶走,投奔曹操后被表为豫州牧。此后刘备又背叛曹操,依附袁绍。官渡战役时,刘备被袁绍派往汝南(今河南上蔡西南)骚扰曹操后方。袁绍官渡兵败之后,刘备遭曹操追击,逃往荆州,依附刘表,屯驻新野(今属河南)长达十年之久。

刘备虽出身贫寒,但胸襟宽广,重信义,善得民心,能放下身段结交豪侠,对部下倾心相交,如与关羽、张飞"寝则同床,恩若兄弟",一见赵云即热切接待,因此能得部属倾心拥戴。刘备的这些优点,使得有识之士常常对他另眼相看,如曹操说:"今天下英雄,惟使君与操耳,本初之徒,不足数也。"官渡之战后,刘备投奔的刘表即是汉朝宗室,也是当世名士。出任荆州牧后,刘表采取"保境自守"的策略,团结当地豪强,避免卷入军阀混战,基本保全荆州安定,因此当时有众多士族豪强从北方逃亡荆州避难,其中就包括后来成为刘备谋士的诸葛亮。

208年,曹操调集30万大军南征刘表,刘表惊恐,不久病逝,刘表次子刘琮继任荆州牧。曹操兵至新野,刘备转移至樊城,刘琮在没有通告刘备的情况下向曹操投降。刘备得知刘琮投降,大惊之下向江陵撤退,曹操亲率精骑五千追击,在当阳长坂击溃刘备。刘备妻离子散,赖赵云救回其子刘禅,然后由张飞断后,自己与诸葛亮等数十骑逃脱。就在这时,东吴孙权派鲁肃前来商讨联合抗曹事宜。刘备大喜,一面派诸葛亮前往柴桑(今湖北鄂州市西)联络孙权,一面与关羽水军前往夏口,与刘表长子刘琦会合,将荆州残部两万余人集中到一起。

孙权是孙坚的次子。孙坚曾参与镇压黄巾军和反董卓的战争,后来依附袁术,受命进攻荆州。刘表派黄祖抗拒,孙坚一度包围襄阳,但一次单骑轻出,被黄祖部下暗箭射杀。此后孙坚长子孙策从袁术讨回父亲兵力,在袁术称帝后与之断交,开始独立发展,不久便占据吴、越等大片土地。孙策后来在狩猎时被仇人宾客冷箭所伤,不治而亡,其弟孙权继位。刘表病逝,孙权派鲁肃以吊丧为名前往荆州查探动静,一时之间,曹操南下,刘琮投降,刘备逃亡。面对突变,鲁肃在当阳长坂坡迎候刘备,并提出孙刘联手抗曹的建议。于是诸葛亮随鲁肃前往柴桑,这时孙权刚接到曹操的劝降书,面临着是降是战的抉择。在鲁肃、周瑜等主战派的坚持和诸葛亮的劝说之下,孙权选择了决战。

当时曹操已经攻占除江夏以外的荆州六郡,他坚信孙权将俯首称臣,因此水陆并进,直逼江东。孙权派周瑜等人率水军溯江而上,与刘备共同迎击曹操。双方在赤壁(今湖北武昌县西赤矶山)对峙,由于曹操军中流行瘟疫,初次接战,曹操败退长江北岸的乌林(今湖北洪湖县东北的邬林矶)驻扎,准备明春再战。曹军来自北方,不习水战,曹操下令将战船首尾用铁链连接固定,方便将士船上行动。于是周瑜用黄盖诈降之计,以船队火烧曹军乌林大营,一时之间曹军全线崩溃。周瑜派陆军、刘备派水军分头截击曹军,曹操率残兵从华容道退回许都,并派曹仁守江陵、乐进守襄阳。

4. 益州

赤壁大战后，周瑜又经过苦战，击退曹仁，攻占江陵。这时的荆州，东吴占据了江夏和半个南郡；刘备占据了江南的零陵、桂阳、武陵、长沙四郡；曹操占据着南阳与另半个南郡。刘备获得江南四郡后，表刘琦为荆州牧，刘琦死后，孙权表刘备为荆州牧，刘备表孙权为徐州牧，这样划分了势力范围。为了牵制刘备，孙权又嫁妹于刘备。当时周瑜镇守江陵，建议孙权从江陵进取益州，但计划未行，周瑜病逝。鲁肃接替周瑜之后，劝孙权将江陵借给刘备，将曹操的兵锋引向刘备，并巩固孙刘联盟，孙权依计而行，这就是"借荆州"，此举为刘备进入益州提供了条件。

益州牧刘焉、刘璋父子也是汉朝宗室。刘焉父子不能团结当地豪强，在益州的统治并不稳固，士人常常心怀二心。荆州投降曹操时，刘璋恐惧，派张松联络曹操，曹操不屑与张松交往，张松回到益州，便劝刘璋与刘备合作，后来又与法正密谋迎刘备入主益州。赤壁大战后，曹操又平定了关陇地区马超、韩遂等人的割据势力。马超投奔汉中张鲁，曹操计划讨伐张鲁，刘璋惊惧，派法正迎请刘备攻打张鲁，法正则劝刘备取代刘璋。于是刘备与庞统率两万余人进入益州，由诸葛亮、关羽留守荆州。刘璋又为刘备增兵，使击张鲁，但刘备抵达葭萌关（四川广元西南）后不再前进，而开始经营自己的势力。

刘备进入益州，曹操便要攻打孙权，孙权向刘备求救，刘备向刘璋请兵万人，刘璋只给四千。这时张松因暗通刘备之事败露被杀，于是刘备起兵进攻成都。刘备在雒县（今四川广汉北）遭遇顽强抵抗，庞统战死，一年后才将雒县攻克，然后包围成都。这时诸葛亮、张飞、赵云等都率军抵达益州与刘备会合，马超也脱离张鲁投奔刘备，最后刘璋投降刘备。刘备取得益州，确立了三国分立的格局。

5. 汉中称王

刘备攻占益州，孙权大怒，向刘备索还荆州，遭到刘备拒绝。于是孙权派吕蒙袭取了长沙、桂阳、零陵三郡，刘备派关羽争夺。曹操乘机攻打汉中张鲁，张鲁投降曹操。刘备怕益州有变，与吴讲和，以湘水为界，江夏、长沙、桂阳属孙权，南郡、零陵、武陵属刘备，平分荆

州,然后返师攻打汉中,大破夏侯渊军。此后曹操亲临汉中,刘备依恃险隘,拒绝出战,曹操从长安出兵至汉中,路途遥远,运粮艰难,无法持久作战,感觉汉中形同鸡肋,最终无功而返。刘备于是占据汉中,并自立为汉中王。

同年,关羽派糜芳守江陵、士仁守公安,自己则北上包围樊城与襄阳,许都以南纷纷投附关羽,一时威震华夏。为避关羽锋芒,曹操一度考虑迁都。然而这时东吴鲁肃去世,吕蒙取而代之负责荆州防务,东吴开始策划袭击关羽。先是吕蒙诈病,后是陆逊修书逢迎关羽,让关羽以为荆州无忧,从江陵调走兵力。然后吕蒙的船队装成商船偷袭江陵,诱降江陵守将糜芳和公安守将士仁,兵不血刃占据荆州。这时关羽围攻樊城失败,损失惨重,众叛亲离,败走麦城(今湖北当阳东南),被孙权派兵追杀。此后孙权向曹操称臣,孙刘联盟瓦解。

6. 三分天下

220年,曹操去世,其子曹丕代汉自立,国号魏,曹丕即魏文帝,曹操则被追谥为魏武帝。曹丕在军事上并无建树,两次伐吴无功而返。曹丕之后,其子魏明帝曹叡继位。曹叡之后,8岁的养子魏少帝曹芳继位,由宗室曹爽与重臣司马懿共同辅政,曹爽与司马懿逐渐形成两大政治势力,明争暗斗。后来司马懿长期称病,曹爽以为再无后顾之忧,不料一次随曹芳出城拜谒魏明帝高平陵时,司马懿突然发动兵变,关闭京师城门,占据曹爽军营,同时诱降曹爽。曹爽以为不作反抗还能做"富家翁",于是自请免官。但回到家中仅四天,曹爽集团以谋反罪被夷三族,这就是"高平陵之变",从此司马氏掌握了曹魏政权。

曹丕称帝后第二年,刘备也在成都称帝,国号汉,史称蜀汉,刘备就是汉昭烈帝。刘备称帝后,发兵讨伐孙权,号称为关羽报仇,遭到群臣反对。刘备不擅军事,在长江北岸巫峡至夷陵安营扎寨连绵七百余里。东吴将领陆逊坚守数月之后,等到盛夏突然发动火攻,汉军大败。刘备退至白帝城(今四川奉节县东白帝山上)后,身患重病,将刘禅托付给丞相诸葛亮,他对诸葛亮说:"嗣子可辅辅之,如其不才,君可自取",又对后主刘禅说:"汝与丞相从事,事之如父。"此

后诸葛亮苦心经营,修好东吴,招抚西南部族,并多次北伐曹魏。234年,诸葛亮去世,蜀汉从此衰落。

东吴的孙权直到229年才正式称帝,252年孙权去世,皇位传给10岁的孙亮。此后东吴又传了两个皇帝,内政十分昏乱,280年被魏所灭。

二、两晋风云

1. 嵇康和阮籍

"高平陵之变"后,司马懿掌握了曹魏政权。司马懿去世后,其子司马师掌权,废少帝曹芳,另立曹髦为帝。司马懿之子司马昭掌权时,曹髦认识到"司马昭之心,路人所知也",计划灭掉司马昭,结果反被司马昭所杀。司马昭另立曹操之孙曹奂为帝,263年出兵灭蜀汉。265年,司马昭死,其子司马炎废魏帝自立,国号晋,这就是晋武帝。280年,晋灭吴,中国重新统一。

在司马氏篡夺曹魏政权的过程中,士大夫纷纷投靠司马氏,那些原来依附曹氏的名士,如不能明哲保身,便将走向没落。曹魏玄学的代表人物何晏是何进的孙子,后曹操纳娶了何晏的母亲,收养了何晏,曹操又把女儿嫁给何晏。何晏有辩才,能诗赋,耽于情色,服五石散,喜好修饰和顾影自怜,人称"傅粉何郎",因曾经依附于曹爽,在"高平陵事变"中与曹爽一起被诛杀。

嵇康是魏晋之际玄学的代表人物和著名的文学家,又善书法,精通音乐,古琴技巧更是首屈一指,加之外表俊美,在士大夫中享有极高的声誉。嵇康曾娶曹操的孙女,官拜中散大夫。"高平陵之变"以后,嵇康日益消沉,开始不修边幅,以打铁为乐,并宣称"礼岂为我辈设耶"。当时以嵇康、阮籍为核心,还形成了一个放任逍遥的名士群体,传说嵇康、阮籍、山涛、向秀、刘伶、王戎及阮咸等七人经常在嵇康住所附近的竹林中纵谈玄学,史称"竹林七贤"。但竹林七贤中山涛与王戎等先后投靠司马氏,历任高官,成为司马氏政权的心腹。山涛离职时,举嵇康自代,嵇康作《与山巨源绝交书》,提出了自己种种不适合当官的理由,并宣称"非汤武而薄周孔",令司马昭十分嫉恨。此后又发生了吕氏兄弟案,嵇康的朋友吕安之妻被其兄吕巽奸

污,嵇康认为这是家丑不宜宣扬,不料吕巽反诬吕安不孝、殴打母亲。嵇康大怒,又给吕巽写《绝交书》,为吕安辩护。结果吕安被流放,嵇康不但牵连其中被投入大牢,钟会更要置嵇康于死地。钟会深得司马昭宠信,一次拜访嵇康,嵇康只顾打铁,不予理睬,钟会愤而离去,嵇康却问"何所闻而来?何所见而去",钟会答以"闻所闻而来,见所见而去"。钟会因此事痛恨嵇康,吕安案件中,钟会以嵇康曾打算帮助毋丘俭谋反,又诽谤经典,毁乱名教,应该处以极刑。当时太学生三千人请求赦免嵇康,并要求拜嵇康为师,司马昭不许。临刑时嵇康当众演奏《广陵散》,并感叹"《广陵散》于今绝矣",然后从容赴死。

阮籍与嵇康一样是玄学的代表人物和著名的文学家,与嵇康相比,阮籍更加不拘礼俗。阮籍本有济世之志,曾登上广武城,观楚、汉古战场,慨叹"时无英雄,使竖子成名"。但司马氏当政后,阮籍开始放浪形骸,对虚伪的"礼俗之士"白眼相向,闭门读书常常整月不出家门,登山临水又终日忘归,曾经独自驾着牛车,任牛前行,直至荒野无路,才大哭而归。阮籍嗜酒,得知步兵校尉营有好酒而求为步兵校尉,人称"阮步兵",邻家酒店女主人貌美,阮籍常在酒店醉酒酣睡。阮籍还曾经大醉60日,以此躲避司马昭与阮籍联姻的计划。不过阮籍比嵇康懂得明哲保身,为了避祸,他接受了司马氏授予的官职,还写过"劝进文"请求司马昭加封晋公。

2. 八王之乱与永嘉之乱

280年,晋灭吴,此后晋朝政治迅速腐化。晋武帝认为,曹魏政权短命的一个重要教训,是没有实行分封制度,以致司马氏篡魏时,没有宗室大臣可以勤王护主。于是西晋大封宗室,结果手握重兵的诸侯相互攻伐,加速了西晋的灭亡。晋武帝去世后,继位的晋惠帝智力低下,皇后贾南风淫荡且凶残。贾后因妒忌太后外戚杨氏专政,假传圣旨,与楚王司马玮合谋发动政变,诛杀太尉杨骏,饿死杨太后。政变之后政权落入汝南王司马亮手中,贾后又指使司马玮杀司马亮再以擅杀大臣的罪名诛杀司马玮。

此后贾后废太子司马遹,以妹夫之子冒充己子并立为太子。朝臣为太子不平,希望太子太傅、赵王司马伦主持公道。司马伦便引

诱贾后杀害太子,然后举兵为太子复仇,诛杀贾后。司马伦掌握朝政后,废惠帝自立,诸王混战由此开始。先是齐王司马冏、成都王司马颖、河间王司马颙起兵反伦,司马伦被杀,惠帝复位,司马冏执政。不久司马冏又被司马颙与长沙王司马乂所杀,然后东海王司马越先后杀司马乂、司马颖、司马颙、晋惠帝,另立晋怀帝,诸侯混乱至此结束,史称"八王之乱"。

东汉以来,中原长期大战,北方人口急剧下降,匈奴、羯、鲜卑、氐、羌等游牧部族从北方和西方纷纷进入中原,开始依附于汉族豪强大族,逐渐形成独立的政治势力,开始建立政权,反抗西晋统治。八王之乱时,匈奴贵族刘渊助成都王司马颖参战,后在左国城(山西离石东北)起兵反晋,自称汉王。刘渊祖父本是南匈奴单于,父亲刘豹是匈奴左贤王,后来归顺曹操。曹魏时刘渊留居洛阳,深入学习汉族文化。308年刘渊称帝,并于次年迁都平阳(今山西临汾西北)。其子刘聪在位时攻破洛阳,纵兵焚掠,俘虏晋怀帝,杀太子及朝臣、士民三万余人,接着又攻破长安,北方再陷战乱。这是公元311年的事情,晋怀帝年号"永嘉"(307~313),史称"永嘉之乱"。晋怀帝被押至平阳后,向刘聪称臣。312年,晋朝雍州刺史贾疋收复长安,拥立秦王司马邺为太子。第二年晋怀帝被杀,司马邺(晋愍帝)在长安称帝。316年刘聪再次派兵围攻长安,晋愍帝投降,西晋灭亡。

3. 王与马,共天下

西晋灭亡后,镇守建康(今江苏南京市)的琅邪王司马睿在王导、王敦兄弟的辅助下重建晋室,史称东晋。王导兄弟出自当时山东士族之冠琅邪王氏,王导与琅邪王司马睿友善。八王之乱后,王导意识到西晋将乱,劝司马睿离开洛阳。不久司马睿出任监徐州诸军事,请王导担任司马。后来司马睿都督扬州江南诸军事,移镇建邺。司马睿名望不高,江南豪强大族不愿依附,王导却因出自琅玡王氏,深受士族敬重。一次王导特意随从司马睿观赏秋禊之礼,江南大族见状后开始礼遇司马睿。之后王导又出面请顾荣、贺循等江南大族代表在司马睿手下任职,并且倡导北方士族学习吴语,与江东士族联姻,为司马睿在江南重建晋室奠定政治与社会基础。318年,晋愍帝被杀,南北士族扶立司马睿(晋元帝)称帝,王导总管朝

政,从兄王敦掌管全国军事,王氏子弟布满朝廷,显要无比,权势不下于皇室,形成"王与马,共天下"的局面。

后来晋元帝以刘隗等人为心腹,试图削弱王氏的权势,结果王敦以诛刘隗为名起兵攻入建康,不断扩张势力,晋元帝被迫与王氏妥协,不久忧愤而死。其子晋明帝继位,王导受遗诏辅政。不久王敦密谋再次起兵,王导得知情报后上奏朝廷。当时王敦病重,以兄王含为元帅进攻建康,旋遭失败。

4. 庾亮、桓温与谢安

晋明帝去世后,5岁的晋成帝继位,母舅庾亮专政,王导常称病不朝。苏峻镇压王敦有功,庾亮试图削夺苏峻兵权,苏峻起兵讨伐庾亮,攻下建康,庾亮出逃。后来荆州刺史陶侃等人平定苏峻叛乱,王导重新执政。王导去世后,庾亮及其兄弟继续专政。直至桓温打败成汉国主李势,平定蜀地,取代庾氏成为权臣。

桓温崛起之后,开始三次北伐。第一次北伐前秦,桓温在蓝田击破前秦大军,进驻霸上(今陕西长安东面),但因军粮不继而退兵。第二次北伐,桓温击败羌族姚襄,收复洛阳并建议东晋还都,遭到士族反对,洛阳及河南地得而复失。桓温第三次北伐前燕,开始时屡战皆胜,进至枋头(河南浚县西南)后,因水运不畅、粮草不继,大败而归。桓温有不臣之心,声称"男子不能流芳百世,亦当遗臭万年",建立盖世武功从而代晋自立,是桓温多次北伐的目的之一。第三次北伐失败后不久,桓温废晋废帝,另立晋简文帝。第二年晋简文帝去世,桓温本指望晋简文帝能禅让于他,结果简文帝传位于三子晋孝武帝。桓温并不死心,要求加九锡,宰相谢安等故意拖延。不久恒温病死,谢安当政。

当时前秦国主苻坚已经攻占东晋的梁、益二州(今天陕南、四川大部),又兼并了前凉和代两个政权。为防御前秦继续进攻,谢安派侄子谢玄到京口(镇江)、广陵(扬州)一带募兵,由于北方徐州、兖州的流民多集中此,东晋政权在此地设置南徐州和南兖州,这支主要由北方流民组成的军队称为"北府兵"。383年,前秦苻坚基本统一中原,发动百万大军大举南下。谢安派其弟谢石为征讨大都督,侄子谢玄为前锋都督,率8万北府兵开赴淮水一线抗击前秦。几次交

锋后,两军在淝水隔河对峙,谢玄要求渡河与苻坚决战,苻坚自恃兵多,打算在晋军渡河时发动进攻,于是挥军后退。不料秦军内部种族复杂,矛盾丛生,鲜卑慕容垂、羌族姚苌等各怀异志,军队一后退,便有人散布流言,大呼秦兵已败,导致秦军大乱。晋军乘机渡河猛攻,秦军自相践踏,全线溃逃,苻坚单骑逃至淮北,退回长安。不久前秦政权土崩瓦解,北方再度分裂,晋则乘胜收复河南地区。

三、南朝史

1. 宋武帝刘裕

淝水之战后,谢安遭到猜忌,逐渐退出政治舞台,宗室大臣司马道子掌握了政权。晋安帝有智力缺陷,司马道子又十分腐败,引起地方势力反抗。桓温之子桓玄与外戚王恭联手反司马道子,但王恭部下刘牢之叛投司马道子之子司马元显,王恭因此败亡,司马元显因此夺取了父亲的权力。司马元显当政以后,在三吴(吴郡、吴兴和会稽)征发佃客,企图建立自己的军队,结果引发世家大族强烈不满。流亡海岛的五斗米道首领孙恩乘机攻入三吴地区,桓玄趁东晋政权镇压孙恩之时扩张势力,司马元显依靠刘牢之讨伐桓玄,不料刘牢之又叛投桓玄,司马元显被攻杀。此后桓玄废晋安帝自立,国号楚,削夺刘牢之等人兵权,任用刘裕。刘裕获得兵权之后,又起兵讨伐桓玄,迎晋安帝复位。

刘裕小名寄奴,家境贫寒,以卖履为业,好赌博,后参加北府兵,镇压孙恩时屡建奇功。攻杀桓玄后,刘裕掌握了东晋政权,然后出兵北伐,灭南燕、后秦,又镇压卢循。同时刘裕消灭朝中异己,平定地方割据势力,整顿朝政,加强中央集权。420年,刘裕代晋自立,国号宋,史称南朝宋,刘裕就是宋武帝。

不久刘裕去世,长子刘义符(宋少帝)失政被废,次子宋文帝刘义隆继位,年号元嘉。宋文帝励精图治,澄清吏治,多次北伐北魏,收复河南等不少地方,号称"元嘉之治"。但很快刘宋遭到北魏的反击,淮北之地得而复失。后来宋文帝欲废太子刘劭,反被刘劭所杀,宗室与将帅开始内战。此后刘宋又先后传了三世六个皇帝,延续二十六年,最后政权落入萧道成之手。

2. 梁武帝萧衍

萧道成是刘裕的远支亲属,后来掌握了禁卫军,479年,萧道成(齐高帝)建齐代宋。萧道成在位不到四年便去世,其子萧赜继位后不久发生内乱,萧道成侄子、雍州刺史梁武帝率兵攻入建康,专制朝政。502年,梁武帝萧衍建梁代齐。梁武帝多才多艺,著作等身,又勤于理政,注重节制。政治上梁武帝在尽量满足门阀士族各种特权的前提下,又大量提拔寒族,加强皇权。梁武帝晚年迷信佛教,组织群臣围攻宣扬神灭论的范缜,宣扬佛、儒、道三教同源说,认为孔子、老子都是佛陀的弟子,佛教是太阳,儒、道两教是众星,曾四次舍身同泰寺,朝廷出钱四亿为其赎身。

梁武帝时,东魏大将、羯族人侯景投降西魏,后又投靠萧梁。梁武帝派侄子萧渊明攻打东魏,萧渊明大败被俘。东魏提出以萧渊明交换侯景,侯景则勾结萧正德举兵反梁。萧正德是梁武帝侄子,曾过继给梁武帝,后来梁武帝有子,萧正德一度叛逃北魏,后来又返回梁朝,梁武帝仍予重用,让他负责长江一线防务。侯景反梁时,答应攻入建康后立萧正德为帝,于是萧正德为侯景运输军队。侯景进入建康后,萧正德当了一百多天皇帝,侯景又复立梁武帝,迫使梁武帝遣散勤王军队,然后又囚禁、虐待梁武帝,梁武帝忧愤而死。

3. 陈武帝陈霸先

梁武帝死后,侯景废立两个皇帝,到处烧杀抢掠,建康城几乎成为废墟。最后侯景代梁自立,国号汉,还试图用鲜卑人来统治南朝,大杀南朝士族。侯景称帝后,梁武帝第七子萧绎派王僧辩、陈霸先击破侯景,侯景由海路北逃,被部属杀死。

侯景死后,萧绎在江陵称帝。这时西魏攻下梁州、益州,萧绎侄子萧詧引西魏兵攻陷江陵,杀萧绎,烧萧绎所藏图书十余万卷,江陵百姓十余万被赏给西魏将士做奴婢,其余全部被杀。这时王僧辩、陈霸先在建康拥立萧方智,但不久王僧辩又立北齐送还的萧渊明为帝,陈霸先袭杀王僧辩,击退北齐进攻。557年,陈霸先(陈武帝)建陈代梁。

南朝陈历四世五帝,到第四个皇帝时,与北周相约共伐北齐,中分天下。但陈朝在收复淮南之地后不思进取,最后北周灭北齐,统

第十三讲——三国两晋南朝史

一北方,然后举兵南下。南朝陈的最后一个皇帝陈叔宝(陈后主)"生于深宫之中,长于妇人之手",整天以作艳诗为乐,宠幸贵妃张丽华等,而不问军国之事。陈叔宝所作《玉树后庭花》描写后宫"妖姬脸似花含露,玉树流光照后庭;花开花落不长久,落红满地归寂中",便是有名的亡国之音。589年,陈被隋所灭,陈叔宝被掳至长安,南朝从此消亡,中国重新统一。

第十四讲

北朝隋唐史

秦汉帝国的政权体系,随着南朝的衰亡而走向终结。鲜卑拓跋氏建立的北魏政权,是中国历史上第一个成功地在中原建立起帝制政权的北方部族。文明太后冯氏是北魏杰出的女政治家,她创建的均田制对隋唐帝国的统治产生了深远的影响。由北魏分裂而来的北周政权又创立了府兵制,围绕着府兵制度形成了政治贵族集团"关陇集团",隋唐帝国的缔造者都出自这个集团。一般认为,唐太宗的"贞观之治"是中华帝国历史上的一个巅峰,但是在此之后,唐朝陷入了宫廷政变、武将叛乱、宦官专政、文官党争、军阀割据、民众起义等各种令人痛苦的混乱之中,最终在分裂中走向灭亡。

一、北朝史

1. 文明太后

从西晋灭亡到淝水之战,北方先后出现过汉国、前赵、后赵、冉魏、前燕、前凉、代国、前秦 8 个国家,前秦一度消灭了前燕、前凉、代等政权,统一了北方。淝水大败之后,前秦内部各部族纷纷独立,北方再次分裂,先后又出现了 11 个政权。加上蜀中成汉政权,大约与东晋同时,北方一共出现了 20 个政权。

结束北方长期分裂局面的是鲜卑族拓跋部建立的北魏政权。鲜卑族发源于黑龙江大兴安岭一带,东汉时,匈奴的势力开始衰弱,鲜卑族的拓跋部南迁到匈奴故地,在内蒙古一带发展。西晋末年,中原大乱,先有八王之乱,后有李特、刘渊称帝,拓跋部首领拓跋猗卢因援助西晋抗击刘渊,被封为大单于、代王。后来代国被前秦所灭,前秦瓦解后,拓跋珪又纠合旧部,恢复旧国。386年改国号魏,史称北魏,398年拓跋珪称帝(魏道武帝),定都平城(今山西大同)。拓跋珪孙子、太武帝拓跋焘时,北魏又消灭赫连氏夏国、冯氏北燕、沮渠氏北凉,统一黄河流域,并南征刘宋,形成了南北朝的格局。

太武帝灭北燕时,北燕国主冯弘出奔高丽,其子冯朗投降。冯朗的女儿是太武帝的左昭仪,后来冯朗因罪被杀,冯朗女儿在宫中得到姑母照顾,14岁时被文成帝拓跋濬选为贵人,后来被册立为皇后(谥号文明)。献文帝拓跋弘继位后,冯氏被尊为皇太后。开始时权臣乙浑专政,冯太后设计杀乙浑,临朝听政,掌握了北魏朝政。第二年,拓跋宏被立为太子,太子母按例处死,由冯太后亲自抚育,并还政于献文帝。拓跋宏5岁时,献文帝退位称太上皇,冯氏称太皇太后,拓跋宏就是孝文帝。后来献文帝杀冯太后情夫李奕,冯太后又毒杀献文帝,重新临朝称制。冯太后当政时,任用汉族士人,推行政治改革,建立中央集权的官僚系统,推行三长制、均田制、租调制,整顿吏治,使北魏政权成功突破部族制,建立了比较完备的中央集权、君主专制的体制。

三长制之前,北魏实行"宗主督护制"。所谓宗主,是指汉族豪强大族和鲜卑拓跋部的首领。当时天下大乱,豪强大族为自保,纷纷修筑起具有军事防御性质的工事,称为坞堡,豪强大族的首领也就是各地坞堡的坞主。北魏政权授予这些坞主和部族首领官职,承认他们在地方上的势力,这就是宗主督护制,实质上是北魏政权与地方豪强政治合作的一种机制。485年,冯太后实行均田制,将无主荒地收归国有后分配给民众,次年又实行新的户调制,大大减轻赋税,大量人口因此脱离豪强,接受国家授田。北魏政权由此掌握了大量编户齐民,税源充足,中央集权大为增强,于是废除宗主督护制,改行三长制。所谓三长制,即五家设邻长,五邻设里长,五里设党长,其主要职责就是负责核实户籍,为朝廷征发赋役。面对中央政府力量的增强,豪强大族纷纷与北魏政权合作,出任三长,为朝廷效力。

2. 孝文帝汉化

北魏政权从道武帝拓跋珪建立官僚系统时就开始任用汉族士

人。太武帝拓跋焘时,卢玄、崔绰等世家大族多被延揽。崔宏、崔浩父子是北魏典章制度的主要创制者,一度权倾朝野,引起北魏统治者的猜疑和鲜卑贵族忌恨,结果遭灭门之祸,此后汉族大族参与北魏政权的势头有所减弱。

冯太后去世后,热爱汉族文化的孝文帝亲政,推行全盘汉化政策,于493年将都城由平城迁至洛阳。迁都计划遭到北魏保守势力抵制,太子拓跋恂私自逃往平城,被孝文帝处死,平城保守势力的叛乱也被镇压。迁都洛阳后,孝文帝依汉制改革了官制、礼仪、律令,废除鲜卑旧俗,禁胡服胡语,穿汉服,说汉话,亲祠孔庙。孝文帝又改鲜卑族姓氏为汉族姓氏,鼓励与汉族通婚,并仿照晋朝实行门阀制度。北魏的门第等级,除帝室元氏及长孙、叔孙、达奚氏以外,鲜卑以穆、陆、贺、刘、楼、于、嵇、尉八姓为首。中原士族中,山东以清河崔氏、范阳卢氏、荥阳郑氏、太原王氏、赵郡李氏为首,关中和河东以韦、裴、柳、薛、杨、杜为首,门第评定后,孝文帝就按门第等级来选拔官员。

3. 北魏分裂

孝文帝的全盘汉化政策,损害了某些鲜卑部族的利益。北魏初年,为了对付北方的柔然,在北方边境设立不少军镇,军镇由鲜卑部族组成,其中沃野、怀朔、武川、抚冥、柔玄、怀荒等统称六镇。孝文帝迁都之后,六镇军事地位降低,而且按汉族观念,士兵成为低贱职业,六镇将领经常奴役本镇军民,引起强烈不满。523年,怀荒镇将于景拒绝镇民开仓取粮的要求,怀荒镇民杀于景而反。不久,沃野镇民破六韩拔陵、柔玄镇兵杜洛周、沃野镇兵鲜于修礼相继起兵,这些军队后来被鲜于修礼的部将葛荣吞并,号称有百万之众,纵横中原,大肆屠杀汉人,最后又被魏将尔朱荣镇压。

这时北魏孝明帝因与胡太后争权,密诏尔朱荣入洛阳,反被胡太后毒杀。胡太后另立年仅3岁的族子元钊,临朝称制。尔朱荣打着为孝明帝复仇的旗号攻入洛阳,在河阴(今河南孟津东北)沉杀胡太后和元钊,杀王公卿士2 000多人,史称"河阴之役"。此后尔朱荣立孝庄帝,孝庄帝杀尔朱荣,尔朱荣侄子尔朱兆杀孝庄帝,尔朱荣部将高欢杀尔朱兆,立孝武帝。孝武帝为了摆脱高欢,轻骑西入潼关,

第十四讲——北朝隋唐史

投靠关中宇文泰。高欢另立皇帝,迁都邺城(今河南安阳),史称东魏,北魏由此分裂。

宇文泰是六镇中的武川镇人,曾参加六镇起兵,先后属于破六韩拔陵、鲜于修礼、葛荣、尔朱荣的军队。六镇起兵后不久,关陇地区镇民与各族民众也纷纷起兵,宇文泰随贺拔岳等率军镇压关陇地区的叛乱。后来贺拔岳被杀,宇文泰成为这支军队的统帅,占据关陇地区,成为北魏仅次于高欢的实力人物。孝武帝逃入关中后,宇文泰将其毒杀,另立魏文帝,都长安,史称西魏。

二、关陇政权

1. 府兵制与关陇集团

宇文泰的兵力,一部分是从贺拔岳手中接收过来的以武川镇为骨干的六镇兵户,一部分是投奔而来的李弼和魏孝武帝的军队,总数不过3万人,基本上由鲜卑军士构成,宇文泰命12个将军分别率领。后来宇文泰与东魏、北齐政权多次会战,543年在邙山会战中大败,鲜卑军士大量损失,不得不从汉族补充军队。于是宇文泰要求关陇地区的汉族豪强大族组织宗亲乡兵加入他的军事集团,豪强大族的首领则成了这个集团的高级军事将领。

为了适应军队发展的需要,宇文泰创立了府兵制度。府兵制在形式上采用鲜卑八部之制,立八柱国,其中宇文泰是最高统帅,西魏宗室元欣仅挂虚名,其余六个柱国赵贵、李虎、李弼、于谨、独孤信、侯莫陈崇各统一军,柱国以下设二大将军、四开府、八仪同,每仪同1000人,六柱国共为4.8万人。府兵制不但在形式上采用鲜卑八部设置八柱国,还恢复鲜卑将领的鲜卑旧姓,并赐予汉族将领鲜卑姓,李虎赐姓大野氏,杨忠赐姓普六茹氏,使得军队在形式上变成一个部族,将领在形式上成为部族酋长。这种体制一方面可以安抚鲜卑军士在北魏汉化过程中所受的伤害,另一方面也是笼络汉族大姓的手段。宇文氏与关陇豪强大族围绕着府兵制共同构建而成的政治集团,就是所谓的"关陇集团",后来隋唐帝国的统治者均出自关陇集团,如唐高祖的祖父是八柱国之一李虎,隋文帝杨坚的父亲是十二大将军之一杨忠,独孤信则是北周明帝、隋文帝的岳父和唐高祖

的外祖父。

2. 隋亡唐兴

550年,高欢之子高洋称帝,建立北齐。557年,宇文氏废西魏,建立北周。宇文泰四子北周武帝宇文邕在位时,释放奴婢,禁佛、道二教,搜括户口,加强皇权,国力日强。577年,周武帝亲率大军攻北齐,俘北齐后主高纬,重新统一北方。周武帝去世后,继位的周宣帝十分荒淫,在位两年即病死,其子周静帝即位时年仅8岁,掌握政权的是周静帝的外祖父、大丞相杨坚。

杨坚是胡化的汉族人,先祖曾是北魏武川镇的司马,父亲杨忠是鲜卑大贵族独孤信的部下,后来跟随宇文泰入关中。宇文泰建立府兵制,杨忠任柱国大将军,封隋国公,赐姓普六茹氏,周静帝时才将鲜卑姓改回为汉姓。杨坚掌握朝政后,平定了各地的反对势力,尽杀北周宗室诸王,581年废周静帝自立,国号隋,杨坚就是隋文帝。隋朝建立后,隋文帝下令讨伐南朝陈,589年俘虏陈叔宝,重新统一中国。隋文帝畏惧皇后独孤氏,不敢亲近妃妾,是历史上著名的节俭皇帝。在位时注意协调统治集团内部矛盾,重用鲜卑贵族,推行一系列政治经济的改革,发展北魏的均田制与租庸调制,隋朝初年政治稳定,经济迅速恢复。

隋文帝去世后,次子隋炀帝杨广继位,杀废太子杨勇及其八子。隋炀帝自恃财力雄厚,大兴土木,迁都洛阳,发掘大运河,修筑长城,这些工程耗尽民力,连妇人也被征用。隋炀帝又炫耀国力,召集周边部族首领会聚洛阳,纵情游乐一整月,还宣布外国商人在洛阳酒食全部免费招待。

隋炀帝又发动对高句丽的战争。公元前37年,夫余人朱蒙(邹牟王)在纥升骨城(今辽宁省东部的桓仁满族自治县五女山城)建高句丽王国,其后不断扩张领土。魏晋南北朝时中原大乱,高句丽的势力大张,西逾辽水,东南越过鸭绿水占领朝鲜半岛北部,后来更索性迁都平壤。隋朝初年,高句丽进攻辽西,隋文帝发兵讨伐,高句丽称臣请罪。后来隋炀帝要求高句丽国王到涿郡(北京)朝觐,高句丽王失约,隋炀帝发兵百万讨伐高句丽,不料大败而归。这时山东、河北一带已经纷纷起兵反隋。隋炀帝第二次讨伐高句丽时,负责督运粮草的大将杨玄感起兵反隋,围攻洛阳,隋炀帝返师击杀杨玄感。隋炀帝第三次讨伐高句丽时,各路军队失期不至,士兵沿路逃亡,这时高句丽遣使求降,隋炀帝退兵。三次征讨高句丽无功而返,隋炀帝又巡游江都(扬州),这时反隋的队伍遍布全国,其中既有各地土豪、农民,也有统治集团内部的官僚、军阀。618年,隋炀帝自知末日已近,在江都纵情玩乐,结果被隋将宇文化及所杀。

李渊的祖父李虎是西魏八柱国之一,父亲李昞是独孤信的女婿,李渊还是宇文泰的外孙女婿,属于关陇集团的核心成员。李渊被隋炀帝任命为太原留守时,马邑校尉刘武周举兵反隋,李渊命次子李世民与隋将王威讨平刘武周。后来李渊杀王威,举兵反隋,约突厥可汗一同征服山西各地,然后攻破长安,立隋炀帝孙杨侑为帝,遥尊隋炀帝为太上皇。618年,隋炀帝在江都被杀,李渊于是称帝,建国号唐,李渊即唐高祖。接着唐朝平定甘肃、山西等地割据势力,宇文化及、李密、王世充在洛阳火并之后,唐朝又打败王世充,消灭河北窦建德、江淮的杜伏威、朔方(今陕西省横山县)梁师都等割据势力,到628年唐朝重新统一了中国。

三、政变与叛乱

1. 玄武门之变

唐高祖的窦皇后有四个儿子,长子建成,次子世民,三子玄霸早亡,四子元吉。攻克长安后,太子李建成常驻长安,辅佐李渊处理军国大事,次子李世民领兵出战,平定各地割据势力,被封为秦王,享有极高声望,威胁到李建成的太子地位。李元吉站在李建成一方,兄弟之间的皇位争夺战愈演愈烈,朝中形成两股政治势力,大臣裴寂支持太子,李建成又拉拢罗艺,发展河北的势力,李世民则招纳山东豪杰。李建成试图调走或收买秦王府的猛将,但效果不佳,反而是李世民收买了太子手下常何等人,常何是把守玄武门的中郎将。626年,李世民密奏唐高祖,称李建成、李元吉淫乱后宫,唐高祖召见李建成、李元吉入宫,李世民设伏兵于玄武门。李建成与李元吉刚入玄武门,常何立即关闭宫门,李世民射杀太子李建成,李元吉则被尉迟敬德所杀。此后李渊退位称太上皇,唐太宗李世民即位,改年

号为贞观。

贞观年间,唐太宗以隋为鉴,励精图治,继续实行均田制、租庸调制、府兵制、科举制和三省六部制,又修订律令,健全法制,改善吏治,减轻赋役,人民生产、生活条件有所改善。此外,唐太宗平定东突厥,被尊为天可汗;平高昌与龟兹,设立西州都护府和安西都护府管辖西域地区;又将文成公主嫁给吐蕃赞普松赞干布,与吐蕃和亲。史籍记载,贞观四年(630)"天下大稔,流散者咸归乡里,米斗不过三四钱,终岁断死刑者才二十九人",史称"贞观之治"。贞观后期,太宗逐渐骄奢,厌烦谏诤,又因连年征战,赋役加重,天下并不太平。

2. 武周革命

唐太宗本来立长子李承乾为太子,但太子性格乖戾,唐太宗又宠爱次子李泰。李承乾惧怕失宠,图谋刺杀李泰,未遂而事泄。唐太宗为防止兄弟残杀,在废太子同时贬谪李泰,而立九子李治为太子。649年,唐太宗去世,唐高宗李治继位。唐高宗时,曾与新罗联合,灭朝鲜半岛的另外两大政权——高句丽和百济,并一度在平壤设安东都护府。676年,唐军撤出朝鲜半岛,安东都护府移至辽东(今辽宁辽阳),新罗最终统一朝鲜半岛。

唐高宗年近四十时患风眩病,经常头晕目眩,政权逐渐落入皇后武曌之手。武曌父亲武士彟本是木材商人,后从李渊起兵,唐太宗时官至工部尚书、荆州都督,母亲则出身陇右士族杨氏。武曌14岁被唐太宗选为才人,赐名武媚。唐太宗去世后,武曌按惯例在感业寺出家为尼。唐高宗继位,将武媚从感业寺迎还并立为昭仪,进号宸妃。史籍记载,后来武曌掐杀亲生女儿并嫁祸于王皇后,高宗不顾元老重臣长孙无忌、褚遂良等人的极力反对,立武曌为皇后。高宗一度打算退位,传位于太子李弘,武曌便毒死李弘。次子李贤被委以监国,武曌又将李贤废为庶人。683年,高宗去世,三子李显(唐中宗)继位,武曌以太后身份临朝称制,一年后废中宗,立四子李旦(唐睿宗)为帝。到690年,67岁的武曌废李旦,自称"圣神皇帝",改国号"周"。15年后,82岁的武曌病卧,宰相张柬之等发动政变,迫武曌退位,复立唐中宗李显,恢复唐朝国号。这一年武曌去世,谥号"则天大圣皇后",史称"武则天"。

武则天去世后,侄子武三思及其子武崇训、中宗皇后韦氏及其女安乐公主互相勾结,图谋不轨,太子李重俊起兵诛杀武三思与武崇训,又欲攻杀安乐公主,兵败被杀。韦后与安乐公主又毒死中宗,立韦后子李重茂为帝,临朝称制,任用韦氏宗党,扬言效法武曌,再行革命。这时睿宗李旦之子、临淄王李隆基与武则天之女太平公主联手发动兵变,诛灭韦后、安乐公主,兵变后李重茂让位于睿宗李旦,李隆基被立为太子。睿宗又传位于太子李隆基(唐玄宗),自称太上皇。太平公主恃功骄横,图谋废立,唐玄宗先发制人,诛太平公主党羽,太平公主自裁,武后以来残酷的宫廷政变至此才告结束。

3. 安史之乱

开元年间(713—741),唐玄宗励精图治,史称"开元盛世"。天宝年间(742—756),唐玄宗沉溺酒色,杨玉环原本是唐玄宗之子李瑁的王妃,唐玄宗将其迎入宫中,册立为贵妃,杨氏姊妹父兄兼因之得势,权倾天下,其从祖兄杨国忠后来取代李林甫出任宰相。

唐朝初年,边境上并没有长驻的军队。751年,安西节度使高仙芝与来自现在阿拉伯地区的阿拔斯(黑衣大食)势力在中亚遭遇,爆发怛罗斯之战,唐军大败,唐朝从此退出对中亚霸权的争夺,大量唐朝工匠在此次战争中被俘,造纸术由此传入中亚、中东和欧洲。与此同时,唐朝在与契丹、南诏的战争中连续失败,边境压力增大,开始在边境设立军镇,并任用非汉族将领充任边镇节度使,如范阳(河北)、平卢(河北)、河东(山西)三镇节度使安禄山,朔方(宁夏)节度使安思顺,陇右(青海)节度使哥舒翰等,都是胡人或突厥人,安西(新疆)节度使高仙芝则是高丽人。这四个人共掌握了42万军队,其中安禄山拥兵18万人。

天宝年间,安禄山与宰相杨国忠矛盾激化,755年,安禄山以讨伐杨国忠为名,在范阳起兵反唐,不久渡过黄河,攻占东京洛阳,第二年在洛阳自称大燕皇帝。唐玄宗派哥舒翰据守潼关,平原(山东陵县)太守颜真卿和常山(河北正定)太守颜杲卿两兄弟同时举兵,切断安禄山的后路,郭子仪也奉命东征。郭子仪大败叛军后,建议北取范阳,以减轻潼关压力。唐玄宗不听,反令哥舒翰收复洛阳,遭叛军伏击,哥舒翰投降叛军。叛军于是继续西进,长安危在旦夕,唐

玄宗离京逃亡,行至马嵬驿(陕西兴平西北)时,将领陈玄礼在太子李亨支持下发动兵变,杀杨国忠,杨贵妃自缢。

马嵬事变以后,唐玄宗逃向成都,太子李亨分兵北上,在灵武(今属宁夏)即皇帝位(唐肃宗),尊唐玄宗为太上皇。长安失守后,又被郭子仪收复,洛阳叛军发生内乱,安禄山被杀,其子安庆绪称帝,唐军趁机又收复洛阳。此后唐军围攻邺城,因唐肃宗命宦官鱼朝恩节制唐军九节度使,以致战争无人统一指挥。安禄山部将史思明再度反叛,出兵援助邺城,大败唐军。史思明又杀安庆绪,引兵还范阳,自称大燕皇帝。不久史思明再度南下,攻取洛阳,但叛军内部又起内讧,史思明被长子史朝义所杀。762年,返回长安的太上皇李隆基与唐肃宗在一个月内相继死去,太子李豫(唐代宗)继位,仆固怀恩借回纥兵攻下洛阳,大败史朝义。第二年史朝义自缢而亡,历时八年的"安史之乱"被平定。

四、唐朝的衰亡

1. 藩镇割据

安史之乱结束后,唐代宗听从仆固怀恩的建议,任用投降的叛军分据河北,其中李宝臣为成德(驻恒州,今河北正定)节度使,田承嗣为魏博(驻魏州,今河北大名东北)节度使,李怀仙为卢龙(又名幽州或范阳,今河北涿州)节度使,形成所谓的河朔三镇,其他地区也是藩镇林立,藩镇割据的局面开始形成。

安史之乱时,边疆藩镇入援中原,边防空虚,吐蕃乘机入侵西北,连陷数十州,攻占河西、陇右之地。吐蕃还一度攻入长安,唐代宗出逃陕州(今属河南陕县),已经赋闲的郭子仪临危受命,到商州(治今陕西商县)重新招募兵马,收复长安。唐代宗返回长安时,命宦官鱼朝恩率陕州神策军护驾,神策军由此成为禁军。此后,仆固怀恩叛唐,引回纥、吐蕃、党项军数十万攻唐,郭子仪再次临危受命,说服回纥共破吐蕃,朝廷再次依赖郭子仪转危为安。

唐代宗去世,继位的唐德宗试图削夺地方藩镇的权力,引发藩镇叛乱,李希烈进围襄城(今属河南),德宗派泾原(治泾州,今甘肃泾川县北)节度使姚令言平叛。泾原军行至长安时未获赏赐,于是

发动兵变,攻入长安,禁军竟无人应战。泾原军杀宗室七十余人,唐德宗出逃到奉天(今陕西乾县)。原幽州节度朱泚当时被软禁在京城,被泾原军拥立为帝,朱泚进围奉天,德宗被迫终止削藩之战,痛下"罪己诏",赦免所有叛乱藩镇。但朱泚等并未因此归顺,德宗又逃往梁州(今陕西汉中)避难,直到李晟率神策军打败朱泚、收复京师,德宗才重返长安。这次叛乱,史称"泾原兵变"。之后唐朝虽然平定各地叛乱藩镇,但德宗对藩镇政策由强硬转为姑息,藩镇之祸积重难返。

2. 宦官势力

"泾原兵变"时,禁军无人应战,唐德宗依赖宦官逃亡,此后德宗便将神策军交给宦官掌控,并将神策军扩展为比羽林军、龙武军,成为更加重要的中央禁军。唐德宗去世后,继位的唐顺宗任用翰林学士王伾、王叔文等,试图革除弊政,收回宦官兵权,参与变革者包括文学家柳宗元、刘禹锡等8人,当时年号"永贞",史称"永贞革新"。但是永贞革新遭到宦官和大部分朝臣的反对,结果宦官俱文珍等废唐顺宗,立其子唐宪宗,参与革新者均遭贬官。

唐宪宗在位时,对藩镇态度强硬,各地藩镇纷纷归附。唐宪宗晚年迷信方士,服丹药,性情暴烈,结果被宦官所杀。继位的唐穆宗由宦官拥立,游乐无度,在打马球时受惊中风,后服金丹而死。其子唐敬宗则游猎无度,嗜好"打夜狐",也被宦官所杀。此后,敬宗弟唐文宗试图铲除宦官势力,首先赐死掌握禁军的王守澄,然后声称某处官衙内石榴树上夜降甘露,宰相李训派神策军中尉仇士良、鱼志弘等人前往调查,打算趁机捕杀宦官。但是伏兵被宦官察觉,仇士良等劫持唐文宗,派禁军攻杀军民上千人,宰相李训等一批朝士被杀,史称"甘露之变"。事变以后,宦官更加专横,文宗郁郁而终。

文宗去世后,仇士良废太子,另立文宗弟唐武宗。唐武宗迷信道教,荒淫无度,会昌五年(845)下诏废佛,拆毁寺院4万多座,26万僧尼还俗,没收良田数千万顷,民间佛像限一月送交官府,史称"会昌灭佛"。唐武宗因服丹药去世,宦官拥立唐武宗叔父唐宣宗。唐宣宗一反武宗之政,复兴佛教,在位时回纥、吐蕃均已衰微,张议潮又收复了河西,国势有所复兴。

3. 牛李党争

自唐宪宗至唐宣宗时期,唐朝的官僚系集团分为两个派别,一派以牛僧孺、李宗闵为首领,一派以李德裕为首领,互相倾轧持续将近40年,史称"牛李党争"。唐宪宗时,牛僧孺、李宗闵参加科举,在对策中批评朝政,矛头指向李德裕父亲、宰相李吉甫,因此升迁无望,双方因此结怨。后来李吉甫被贬为淮南节度使,唐穆宗时,据说时任翰林学士的李德裕指证李宗闵等人在科举中作弊,李宗闵因此被贬出朝。从此两派各结朋党,互相倾轧。唐文宗时,李宗闵得宦官之力当上宰相,与牛僧孺联手打击李德裕,将其贬为西川(四川成都)节度使。李德裕在西川收复重镇维州(四川甘孜州东),牛僧孺却要求将维州还给吐蕃,引起非议。唐武宗时,李德裕为相,李宗闵被贬死,牛僧孺遭贬黜。唐宣宗时牛党再次得势,李党全被罢斥,李德裕被贬死于崖州(海南琼山东南),牛僧孺回朝后不久也病死。

4. 黄巢与朱温

唐宣宗死后,由宦官扶立的唐懿宗与唐僖宗都是荒淫的皇帝,当时社会矛盾已经十分尖锐,唐懿宗时浙东盐贩裘甫与桂林兵卒庞勋先后起兵反唐。唐僖宗时,山东盐贩王仙芝等于875年在长垣(今属河南)起兵,同年另一名盐贩兼落第进士黄巢聚众起事,响应王仙芝,反唐队伍迅速发展到数万人,转战山东、河南、湖北等地,给唐朝以沉重打击。

王仙芝战死后,余部与黄巢会合,推举黄巢为"冲天大将军"。黄巢转战南北,一度攻占广州,又领军北上,攻取洛阳,挺进长安。这时唐僖宗逃亡成都,黄巢则在攻占长安后称帝,国号"大齐",屠杀长安城内贵族百官。此后黄巢遭到围剿,黄巢部将朱温降唐,沙陀族首领李克用也率军援助唐军,黄巢被迫撤离长安,最后兵败被杀。

平定黄巢后,黄巢叛将(宣武节度使,治汴州,今河南开封)朱温、河东(治太原)节度使李克用和凤翔(今属陕西)节度使李茂贞成为当时最有势力的三大藩镇。唐僖宗病死后,宦官立其弟唐昭宗。唐昭宗的宰相崔胤计划借朱温之力谋诛宦官,宦官则劫持昭宗依附凤翔李茂贞,朱温围困凤翔三年,李茂贞被迫杀宦官求和。于是朱温挟持昭宗回长安,尽诛宦官,又杀宰相崔胤,迁都洛阳后又杀唐昭宗,另立昭宗子唐哀帝。朱温还在滑州白马驿(今河南滑县境)杀宰相裴枢等朝士三十余人,投尸于河,史称"白马之祸"。907年,朱温在开封称帝,改国号"梁",史称后梁,朱温就是后梁太祖。

5. 五代十国

朱温性情残暴荒淫,滥杀无度,称帝后与河东节度使李克用、李存勖父子连年开战。后来朱温被次子朱友珪所杀,朱友珪又被其弟朱友贞所杀。923年,李存勖(后唐庄宗)在魏州(河北大名)称帝,国号唐,史称后唐,然后攻入开封,朱友贞自杀,后梁亡,后唐迁都洛阳,割据凤翔的李茂贞与吴越、楚、闽、南平等割据势力都称臣于后唐。李存勖善征战,亲信宦官、伶官,好音律,常亲登戏台,诨称"李天下",又急征暴敛,诛杀功臣,后来在兵变中被杀,养子李嗣源(后唐明宗)继位后政治还算清明。936年,李嗣源的女婿、河东节度使石敬瑭认契丹国主耶律德光为父,奉献幽云十六州,契丹则在太原册立石敬瑭为帝,国号晋,史称后晋。然后石敬瑭勾结契丹攻入洛阳,后唐废帝李从珂(李嗣源养子)自杀,后唐亡,后又迁都开封。石敬瑭去世后,继位的侄子石重贵(晋出帝)大败契丹。946年,后晋大将杜重威引契丹攻入开封,俘虏石重贵,后晋灭亡,耶律德光在开封称帝,改国号辽。辽军在中原四处抢掠,被中原军民赶走。同年,后晋河东节度使刘知远(后汉高祖)在太原称帝,随后统兵南下,定都开封,改国号为汉,史称后汉。其子刘承佑(后汉隐帝)时,大将郭威起兵攻入开封,汉隐帝被叛军所杀,后汉亡。951年,郭威(后周太祖)即帝位,改国号为周,史称后周。

以上相继出现的后梁、后唐、后晋、后汉、后周,史称五代。五代时中国处于分裂状态,当时有割据西蜀、江南、岭南和河东等地的十余个政权,其中前蜀、后蜀、吴、南唐、吴越、闽、楚、南汉、南平(荆南)、北汉十个政权合称"十国"。

第十五讲

宋元史

五代以来,北方的契丹与女真相继崛起,与宋朝长期对峙,宋朝的西北又有西夏政权。宋朝与这些国家长期交战,中国的版图上再次形成了三国鼎立的格局,最后蒙古军队将金、西夏、南宋等国全部消灭。蒙古人建立的元朝是中国历史上第一个由北方部族统治中国全境的王朝,但元朝的政治体制相当落后,数十年后就被赶回了草原。除了应付战争以外,变法与党争是宋朝历史上最重大的事件,王安石变法的总体目标是富国强兵、加强政府对社会的控制能力。

一、宋辽战和

1. 统一大业

郭威建立后周政权后,节俭治国,虚心求谏,推行了一些有益的措施。后来郭威内侄、养子柴荣继位,也就是周世宗。北汉(后汉高祖刘知远之弟刘崇所建,都太原)联合辽朝进攻后周,周世宗亲征,在高平(今属山西)获得大胜,赵匡胤等年轻将领在此战中崭露头角。其后周世宗着手统一战争,讨伐后蜀、南唐。959年,周世宗北伐收复诸多失地,但在攻取幽州时突然病倒,不久病逝,年仅7岁的儿子柴宗训继位。

次年正月,边镇报告辽与北汉联合进犯,殿前都点检赵匡胤受命北上御敌。大军抵达开封东北40里的陈桥驿,军队开始鼓噪,声称新皇帝年幼无知,不懂体恤将士,要求拥立赵匡胤当皇帝。次日清晨,将士们全副武装包围赵匡胤营帐,将事先准备的黄袍披于赵

匡胤身上,于是赵匡胤返回开封夺取了后周的政权,史称"陈桥兵变"。由于事先策划周全,赵匡胤率军返回开封时未遇抵抗,十分顺利地夺取了后周政权,改国号宋,赵匡胤就是宋太祖。

宋太祖继承了柴荣的统一事业。当时的统一事业是指消灭南方和北汉割据政权,夺回石敬瑭割给辽朝的幽云十六州。宋太祖采用先南后北的策略,至975年先后消灭了荆南、湖南、后蜀、南汉、南唐等割据政权,只有吴越、北汉和漳泉二州没有平定。为了防止武将篡位、黄袍加身的重演,宋太祖又逐步收回了禁军将领的兵权,任用文官出守地方,极大地巩固了中央集权与皇帝的权威,结束了五代以来政权频繁更替的局面。

976年冬,宋太祖突然去世,其弟宋太宗赵光义继位。当时太祖长子赵德昭已21岁,宋太宗继位的过程以及兄终弟及的原因,史籍记载多有隐讳。有记载称,宋太祖去世前夜天下大雪,太祖约皇弟在宫中饮酒,宦官、宫女在屋外看到皇帝兄弟饮酒过程中曾相互推让,酒后太祖还用柱斧(水晶制小斧,寓意祝福)戳雪,史称"斧声烛影",宋太宗对宋太祖下毒的猜测也由此而来。

979年,宋太宗御驾亲征,消灭北汉后,决定乘胜攻取幽州(即燕京,今北京城西南)。宋太宗率主力日夜攻城,辽3万援军从后方及两翼包抄宋军,宋军在高梁河(今北京西南门外)大败,宋太宗中箭,乘驴车逃亡。此后宋辽两国发生多次战争。986年(雍熙三年),宋太宗派三路大军讨伐辽国,开始进展十分顺利,但后来东路军粮道被辽截断,在岐沟关(河北涿县西南)被辽援军包围,导致全线崩溃。宋太宗命中、西两路撤退,同时命西路军掩护关外居民迁至内地。西路军主帅潘美令杨业接应南撤民众,杨业要求潘美在陈家谷接应,结果潘美失约,导致杨业全军覆没。此后辽国为报复宋朝,多次进攻宋朝,宋朝对辽采用防御战略,收复幽云的计划从此搁置。

2. 澶渊之盟

宋太宗时,宋朝内部并不太平,四川茶贩王小波、李顺等起兵反宋,一度在成都建立"大蜀"政权,宋朝经三年镇压才得平息。宋太宗去世后,其子宋真宗赵恒继位。

1004年,辽大举南侵,并且采取避实就虚、深入敌境的策略,放弃宋军重兵防守的城镇,长驱直入,一直攻到黄河岸边的澶州城下。在宰相寇准的坚决请求下,宋真宗亲临澶州北城,宋军轰动,士气百倍。辽军见难以进攻,便与宋朝议和。宋真宗拒绝辽朝的领土要求,最终约定辽国皇帝称宋真宗为兄长,宋朝每年向辽提供绢20万匹、银10万两,史称"澶渊之盟",此后宋辽维持了将近百年的和平局面。

澶渊之盟后,宋真宗宠信寇准,引起宰相王钦若的嫉妒。王钦若对宋真宗说,澶渊之盟乃是城下之盟,并不光彩,寇准怂恿皇帝亲征,是以皇帝性命孤注一掷,博取个人功名。真宗因此对寇准产生反感,不久将寇准贬出京城。此后王钦若建议真宗用封禅大典向辽国炫耀国威,宋真宗觉得自己的功德不足以举行封禅大典,王钦若便鼓动臣民伪造大量的天书。于是宋真宗浩浩荡荡到泰山行封禅礼,又到曲阜拜谒孔庙,其他神明、祖先也一一祭拜。不久真宗又说他的祖先赵玄朗受玉皇大帝之命,下凡向他传授天书,于是又大兴土木兴建道观,朝野上下都陷入宋真宗、王钦若等人自导自演的迷信大骗局之中。

二、变法与党争

1. 宋夏之战与庆历新政

宋真宗去世后,13岁的宋仁宗继位,刘太后垂帘听政。宋仁宗由刘太后抚养长大,但他的生母是刘太后的侍妾李宸妃,刘太后隐瞒了仁宗的身世,"狸猫换太子"的故事就是根据这段历史改编而成的。刘太后去世后,宋仁宗亲政。不久,陕甘宁一带的党项族首领元昊在兴庆府(今宁夏银川)称帝,国号大夏,史称西夏。宋朝拒绝承认夏国,于是元昊修好辽国,向宋朝发动大规模的战争,宋军连续遭遇三川口、好水川、定川砦三次大败。此后宋朝采用范仲淹的防守策略,在宋夏边境修城筑寨,训练当地民兵对付西夏军队的侵扰,同时谋求与西夏的议和。正当宋夏交战之时,辽朝趁机敲诈宋朝,宋朝答应每年向辽增加岁币银10万两,绢10万匹,辽夏联盟由此破裂,元昊为防止宋辽联合,赶忙向宋称臣。1044年

(庆历四年),宋夏达成协议,西夏向宋称臣,宋朝每年向西夏提供大量的绢银茶。此后辽夏两国也议和,宋、辽、夏三国鼎立的格局由此形成。

当元昊称帝并进攻宋朝之时,宋朝各地的兵变与动乱也频频发生。为了化解统治危机,宋仁宗于1043年(庆历三年)下诏,要求他新提拔的范仲淹、韩琦和富弼等人提出改革方案。数日后,范仲淹奏呈《答手诏条陈十事》,要求通过整顿吏治、改革科举制度、加强武备和发展生产四个方面改善朝政。仁宗采纳了其中大多数内容,颁布了多道诏令,史称"庆历新政"。但改革触犯了官僚集团的既得利益,"新政"遭到各种抵制。以夏竦为首的反对派千方百计地攻击改革派,通过篡改书信的方法,将石介给富弼信中的"行伊、周之事"改为"行伊、霍之事",令范仲淹与富弼十分惶恐,请求离京巡边,庆历新政陷入僵局。1044年,宋夏和议达成,各地叛乱与起义遭到镇压,宋仁宗感觉统治危机已经消失,对"新政"开始厌倦。不久,在反对派的打击下,改革派的官员大多被贬出京城,新政的各项措施也多被废除。

2. 熙宁变法与元丰改制

宋仁宗之后,堂兄之子宋英宗在位四年后病逝。1068年,英宗之子宋神宗继位。年轻气盛的宋神宗认为,每年给辽与西夏大量岁币十分耻辱,而当时宋朝军费开支庞大,官僚机构臃肿,再加上岁币和皇帝丧事,导致财政亏空十分严重,因此宋神宗强烈希望能够通过变法实现富国强兵,王安石就在这种情况下引起了神宗的注意。

王安石曾给宋仁宗上万言书,陈述自己的政治主张与改革建议,并没有受到重视。但宋神宗对王安石十分钦佩,于是直接召见王安石咨询富国强兵之策。王安石向神宗上《本朝百年无事札子》,对宋朝因循守旧的政治风气展开了全面的批评。不久宋神宗命王安石为参知政事,并要求他提出一套改革方案。在宋神宗的支持下,王安石制定了一系列变法措施:"均输法"是国家通过低价买进高价卖出各种物资以平准物价的制度;"青苗法"是政府每年两次向缺粮农民发放生活与耕种的贷款,收取20%~30%年息的制度;"农田水利法"则是奖励各地官府和农户开垦荒地、兴修水利的制度;"保甲法"是在农村基层建立行政组织并对农民进行军事训练的制度;"募役法"是民众向官府纳钱代替劳役的制度;"市易法"是在开封等地开办国营商业的制度;"保甲养马法"是由农民替政府养马的制度;"方田均税法"则是清查土地、整理田税的制度。此外王安石又实行科举改革,取消诗赋、帖经、墨义等考试内容,改试策论,编写《三经新义》(周礼义、诗义、书义)作为科举考试的标准教材,设立法律专科。王安石又实行"三舍法",将太学分为外舍、内舍和上舍三等,层层教育选拔,上舍生成绩优秀者可以直接授官。王安石主持的变法措施都在熙宁年间(1068—1077)颁行,史称"熙宁变法"。

熙宁变法的各种措施,有些因为制度设计有缺陷,有些因为执行官员徇私舞弊,有些因为触动了贵族官僚阶层的既得利益,同时也因为相当一批朝中大臣与王安石政见不合,总之遭到激烈的抵制。宋神宗为了顺利推行变法措施,不惜将欧阳修、韩琦、司马光、文彦博等一批重臣贬出京师,官场中由此形成了一个强大的反对派,与变法派针锋相对。1073年全国大旱,大量灾民涌向开封等大城市,反对派宣扬变法不合天意民心,因此天降大灾,以"天变"攻击变法,同时两宫太后也向宋神宗哭诉王安石变乱天下。宋神宗对天变十分顾虑,王安石因此罢相,出知江宁府。此后宋神宗继续推行新政,但当时变法派内部产生纷争,主持变法的吕惠卿为独揽大权不惜攻击王安石。为能继续推行变法,宋神宗让王安石复相,但这时变法派内部的矛盾已不可调和,相互打击报复,引起神宗的不满,王安石再次罢相。此后宋神宗改年号"元丰",将变法的重心转移到厘定官制与训练军队上,史称"元丰改制"。

富国强兵、拓边扬威是熙宁变法的主要目标。通过熙宁变法,宋神宗不但筹措了大量军费,还一度成功地开拓疆土。熙宁年间,宋臣王韶在今天甘肃一带攻占了不少州城,还招抚了河湟一带(今青海东部)吐蕃部落30余万人,拓地2 000余里,宋朝在这里设熙河路,史称"熙河开边"。但宋朝在与西夏的战争中遭遇大败。1081

年,宋神宗以宦官李宪为主帅,分五路大军大举进攻西夏,遭到失败。宋神宗不甘心,又在西夏边境修筑永乐城,赐名"银川寨"。永乐城让西夏感到极大的威胁,西夏与宋军展开殊死搏斗,结果永乐城守军全军覆没。宋神宗富国强兵的梦想至此破灭,不久郁郁而终。

3. 元祐党人

宋神宗去世后,年仅10岁的宋哲宗即位,太皇太后高氏垂帘听政。高太后反对熙宁变法,召回司马光等反变法派官员主持朝政。在司马光的坚持下,熙宁变法各种措施基本废除,变法派官员也遭受打击,当时年号为"元祐",史称"元祐更化"。不久,司马光和吕公著等人相继去世,反对变法的官员失去领袖,内部又起纷争,形成以理学家程颐(洛阳人)为首的洛党,以翰林学士苏轼(四川人)为首的蜀党,门下侍郎刘挚(河北人)为首的朔党,相互攻击,党争更加激烈。

太皇太后高氏去世后,哲宗亲政,宣称继承神宗变法大业,起用变法派官员,打击元祐党人,如哲宗的老师苏轼就被贬到崖州(今海南崖县),当时年号为"绍圣",史称"绍圣绍述"。哲宗病逝后,其弟宋徽宗继位,向太后垂帘听政。向太后倾向于元祐党人,于是变法派官员再次遭到打击。但向太后去世后,变法派官员再次得势,元祐党人又遭打击。蔡京拜相后,更是不分变法派、反变法派,将541位政敌打入所谓的"元祐党籍",分别贬逐或降官、免官。

宋徽宗是著名的风流皇帝,沉醉于书画艺术,一味寻欢作乐、粉饰太平,从东南各地搜奇花异石运往京城("花石纲"),后来又崇信道教,号称"道君皇帝"。腐朽的统治激起了民众的反抗,其中以北方的宋江与南方的方腊规模最大。宣和年间(1119~1125)宋江集团以流动作战的方式掠杀官府,横行于河北、京东、淮南各路,后来接受招安,其中有36位成员受到宋朝的封官,一时间影响很大。方腊本是睦州青溪县(今浙江淳安)的漆园主,因受朱勔造作局的压榨,以诛朱勔为名,利用摩尼教起兵反宋,一度攻占睦州、歙州、杭州等地,后被童贯率数十万准备伐辽的大军镇压。

三、宋金战争

1. 靖康之难

12世纪,生活在黑龙江和松花江流域的女真族势力兴起,完颜部统一女真族后,其首领被任命为辽朝的节度使,后来完颜阿骨打又率领女真起兵反辽。1115年,完颜阿骨打(金太祖)在上京会宁(今吉林扶余东)称帝,国号"金"。1125年金灭辽,在金攻打辽的过程中,宋与金结盟,相约共同灭辽,以夺回燕云之地,因宋金使臣渡海往返,史称"海上之盟"。不料宋朝军队毫无战斗力,最后只得到金军洗劫过的燕京空城,而宋朝也由此成为金国的军事目标。

灭辽之后,金军一面南下,一面要求宋朝割让河东、河北两路领土。面对金军的进攻,宋军前线统师童贯潜回开封,宋徽宗下罪己诏,将皇位让给太子赵桓(宋钦宗)。金军渡过黄河,徽宗连夜逃出京师。金军多次进攻开封,都被东京留守李纲击退。金军提出议和,宋钦宗全部接受,遭到太学生陈东为首的开封民众的强烈抗议。这时各地勤王军抵京,金军在宋钦宗答应割地后撤军北还。

金军撤退后,宋钦宗废除割地协议,却不思战备,反而将李纲贬官。不久金太宗以破坏和议为由,再次伐宋,宋朝12万大军不战而溃,金军长驱直入,包围开封。这时宋钦宗用一个江湖术士训练的"六甲神兵"出城攻打金军,金军乘机攻入开封城。第二天宋钦宗向金军投降,并派宋军帮助金军运送国库财宝、收缴开封城内一切财富,其中包括献给金太宗的贡女3 000人、犒赏金军的少女1 500人。1127年(靖康二年)正月,金军俘虏宋徽宗、宋钦宗、皇太子、在京城的亲王和皇室所有成员,以及大量宫女、宰执大臣,同时立宋朝宰相张邦昌为皇帝,建立"大楚"傀儡政权统治黄河以南地区。而后金军焚毁开封城,押着大批俘虏和战利品撤军。金军的战利品还包括伎艺、工匠、娼优等各色人等共10余万人,金一千万锭、银两千万锭、帛一千万匹、马一万匹以及不计其数的文物、图书。被押往金国后,宋徽宗被封为昏德公,宋钦宗被封为重昏侯,他们的后妃三百余人被废为奴婢,其他妇女被分配给金军做性奴隶,男子则服苦役。这就是"靖康之难"。

2. 高宗逃亡

金军撤退后,张邦昌不敢做皇帝,找到哲宗皇帝的废皇后孟氏垂帘听政。孟氏立未被金军掳走的宋徽宗第九子赵构,1127年,赵构(宋高宗)在应天府(河南商丘)称帝。不久,李纲因反对高宗的南迁被罢相,太学生陈东等上书反对罢免李纲,并要求高宗亲征金国,结果被问斩。然后高宗撤到扬州,金军再次南侵,开封府尹兼东京留守宗泽联络两河义军击退金军,同时24次上书要求高宗返回开封,高宗置若罔闻,宗泽忧愤成疾,不久病逝。

宗泽去世后,金军再次南侵,高宗任命杜充继任东京留守。杜充对河北义军采取敌视态度。金军长驱直入,攻入淮河一带,距扬州城仅数十里。当时宋高宗正在行宫寻欢作乐,突闻战报,惊恐之下丧失生育能力。此后金军一路进攻,高宗夺路奔逃,从扬州逃到镇江,从镇江逃到杭州,从杭州逃到越州(今绍兴),从越州逃到明州(今宁波),从明州逃到定海(今镇海),从定海逃到昌国(今定海),从昌国逃到台州(今临海)。金军在攻破昌国后,乘船在海上追击高宗300余里,因遇风暴退回明州。

由于战线过长,金军无力继续进攻,开始一边撤退,一边烧杀掳掠。金军北撤时,宋将韩世忠曾将金军水师逼入死水港黄天荡(今江苏南京东北的长江江面),以8 000水师包围10万金军40天。岳飞则击溃从陆上撤退的金军,收复建康,金军被迫退出江南。这期间,有两个武将在杭州发动兵变,立高宗3岁的儿子赵旉为皇帝。兵变被镇压后不久,赵旉病亡,高宗从此绝嗣。

3. 宋金和议

1132年,高宗将朝廷迁至临安(今浙江杭州)。此后,金朝在河北扶植刘豫建立齐国傀儡政权,但齐国多次被韩世忠、岳飞等打败,最终被金朝废除,同时宋将吴玠也在川蜀保卫战中获胜。随着战事渐有起色,宋高宗加紧向金求和。但宋金第一次和约被金国撕毁,1140年,金军再次南侵。这一次宋军组织有效抵抗,负责长江中游防务的岳飞更是积极北伐,收复颍昌、郑州、洛阳等许多失地,挫败金军"拐子马"、"铁浮图",取得郾城(属河南)大捷。击退金军后,宋军本有机会收复河南,但宋高宗命令各路宋军撤军回防,迫使岳

飞奉诏退兵。

1141年（绍兴十一年），金军渡过淮河再次南侵，宋军在柘皋（今安徽巢湖）成功击退金军。此后宋金两国加紧和谈，宋高宗为防止抗金武将反对议和，以犒赏柘皋大捷为名，任命韩世忠、张俊为枢密使，岳飞为枢密副使，将他们召回临安府并削夺他们的兵权。岳飞由于坚决反对议和，被宋高宗与秦桧迫害致死。除去岳飞后，宋金达成和议：南宋向金称臣；宋金疆界以淮河至大散关一线为界；宋向金每年进贡银25万两、绢25万匹，史称"绍兴和议"。宋高宗声称他急于接受金国所有的条件，是为了尽早迎还父亲徽宗的灵柩和生母韦氏，但他没有顾及囚禁在金朝的宋钦宗。

1161年，金国主完颜亮再次发动侵宋战争，突破长江防线，但在采石（今安徽马鞍山市南）遭到宋臣虞允文迎击，金军大败。由于金朝统治集团内部矛盾激化，完颜亮在采石大败后被部将所杀，侵宋计划宣告失败。其后，高宗将皇位传给养子、赵匡胤之后赵昚（宋孝宗），自称太上皇。孝宗即位后积极准备北伐，为岳飞平反，罢逐秦桧党人，起用主战派人士。1163年，孝宗任用张浚北伐，但在宿州符离（今安徽宿州）大败。第二年（隆兴二年）宋金再次签订和议，两国皇帝改称叔侄，贡银改为岁币，银绢各减五万，史称"隆兴和议"。隆兴和议后，孝宗任用指挥采石大捷的虞允文，准备再次北伐。不久虞允文因操劳过度去世，再加太上皇不愿北伐，孝宗北伐意志逐渐消沉。太上皇赵构去世后，孝宗便将皇位传给其子宋光宗，自称太上皇。

宋光宗健康不佳，皇后李氏又挑拨孝宗、光宗父子关系，一次孝宗派人给光宗送去药剂，李皇后怀疑药中有毒，光宗从此不再看望父亲。李皇后还任用主和派官员，排挤陈亮、辛弃疾等主战派。1194年（绍熙五年）孝宗去世时，光宗拒绝主丧，于是太皇太后吴氏、宗室大臣赵汝愚、武官韩侂胄等人联手发动政变，立光宗子宁宗，光宗退位称太上皇，史称"绍熙政变"。宁宗继位后，发动政变的赵汝愚与韩侂胄发生矛盾，结果韩侂胄将赵汝愚及其重用的理学家朱熹等人排挤出朝廷，又攻击理学为"伪学"，打击理学官员，这是庆元年间（1195～1200）的事情，史称"庆元党禁"。1206年（开禧二年），韩

第十五讲——宋元史

侂胄兴兵北伐,史称"开禧北伐",但北伐并不成功,大散关失守,西路军副统帅、四川守将吴曦叛投金朝,宋金重新议和。金朝要求宋朝献出韩侂胄首级作为谈判条件,大臣史弥远在皇后杨氏支持下杀韩侂胄,1208年(嘉定元年),宋献韩侂胄首级向金乞和,金宋由叔侄之国改为伯侄之国,银绢岁币各增为三十万,史称"嘉定和议"。

嘉定和议后,史弥远开始长达25年的专权。宁宗去世时,史弥远伪造遗诏,立宋理宗。史弥远专政时期,南宋社会矛盾尖锐,政局混乱,南宋政权已病入膏肓,蒙古也开始大举入侵。

四、蒙元灭宋

1. 蒙古的军事扩张

蒙古族可能出自中国古代的东胡、突厥,北宋时仍臣属于金国。1206年,铁木真统一蒙古各部,上尊号为成吉思汗,开始对外军事扩张。成吉思汗在进攻西夏与金国的同时,发兵西亚,灭西辽、花剌子模,势力深入波斯、印度等地区。成吉思汗在西夏投降前病逝,其子窝阔台继大汗位。此后成吉思汗之孙拔都率军再次西征,征服俄罗斯、波兰、匈牙利、奥地利,直至地中海地区。

成吉思汗的孙子蒙哥继承汗位后,蒙哥在派忽必烈讨伐南宋同时,又发兵西征,蒙古铁骑横扫整个欧亚大陆,最后设立四大汗国:中亚南部的察合台汗国,中亚北部的窝阔台汗国、波斯与中东的伊利汗国、今天欧洲俄国的钦察汗国,这些汗国是元朝的宗藩之国,尊元朝皇帝为大汗。

蒙古军队所到之处,凡遇抵抗即行屠城。在整个军事扩张过程中,蒙古军屠城数百,其中包括整个伊斯兰阿拉伯世界的都城、数百万人口的巴格达(报达),以及西夏都城兴庆府、金朝的燕京城,许多民族被赶尽杀绝。有人推测当时黄河以北90%的人口死于战争。蒙古将领曾建议杀绝汉人,让黄河以北变为牧场,元朝宰相耶律楚材认为汉人种地可以为元军提供粮草,才避免了这次灭绝。

2. 南宋灭亡

1127年,蒙古灭西夏,此后大举进攻金朝,并约南宋联合攻金。南宋看到金朝灭亡在即,同意与蒙古联合夹击金朝。1234年,蒙古

和宋朝联合攻灭金国,此后宋理宗发兵试图收复河南,但在进攻洛阳时遭到蒙古军伏击,大败而归,揭开了宋蒙战争的序幕。第二年窝阔台分兵三路侵宋,西路入侵四川,中路进攻襄阳,东路南下江淮,遭到宋军有力抵抗。

窝阔台去世后,蒙古经过长期的汗位争夺战,最终蒙哥继承了汗位,不久派忽必烈进攻云南,灭大理、安南,完成了对宋朝的战略大包围。1257年,蒙哥率主力部队攻打四川,又分兵南下进攻荆襄,同时命忽必烈从安南出兵,计划三路大军会师鄂州(湖北武昌)。不久蒙哥主力在钓鱼城遭到顽强抵抗,蒙哥战死,蒙古汗位争夺战再次爆发。当时忽必烈包围鄂州,一面声称直取临安,一面准备撤兵回国争夺汗位。宋将贾似道不明就里,私自派使臣与蒙军议和。忽必烈顺水推舟,同意议和,然后返回蒙古。贾似道回朝后声称获得鄂州大捷,宋理宗大喜过望,贾似道从此独揽大权。忽必烈继承汗位后,曾派使臣郝经到宋朝讨论鄂州和议之事,贾似道为掩盖鄂州大捷的谎言,私下拘押郝经长达16年之久。宋理宗去世后,低能的侄儿宋度宗继位,贾似道继续专政。1267年,忽必烈发兵伐宋,战事持续了12年之久。

1268年,蒙军包围夹水而建的襄阳府和樊城。1271年,忽必烈改国号为"大元",第二年开始对襄樊发动猛攻。当时贾似道一再要求到前线指挥作战,均被无力处理朝政的宋度宗拒绝。元军用回回人制造的石炮轰城,虽经拼死抵抗,樊城终于失守,襄阳失去外援,守将吕文焕降元。攻破襄樊之后,蒙军以吕文焕为前导,引元军顺江东下,进攻势如破竹,直指临安府,沿途宋将纷纷投降。这时宋度宗去世,其子宋恭帝继位,贾似道亲率13万精兵在丁家洲(今安徽铜陵东北)与蒙军展开决战。元军炮轰宋军,然后以战船冲击,贾似道退兵扬州,元军乘势追击,结果宋军全线崩溃。此后元军占领建康,进攻扬州,临安告急。宋廷号召全国勤王,只有文天祥、张世杰等少数官员响应,却被两个相互扯皮的宰相调出临安城,其他官员则早已争相逃命。面对元军的大举进攻,宰相陈宜中和谢太后求和遭拒,1276年,宋恭帝投降元军。

皇帝投降后,宋臣张世杰、陆秀夫等人先后立度宗的两个儿子

为帝,对元军展开最后的抵抗。1279年,陆秀夫、张世杰兵败南海崖山(广东新会南),陆秀夫背着9岁的小皇帝赵昺投海而死,随行军臣、后宫数万人一起赴难,张世杰不久也坠海身亡。当时文天祥已被元军俘虏,在被迫给张世杰写招降书时,文天祥写下"人生自古谁无死,留取丹心照汗青",后来被押解到元大都,又在狱中写下《正气歌》。3年后文天祥遇害,临死之前曾留下绝笔:"孔曰成仁,孟曰取义;惟其义尽,所以仁至。读圣贤书,所学何事;而今而后,庶几无愧。"文天祥的从容赴难,表现了一个理学家难得的气节。

3. 元朝的统治

蒙古统治者不愿学习汉族的文化与政治体制,元朝对中国的统治相当野蛮。元朝没有采用嫡长子继承制度,而是按照蒙古惯例,大汗由蒙古贵族会议推举,同时也保留了传位幼子的传统,皇位继承制度十分混乱。1271年,忽必烈建国号元,中国历史上的元朝,一般是指元军1276年攻克临安府到1368年元顺帝被逐出大都(北京),总共92年。这期间元朝换了11个皇帝,其中元世祖忽必烈在位18年,最后一个皇帝元顺帝在位35年,余下的39年中换了9个皇帝,其中1328年还出现了四个皇帝,残酷的皇位争夺战始终不断,永无宁日。

元朝统治者长期在征战中掠夺财富,耶律楚材为元朝制定征税制,蒙古统治者嫌其麻烦,将征税之事承包给个人,称"扑买制"。元朝还废除了铸币,大量印制纸钞,用通货膨胀来搜刮民众,以至一千万文钱只能买一个饼。元朝将民众分为四等,即蒙古人、色目人(西域人)、汉人(金)和南人(南宋),四等人在法律面前不平等,如杀蒙古人偿命,杀回回人罚银八十两,杀汉人罚交一头毛驴的价钱,杀一个南人罚一头猪的价钱,蒙古保长对汉人媳妇有初夜权,汉人甚至连姓名都不能有,只能以出生日期为名,更不能拥有武器,甚至几户人家只能合用一把菜刀。

元朝统治者重视城市与商业,派出庞大的商队与中亚各汗国通商,还让穆斯林人充当元朝官商,也就是"斡脱"商人。元大都是当时世界上最华丽的都市,商业与都市的繁荣,促进了城市文化的发展,供城市居民娱乐的杂剧在元朝十分兴盛,涌现了关汉卿等杰出的元曲家。大规模的军事征服也促进了中西文化的交流,郭守敬通过与波斯天文学家交流,学习了阿拉伯的天文历法,制定了《授时历》;西方的也里可温教(基督教的一个派别)也在这时传入中国;意大利人马可·波罗幼年随父到中国,被元世祖忽必烈留充侍卫,在中国住了17年,后来返回意大利,口述在中国的见闻,形成了著名的《马可·波罗游记》,其中对中国繁华都市的夸张描写,刺激了后来西欧人寻找通向东方的航线。

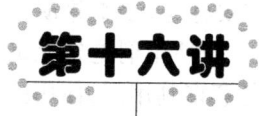

明清史

明朝与清朝是中国最后两个帝制王朝。明朝的开创者朱元璋出身贫寒,他试图建立一个由皇帝完全控制的小农社会,统治残忍而坚定,杀死了无数开国功臣、地主乡绅、贪官与思想上的不顺从者。但在他的身后,明朝官场腐败、贫富分化、精神萎靡等问题,比前朝有过之而无不及。明朝亡于民众的暴力革命,但取代明朝的是东北女真部族建立的满清王朝。明清时代,近代西方文化开始传入中国,资本主义的西方国家不但要求与中国通商,而且拒绝在拜见中国皇帝时行三跪九叩之礼,"天朝"朝贡体系遭遇了挑战。

一、独裁统治

1. 明太祖朱元璋

元朝末年,群雄并起,出身贫苦的朱元璋加入反元战争的洪流之中,不但兼并了其他势力,而且高举民族主义大旗,驱逐鞑虏,恢复中国,建立了明朝,朱元璋就是明太祖。朱元璋太子早死,太孙朱允炆柔弱,为了防止子孙大权旁落,朱元璋大兴狱案,诛杀功臣。丞相胡惟庸以谋逆、私通日本、蒙古等罪被凌迟处死,株连3万人,其中包括朱元璋最主要的谋士李善长全家,开国第一文臣宋濂等。后来大将军蓝玉被指图谋不轨,凌迟处死,又株连2万人。两次大狱,明朝开国功臣几乎全数冤死,善终者只有朱元璋幼年玩伴汤和一人。

朱元璋将君主专制政体发展成为皇帝的独裁统治。君主专制是指皇帝拥有政治上最高和绝对的权力,但皇帝的行为仍受礼法、制度的约束,而独裁统治则是指皇帝可以不顾一切礼法制度,为所

欲为,其他任何人都是皇帝一个人的奴仆,必须接受皇帝的任意支配。废除丞相,是朱元璋实行独裁统治的最重要标志,杀丞相胡惟庸后,朱元璋废中书省,由皇帝亲自处理政务。法外用刑是朱元璋独裁统治的重要表现,朱元璋屡兴大狱,经常任意审判用刑,使用的法外酷刑,除了传统的凌迟、枭首、夷族之外,还有活埋、油煎、抽肠、剥皮等。传说朱元璋非常痛恨贪官,对贪官施以剥皮之刑,还在人皮中填草(皮实草)挂在官府边上,以此警诫。特务统治也是一种法外用刑,朱元璋设立的特务机构包括检校和锦衣卫,检校的职责是秘密侦察在京大小衙门官吏的一举一动,锦衣卫则是一个军事特务机构,掌管侍卫、缉捕、刑狱,凌驾于刑部、大理寺之上,胡蓝党案株连数万人,锦衣卫"功不可没"。朱元璋的法外用刑还有廷杖和文字狱。廷杖是对忤旨的朝臣公开杖责,明朝因廷杖致残、致死的朝臣不计其数,以致官员每日上朝,都要与家人诀别。文字狱则是因为使用敏感文字而下狱受刑,朱元璋认为"则"是骂他做贼,"生"字是骂他做过和尚(僧),"光"字是骂他剃过光头,"殊"字是骂他歹毒,朝臣的奏折中不小心出现这些文字,往往就被诛杀。残酷的统治导致文人不敢当官,朱元璋又规定,"寰中士大夫不为君用,是自外其教者,诛其身而没其家",不愿当官也要杀头。

2. 靖难之变与土木堡之变

为了防止皇权旁落,朱元璋分封了23个藩王,并且规定如遇奸臣专权,藩王可以声讨奸臣,甚至发兵"清君侧"。1398年,朱元璋去世,他的孙子建文帝继位,齐泰、黄子澄等人建议建文帝削藩。朱元璋四子燕王朱棣以声讨齐泰、黄子澄为名,在北京起兵,率军南下,攻克京师建康,建文帝下落不明,官方称建文帝畏罪自焚,而民间流传建文帝剃度逃亡,这就是"靖难之变"。1403年,朱棣称帝,这就是明成祖,年号永乐。明成祖对不肯投降的建文帝旧臣十分残忍,齐泰、黄子澄都被处凌迟,拒绝为他写即位诏书的方孝孺被诛十族,其他官员有的皮实草,有的油煎。为了对付蒙古,明成祖又将京城迁到了北京。

明成祖之后,明仁宗(年号洪熙)、明宣宗(年号宣德)时期,内阁负责为皇帝起草诏书,并为皇帝拟定奏章批复,称"票拟",皇帝根据

"票拟"用朱笔对奏章正式批复,称为"批红"。后来明英宗(年号正统)任命太监王振为司礼监的秉笔太监,代行批红,明代宦官弄权由此开始。1449年,蒙古瓦剌部入侵,王振怂恿英宗御驾亲征,皇弟朱祁钰留守京师。英宗在土木堡(今河北怀来土木镇)被俘,朱祁钰(明景帝)在北京继位,尊英宗为太上皇,王振被抄家,史称"土木堡之变"。此后瓦剌军大举入侵,直逼北京,兵部尚书于谦与瓦剌军展开激战,保卫了北京城。后来英宗被放回,七年后,英宗在太监曹吉祥等人的策划下,乘景泰帝病重时,入宫复辟,幽杀景泰帝,并以谋逆罪处死于谦。

3. 明武宗

如果说太祖、成祖的独裁统治主要体现于法外酷刑、极权滥杀方面,那么武宗(成化)、世宗(嘉靖)、神宗(万历)这些皇帝的独裁,主要体现在不顾礼法、胡作非为方面。

明英宗之后继位的明宪宗,在太祖设锦衣卫、成祖设东厂之后,又设立了新的特务组织西厂。宪宗的儿子明孝宗在位时朝政稍有振兴,有"弘治中兴"之称。孝宗的儿子明武宗贪玩好色,宠信武臣江彬、太监刘瑾等人,又喜弄兵。当时蒙古鞑靼部重新崛起,多次骚扰明朝边境,明武宗以"总督军务威武大将军总兵官朱寿"的名义,出关巡边,文武朝臣担心明武宗成为第二个明英宗,极力反对。1517年,蒙古鞑靼部率军五万南侵,明武宗在应州(今山西应县)迎战,调集五六万兵马亲征,双方数日激战,明武宗与士兵同吃同住,亲自斩首蒙军一人,极大地鼓舞了明军士气,最后逼迫蒙古撤兵,史称"应州大捷",武宗十分得意,给自己加封"镇国公"。但史书记载,此战明军杀敌16人,被杀52人,重伤563人,武宗也险些被俘,如此战果如何令蒙军退兵,令人疑惑。

武宗胡作非为,朝政荒废,各地民众与藩王相继起兵造反。1519年,宁王朱宸濠集兵十万,试图效仿明成祖推翻武宗。武宗以"威武大将军朱寿"的旗号率兵讨伐,但在途中得到捷报,宁王之乱已被王守仁平定,朱宸濠被俘。不料明武宗隐匿捷报,继续南下,一路索取处女、寡妇、妓女,朱宸濠押到南京之后,明武宗将其释放后再亲自捉拿,然后大肆庆功。回京途中,武宗仍然一路游乐,在垂钓

时跌水得病,回京后不久病逝。明武宗的荒淫好色,后来成为野史和通俗文艺喜爱的题材,甚至有人认为,《金瓶梅》中西门庆的原型就是明武宗。

4. 嘉靖皇帝与倭寇之乱

武宗之后,堂弟明世宗(年号嘉靖)继位。嘉靖皇帝以父亲为皇考,称孝宗为皇伯考,群臣反对,谏争不断,史称"大礼议",因此下狱者百余人,廷杖而死者十余人。嘉靖皇帝迷信道教,求长生之方,以善写青词的严嵩为内阁首辅,专政17年之久。时有户部主事海瑞见嘉靖皇帝荒淫无道,抬棺死谏,上《直言天下第一事疏》,被捕入狱。嘉靖皇帝又命宫女每日清晨采集甘露兑服参汁,致使上百名宫女病倒。一次宫女们无法忍受,差点将嘉靖帝勒死,这就是历史上罕见的宫女弑君案,史称"壬寅宫变"。

嘉靖年间,东南沿海倭寇成患。倭寇原本是指日本海盗,以日本流浪武士为主。后来明朝实行海禁,沿海的中国海商往往转化为非法的海盗,与日本海盗联手,侵扰中国、朝鲜沿海地区,从元末至明万历年间,前后历时达300年之久。嘉靖以前,倭寇侵扰只限于个别地区,影响尚小。嘉靖以后,日本室町幕府已名存实亡,诸侯各自为政,大小藩侯为寻求中国货币与各种物资,支持倭寇侵扰中国东南沿海地区,掠夺大量财物。同时大量的中国商人、破产农民和失意知识分子因各种原因留居日本,联合日本人开展海上贸易,同时从事海盗行径,当时不少倭寇首领如汪直,都是侨居日本的中国人。嘉靖年间(1522—1567),倭寇在山东、南直隶、浙江、福建、广东沿海大肆烧杀掳劫,江浙一带民众被杀者数十万人,激起中国朝野的反抗。在谭纶、戚继光、俞大猷等将领的领导下,东南沿海军民奋起抗击倭寇。俞大猷夜袭普陀山倭寇老营,又歼灭王江泾倭寇2 000人,戚继光在台州九战九捷。此后,戚继光与俞大猷联合,基本肃清福建、浙江、广东的倭寇。

5. 张居正与万历皇帝

在位45年的嘉靖皇帝因服丹药去世,他的儿子明穆宗(年号隆庆)在位6年,政治还算清明。穆宗子明神宗(年号万历)继位后,其师傅张居正成为内阁首辅,辅政10年,推行了一系列改革措施。张

居正创"考成法",严格考核各级官员,以此整顿吏治、加强中央集权;任用著名的水利学家潘季驯督修黄河,使黄河不再南流入淮,漕河可以直达北京;派戚继光守蓟门,李成梁镇辽东,加强长城一线防御,税赋新政"一条鞭法"则是张居正改革中最重要的内容。张居正的改革得罪了无数官僚,1582年张居正病故后,遭到朝臣疯狂攻击,被削职抄家,家人被饿死十余人,长子自杀。

张居正去世后,亲政的明神宗因酒色过度,很少上朝,从1589年开始更是长居深宫,不祭祀天地祖宗,不读书,不见群臣,不看奏章,不补缺官,开始了长达二十余年"万事不理"的皇帝生活。明神宗又大兴土木,从21岁时开始筹建自己的陵墓(定陵),耗费白银800万两,相当于全国两年的田赋。明神宗还大肆敛财,派太监充任税使到各地搜刮,在各地激起民变。

朝鲜是明朝的藩属国,万历年间,日本统治者丰臣秀吉侵略朝鲜,明朝派兵援朝,大败日本军队,收复平壤、开城。后来明朝与日本议和,各自罢兵,明朝还封丰臣秀吉为日本国王。

6. 明宫三案与东林党

明神宗想立爱妃郑氏所生福王朱常洵,但朝臣们坚决支持宫女所生的长子朱常洛,于是皇帝与朝臣展开了长期的斗争,无奈之下明神宗立朱常洛为太子,史称"国本之争"。但郑贵妃不死心,指使太监雇凶行刺太子,在东宫被当场抓获,史称"梃击案",后来不了了之。1620年万历皇帝去世,明光宗朱常洛继位,不久因病中服用官员进献的红色药丸后暴亡,死因不明,史称"红丸案"。光宗的儿子明熹宗朱由校(年号天启)继位后,光宗宠妃李选侍霸占皇帝所居乾清宫,被朝臣与太监强逼移宫,史称"移宫案"。梃击、红丸、移宫,即所谓明宫三大案。

万历年间,在政治斗争中失败的顾宪成、高攀龙等人在无锡东林书院讲学并评论朝政,受到东南的士绅阶层的欢迎,失势官员争相前往东林书院,也有朝臣与之遥相应和、互通声气,形成了相当大的政治势力,被指为"东林党"。东林党在"国本之争"、明宫三案中与万历皇帝作对,支持光宗、熹宗父子,在光宗朝一度得势,与其他朝臣形成激烈党争。

明熹宗酷爱木工，太监魏忠贤投其所好，逐渐掌握了朝政。受东林党打压的朝臣们纷纷依附魏忠贤，结成所谓的"阉党"。1624年，东林党人杨涟弹劾魏忠贤未遂，魏忠贤开始大规模迫害东林党人士，东林书院被拆毁，朝中东林党势力被扫除。1627年，明熹宗去世，其弟明思宗朱由检（年号崇祯）继位，魏忠贤立即遭到弹劾，畏罪自杀。崇祯年间（1628—1644），东北后金势力兴起，西部饥荒，民变丛生，而明朝内部党争不息，将士骄惰。崇祯皇帝求治心切，无奈明朝已是积重难返，无法挽救灭亡的命运了。

二、明清鼎革

1. 满清崛起

明代女真族分为建州女真、海西女真和东海（野人）女真三部，明朝在女真族聚居区设置卫所，并由女真各部族首领世袭卫所官职。爱新觉罗氏本是女真族的小部族首领，世代在明朝建州卫任职，爱新觉罗·努尔哈赤曾是明辽东总兵李成梁部下。后来明军扶植图伦（今辽宁省新宾自治县汤图附近）城主尼堪外兰，进攻努尔哈赤的堂姐夫阿台，他祖父和父亲也被明军误杀。虽然明朝极力抚慰，但努尔哈赤决心为祖、父报仇。1583年，努尔哈赤联络对尼堪外兰不满的各部，率兵百人，攻克图伦城。此后30年，努尔哈赤统一女真各部，并将女真各部整编为四旗（黄、白、红、蓝），后又扩为八旗（正、镶各四旗），努尔哈赤自领三旗（正黄、镶黄、正白）。这时期努尔哈赤仍对明朝保持友好关系，被明朝任命为建州都督、龙虎将军。但到了1616年，努尔哈赤（清太祖）在赫图阿拉（今辽宁新宾县西老城）称汗，建国后金，统治中国东北数千里的地区。两年后努尔哈赤起兵反明，攻占抚顺。明朝调集十万大军讨伐努尔哈赤，却在萨尔浒（辽宁抚顺东）遭遇大败。此后努尔哈赤攻占沈阳、辽阳等地，并迁都沈阳（盛京）。但在进攻宁远（辽宁兴城）时，遭到明朝守将袁崇焕红衣大炮的猛轰，后金遭遇重创，努尔哈赤未能破城，含恨返回沈阳，郁愤而终。

努尔哈赤去世后，八子皇太极（清太宗）继承汗位，出兵朝鲜，切断朝鲜与明朝的关系，然后率大军进攻宁远、锦州，均被袁崇焕击退。袁崇焕取得"宁锦大捷"后,崇祯皇帝以袁崇焕为兵部尚书,赐尚方宝剑,将收复辽东重任全权托付。此后皇太极与漠南蒙古结盟,避开宁锦一线,于1629年率10万军队越过长城,兵临北京城下。明朝急召袁崇焕回防北京城,击退后金军队。这时北京城中盛传袁崇焕私下与后金议和,不久崇祯皇帝逮捕袁崇焕,关押半年后处以极刑。此后皇太极征服朝鲜,统一漠南蒙古,建立蒙古八旗。1636年皇太极在沈阳称帝,国号清,皇太极即清太宗,然后全力进攻明朝。皇太极经过苦战攻克松山(今辽宁锦县西南)后,明将洪承畴被俘,锦州投降,山海关外仅剩宁远一座孤城,明朝又有孔有德、耿仲明、尚可喜等将领纷纷归降,皇太极又建立汉军八旗。

占领松山、锦州后不久,皇太极去世,长子肃亲王豪格与弟弟睿亲王多尔衮争夺皇位,最后采用折中方案,立皇太极第九子、6岁的清世祖福临(年号顺治),多尔衮以摄政王掌握政权。传说顺治继位时,福临母亲孝庄文皇后(太宗庄妃)依满、蒙部族兄死妻嫂习俗,下嫁多尔衮。

2. 明朝灭亡

从崇祯初年(1628)开始,陕西等地饥荒,饥民暴动频发。后来陕西农民军在李自成领导下攻陷洛阳,杀死福王朱常洵,攻破潼关,占领西安。另一支由张献忠领导的农民军则进入四川地区建立大西政权。1644年,李自成在西安建立大顺政权,然后攻陷居庸关,杀入北京城。崇祯皇帝自缢,明朝灭亡。攻占北京后,李自成派人招抚山海关总兵吴三桂。吴三桂本来接受招抚,后来听说李自成在北京向明朝官员追饷,并得知家眷被拘,于是返回山海关,拥兵抵制李自成。李自成率军征讨吴三桂,吴三桂引清军入关,大败李自成。进入北京的农民军掳掠财货,肆意享乐,内讧不断,军心涣散。山海关战败更使大顺政权集团感到惶恐,李自成返回北京后匆匆登基,然后便于深夜撤出北京城,农民军仅在北京驻扎41日。传说李自成后来转战湖北东南九宫山(湖北通山县与江西武宁县间),被当地的地主武装围困,兵败而亡。

李自成退出北京后3天,清摄政王多尔衮进入北京,下令礼葬崇祯皇帝,树立为明朝平定叛乱之形象,随后顺治皇帝入关,北京成为清朝都城。与此同时,明福王朱常洵之子朱由崧在南京即皇帝位,年号弘光。清军围攻扬州,明将史可法在外援断绝的情况下坚守孤城7日,城破后清军在扬州连续屠杀10日,史称"扬州十日"。清军渡江后,攻破南京,弘光皇帝被押解到北京后被杀。接着清军连续攻克苏州、杭州、松江、常州等江南大部,并下"留头不留发、留发不留头"之剃发令,引起汉族强烈反抗,但都被清军镇压,其中嘉定(今属上海)连遭三次屠杀,史称"嘉定三屠"。

弘光政府覆灭后,又有两个明朝宗亲称帝(隆武帝与永历帝)、一个称监国,都被清军剿灭。其中桂王朱由榔(永历帝)称帝于广东肇庆,曾与张献忠、李自成残部联合抗清,一度形成浩大的抗清声势。但因内部关系紊乱,终归失败,永历帝逃往缅甸,清军入缅甸,缅甸人将永历帝献于清军。

3. 郑成功

永历帝遇害后,李自成余部夔东十三家在川鄂山区继续抗清,一直坚持到康熙三年最后失败。此外则有郑成功坚持在东南沿海地区进行抗清活动。郑成功的父亲郑芝龙本是倭寇,郑成功出生于日本,7岁回到中国读书,后来考中秀才。郑芝龙后被明朝招降,清兵入关后,郑芝龙父子先后拥立弘光、隆武政权,郑成功被赐国姓朱。隆武政权覆灭后,郑芝龙投降清朝。但清军洗劫郑家,郑成功母亲田川氏自尽,郑成功在小金门起兵反清,奉南明永历年号,一度歼灭福建的清军主力,后又在厦门(时为一小岛,脱离于大陆)歼灭来犯清军。此后郑成功盘踞于今小金门和厦门一带小岛,通过海外贸易筹集资金,组织军力。郑芝龙受命招降郑成功失败后,被发配到宁古塔(黑龙江省宁安县),郑成功则统率水陆17万大军北伐,渡长江,克镇江,围南京,因中清军缓兵之计,损兵折将,败退厦门。

1661年,清圣祖玄烨(年号康熙)即位。清圣祖颁布禁海令和迁界令,从山东至广东沿海居民内迁20里,捣毁沿海船只,"寸板不许下水",又处死郑芝龙。郑成功经济来源因此断绝,被迫放弃近岸小岛,转而进攻已被荷兰人占据的台湾作为新的基地。郑成功击败荷兰人后去世,其子郑经继续经营台湾,移植明朝官制,自称"东宁王国"。后来郑成功部将施琅投降清朝,师法郑成功进攻荷兰人的战术攻克澎湖岛,郑经的儿子郑克塽降清,1684年,台湾成为清朝的一个府,隶属福建省。

4. 清朝的统治

顺治时,多尔衮以摄政王掌握政权,武力征服中国大部,其地位也由叔父摄政王上升为皇父摄政王。多尔衮一方面拉拢归顺的汉族官僚,一方面实行民族高压政策,满族贵族有权圈占汉人土地(圈地),汉人被迫成为满族贵族的农奴(投充),又严酷迫害逃亡的汉族农奴(逃人法),强迫汉人易服剃头,激化了满汉民族矛盾。同时多尔衮逼死顺治帝的长兄豪格并强占其妻,反对顺治帝学习汉族文化,为顺治帝安排的婚事也令皇帝反感,摄政王与皇帝的关系十分紧张。后来多尔衮在围猎时坠马,不治而亡。顺治帝亲政后不久,便以谋逆之罪抄没多尔衮家产,毁其墓坟,诛灭其党羽。然后削弱满族诸王公贝勒的权力,停止圈地,放宽逃人法,遭到满族贵族强烈反对,令顺治帝对朝政失去信心。顺治帝又强娶弟媳董鄂氏,沉湎于对董鄂氏的感情及佛教中。董鄂氏病故后,顺治帝精神崩溃,一度打算出家,不久去世,有说染天花而死,也有说出家为僧。

清圣祖玄烨(年号康熙)于1661年继位,14岁开始亲政,两年后计擒权臣鳌拜,清除其党羽。此后因为撤藩,引起云南平西王吴三桂、福建靖南王耿精忠、广东平南王尚可喜三藩叛乱,叛军一度占据桂、川、湘、闽、粤诸省,战乱波及赣、陕、甘等省。康熙帝在恢复耿精忠、尚之信(尚可喜之子)爵位后,派大军镇压吴三桂。吴三桂退到湖南衡州称帝,后去世,其孙吴世璠在云南昆明被围自杀,三藩之乱平定,尚之信、耿精忠相继被杀。康熙在位61年,清朝进入稳定发展时期。康熙帝所立太子胤礽两次被废,引起诸子夺嫡之争,后来康熙帝将立诸遗诏存于乾清宫"正大光明"匾后,形成了清朝的秘密立诸制度。康熙帝去世后,四子清世宗胤禛继位(年号雍正)。1735年雍正帝在圆明园猝死,一说服丹药中毒而死,一说中风而死。民间则有雍正被吕四娘所刺杀、被宫女缢死、被《红楼梦》作者曹雪芹下毒致死等传说,都属无稽之谈。雍正帝去世后,其子清高宗弘历继位(年号乾隆)。乾隆年间清朝加强了对蒙古、新疆、西藏、西南少数

民族的统治。康雍乾三朝,清朝政治、社会相对稳定发展,史称"康乾盛世"。但乾隆皇帝巡游无度,好大喜功,在位期间吏治日益腐败,又屡兴文字狱,钳制士人思想,清朝由盛转衰。

乾隆皇帝在位60年后,传位十五子清仁宗颙琰(年号嘉庆),自称太上皇。乾隆去世后,他的宠臣和珅立刻垮台,据说抄没家产折合白银9亿两,相当于全国12年的财政收入,和珅虽是大贪官,但这个数据可能太过夸张。嘉庆年间社会矛盾开始激化,全国民变不断。1813年,北方发生天理教叛乱,部分天理教徒在太监接应下冲进皇宫,被嘉庆皇帝次子旻宁捕杀。嘉庆皇帝在避暑山庄去世后,清宣宗旻宁继位(年号道光)。20年后(1840),中英鸦片战争爆发。

三、遭遇西方

1. 天朝的朝贡体系

中华帝国自以为是普天之下文明的中心,以"天朝上国"自居,而周边国家、民族都应该向中华帝国称臣纳贡,学习汉族文化,并向中国皇帝行三跪九叩之礼,这就是所谓的天朝的朝贡体系。

中华帝国与周边国家的朝贡关系,最早出现于西汉与匈奴之间。公元前53年,呼韩邪单于"称臣入朝事汉",并送其子至汉朝作为质子,又使臣纳贡。此后西域诸国也向汉朝朝贡,东汉时朝贡范围扩大至匈奴、西域、日本、东南亚、南亚等地。唐太宗被周边各国奉为"天可汗"。641年,来华朝贡的国家就有15个,盛唐时与中国建立朝贡关系的多达70余国,是名副其实的"天朝上国"。宋朝来华朝贡较多的国家和地区有高丽、交趾、占城、三佛齐、大食、于阗、龟兹等,元朝则有高丽、日本、安南、占城、缅甸、爪哇等。中华帝国对于朝贡国的内政一般不予干涉,但元朝是世界性的军事帝国,与朝贡国家的关系一般建立在军事征服的基础上,因此对朝贡国的政治控制程度较强。

与明朝保持朝贡关系的国家可能有近百个,根据朝贡关系的紧密程度可以分为实质的朝贡、一般的朝贡和名义的朝贡三种。实质的朝贡是指朝贡国向宗主国称臣,定期遣使朝贡,采用明朝年号、年历,宗主国则对朝贡国予以册封、赏赐,对其贡物进行回赐等,在政

治上具有君臣的隶属关系,明朝时属于这一类的朝贡国主要有朝鲜、琉球(今属日本冲绳县)、安南(今越南北部)、占城(今越南南部)。一般性的朝贡是指朝贡国一定程度上认同中国文化,曾经接受过宗主国封号,定期或不定期来宗主国朝贡的国家,政治上的君臣隶属关系往往是名义上或象征性的,朝贡的经济意义比较突出,明朝时属于这一类的朝贡国主要有日本、暹罗(泰国)、爪哇(今属印度尼西亚)、满剌加(今马来西亚马六甲)、苏门答腊(今属印度尼西亚)、真腊(今柬埔寨和越南南部部分地区)、渤泥(今加里曼丹岛北部和文莱一带)、三佛齐(今印度尼西亚苏门答腊)、苏禄(今属菲律宾)等。名义上的朝贡关系则纯粹是借朝贡的名义进行贸易,典籍中记载的100多个朝贡国,绝大多数在整个明朝只朝贡过一两次。清朝的实质性朝贡国则有朝鲜、琉球、安南,一般性朝贡国有暹罗、南掌(今老挝)、苏禄、缅甸等。

2. 佛郎机

文艺复兴之后,欧洲的造船技术有了很大的发展,同时学会了使用从中国传入的指南针、火药,远洋航行成为可能,大航海时代开始了。从此西方的冒险者强烈要求与中国通商,而中华帝国只能接受朝贡关系,双方不能通过外交手段解决这个矛盾,最后只能诉诸武力。中华帝国的朝贡体系遭遇到前所未有的挑战。

最先进行海上探险寻找东方的是西班牙和葡萄牙。其中西班牙发现了新大陆美洲,而葡萄牙绕过非洲南岸,来到了印度和中国,明朝将葡萄牙人和西班牙人称为"佛郎机"。"佛郎机"本是近代以前土耳其,阿拉伯等东方民族对欧洲人的泛称,为"法兰克(Frank)"词的误读。16世纪初,葡萄牙人占领了今天的马六甲、马鲁古群岛、苏门答腊岛等地区,确立了印度洋上的霸权。1514年,葡萄牙人开始在中国广东贸易,此后要求与明朝建立正式通商关系,派商船进入屯门岛(今广东宝安县南头附近),但明朝只能接受葡萄牙与明朝的朝贡关系,因此拒绝葡萄牙商船进入广州,仅安排贡使拜见广州总督。葡萄牙人通过贿赂,冒充满剌加贡使入京拜见明武宗。但不久葡萄牙侵占满剌加的罪行被揭发,明世宗将葡萄牙贡使押赴广州监禁,并下令驱逐盘踞屯门的葡萄牙人。此后葡萄牙人转向闽浙进

行侵扰、走私活动,并在双屿(今属浙江镇海)等地建立据点,但被明朝军队驱赶。最后葡萄牙人又通过贿赂明朝官员租借澳门,并在澳门修建房屋,架设炮台,设置官吏,从此租占了澳门。

继葡萄牙后,西班牙也进入中国。1571年,西班牙占领吕宋(今菲律宾),然后要求与明朝通商,也遭到明朝拒绝。吕宋原为中国商贩聚集之地,后来福建人在吕宋与西班牙人发生矛盾,西班牙人多次屠杀中国人。

3. 传教士

东西方海道打通后,西方传教士开始进入中国。第一位来东亚的传教士是西班牙人方济各·沙勿略(St. Francois Xavier),1552年抵达广东上川岛,因中国人厌恶佛郎机,没有进入中国内地。1579年,意大利耶稣会士罗明坚(Michele Ruggleri)来到澳门,将报时钟送给官府,用天文算学启迪士大夫,改穿僧袍,遵行中国礼俗,终于获准在广东肇庆建立教堂,向中国人传教。不久意大利耶稣会士利玛窦(Matteo Ricci)抵达肇庆,与罗明坚建造了一座教堂,陈列报时钟等各种西洋器物,其中的世界地图特别引人注目。此后利玛窦易僧装为儒服,往来于北京、南京之间,与士大夫广泛交游,名声大噪。明神宗对利玛窦进呈的报时钟、西琴等特别喜爱,允许他留在北京居住。于是利玛窦在士大夫中讲学论道,五年之间发展信徒200余人,其中包括与利玛窦一起翻译《几何原本》等数学书籍的士大夫徐光启、李之藻等人。1610年,利玛窦去世时,中国已有耶稣信徒2 500人,崇祯时则有10万人以上。后来礼部尚书徐光启推荐德国传教士汤若望(Johann Adam Schall Von Bell)供职钦天监,从此宫中也修建了教堂,有3个后妃和114个皇室成员成为天主教徒。

除了世界地图之外,西方令中国人震惊的还有他们的大炮。明朝曾令徐光启等人购买与仿造西洋大炮,并在宁远大捷中炮轰清军,可惜并没有挽救明朝灭亡的命运。清军入关后,多尔衮任命汤若望主管钦天监,顺治皇帝亲政后,汤若望备受恩宠。康熙时,比利时籍传教士南怀仁(Ferdinand Verbiest)任钦天监监副,吴三桂起兵后,南怀仁又奉命铸炮680尊。此外传教士还用西药为康熙治病,并帮康熙绘制了第一部经过测量的中国地图《皇舆全览图》。

利玛窦等人能在中国顺利传教,得益于他们尊重中国礼俗,认为中国崇拜的天或上帝就是基督教的天主,允许中国的教徒祭祀孔子、祖先,因此其传教行为能被中国人和中国皇帝接受并得到支持。后来教皇认为不能用中国的天或上帝代替基督教的天主,也不允许中国教徒祭祀祖先、孔子,引起康熙的反感。此后耶稣会士停止来华工作,只有意大利传教士郎世宁(Giuseppe Castiglione)成为乾隆皇帝的宫廷画师,并且设计修建了圆明园中大水法等西洋建筑。

4. 红毛番及马戛尔尼

继葡萄牙和西班牙之后,要求与中国通商的有荷兰与英国,中国人将他们称为红毛番。1601年,荷兰人来到中国,第二年成立荷兰东印度公司,在与葡、西竞争中占得优势。荷兰人曾几次抢占澎湖、澳门、金门、厦门等地,被明朝击退,于是荷兰人向台湾发展,在南部岛屿安平修建赤嵌城,与闽商交易,并占领了台湾南北要地,赶走了占领基隆、淡水16年的西班牙人。1662年,荷兰人被郑成功赶走。

明朝末年,英国商船来到中国,被葡萄牙人所阻。清朝时,英国东印度公司被允许在广州一地通商。英国要求扩大在华贸易权,于是派马戛尔尼(George Macartney)使华。1792年,马戛尔尼率数百人的庞大使团,携带大量礼品来华,为83岁的乾隆皇帝贺寿。乾隆皇帝非常欢迎,马戛尔尼来到避暑山庄祝寿。但乾隆将英国视为朝贡国,不但要求英国纳贡,而且要求马戛尔尼行三跪九叩礼。马戛尔尼开始拒绝,后来为了完成通商的使命,答应在祝寿时行三跪六叩礼。然而在祝寿时,马戛尔尼向乾隆递交了英国国王的国书,提出英国希望派使者常驻北京,令乾隆皇帝大为恼火,回信拒绝了英王,并催促马戛尔尼尽快回国。马戛尔尼还有更多的要求没有机会当面表达,只好在临行前给乾隆皇帝留了一封信,向清朝提出诸多要求:允许英国商船在珠山(今浙江象山)、宁波、天津等处经商;允许英国商人在北京设一个洋行买卖货物;在珠山、广州附近划一个小岛,为英国商人使用;请求对英商货物实行免税或减税;允许英国人在华自由传教等。乾隆皇帝断然拒绝这些请求,并下敕书向英王逐条批驳,马戛尔尼使团此行一无所获。

马戛尔尼使华是中华帝国的朝贡体系与西方资本主义发生冲突的标志性事件。23年后,英国国王第二次派遣访华使团,因为拒绝向嘉庆皇帝行三跪九叩礼被驱逐出境。又过了24年,即公元1840年,鸦片战争爆发,清朝战败,中英《南京条约》签订,帝国主义者用大炮打开了中国的国门。

第十七讲

帝国的崩溃

一、鸦片战争

1. 西方殖民者的兴起

15世纪末,由于伊斯兰势力在中东拦截东西方的商船,东方商品流入欧洲市场时价格十分昂贵。大西洋西岸的葡萄牙与西班牙为获得高额利润,希望绕行非洲进入印度洋,获得非洲的象牙与宝石,南海的香料与中国的瓷器、丝、茶。哥伦布由于误读地理,打算绕行地球到达中国与印度,结果发现了美洲,而达伽马最终绕行非洲南端的好望角,进入印度洋。新航路的开通,给美洲、非洲及亚洲的族群带来无穷的灾难。当时的美洲有中美洲的玛雅与阿兹特克文明,南美的印加文明,北美的伊洛奎部族联盟等。西班牙以及其他的欧洲人进入美洲,用卑鄙的手段毁灭了当地的文明,屠杀与奴役当地的人种,掠夺当地的财富,还带来了天花与梅毒等病毒,美洲土著因不具抗疫性,感染病毒后大批死亡。同时欧洲人将非洲人掳掠到美洲贩卖为奴隶,又将亚洲的多数国家变成它们的殖民地。当时这些热衷于海外拓展的欧洲国家,经济落后,根本没有本钱购买东方的货物,于是他们就用赤裸裸的武力来掠夺南海的香料、非洲的珍宝,西班牙人又用从美洲掠夺来的白银购买中国的丝、瓷、茶,而19世纪的英国人则以鸦片来平衡与中国之间的贸易逆差。

18世纪,英国、荷兰及中欧的城市,在欧洲海外殖民活动中,通过掠夺资源,掌握了美洲、非洲及亚洲各殖民地的黄金、白银及当地生产的各种产品,世界2/3的财富集中到仅占世界1/20的西欧人口

手中。西欧积累了大量的资金与财富,一方面需要投资,另一方面需要消费,这推动了技术的革新,于是出现了工业革命,机器生产逐渐取代了手工生产,每一个人都被推入巨大的生产系统中,成为机器的一部分。强大的机器生产需要一套全新的经济运作机制与之配套,于是产生了银行存储与投资、合资股份公司与证券市场(股市)、大宗运输与仓储、分摊风险的保险制度等一系列市场运作机制,资本主义的经济形态开始形成。

工业革命与资本主义凝聚成强大的对外扩张的力量,与此同时,欧洲人信奉基督教的独一尊神观念,自诩为上帝的选民,有权利也有义务摧毁异教的信仰,以拯救异教徒的灵魂,于是在扩张过程中理直气壮地摧毁当地的文物。然而欧洲人扩张的真正动机只是为了夺取资源,包括对土地、劳力、天然物产,以及对地理要冲的控制。结果非洲被欧洲列强瓜分,美洲成为欧洲人移居的新天地。当时的亚洲,奥斯曼帝国被瓦解分割,莫卧儿帝国、缅甸、马来诸邦沦为英国殖民地,安南及中南半岛小国为法国所占,菲律宾被美国占领,泰国(暹罗)尚属独立,但长期由英国顾问干涉内政,只有日本通过变法维新、脱亚入欧,加入帝国主义行列,从中国夺取台湾,侵占朝鲜与琉球。中华帝国受尽列强欺侮,国家主权遭到严重侵蚀,未步非洲后尘为各国瓜分、沦为殖民国家,已属幸运。

2. 鸦片贸易

19世纪以前,中国不承认与其他国家的平等关系,认为外国都是蛮夷之邦,没有礼乐教化,任何国家与中国建立关系,必须以藩属身份,向"天朝"朝贡。对于欧洲国家提出的平等贸易的要求,清朝毫不在乎,乾隆皇帝就对英国商人讲:"内地货物,尔等需用甚多,尔等外洋物件,天朝都是可有可无的。尔等安静守法,在此贸易,亦不驱逐,若不来贸易,亦不招徕,倘不遵禁令,是自取咎戾了。"1757年以前,中国对外贸易仅有广州与蒙古边境的恰克图。外国商人也不能在广州自由活动,仅夏秋是买卖季,可以住在广州"十三行"的"夷馆",和"十三行"的行总商议货价,买卖完了,必须到澳门过冬。十三行是政府许可的牙行,并不限于十三家,专揽对外贸易,替政府办外交,官吏的命令与外商的呈文,都由行总传递。这些限制自然让外商很不满意,但是他们最不能忍受的,是海关的勒索与行商的敲诈。当时英国工业革命已经兴起,国力日益强盛,认为中国的自大态度与通商限制有损于他们的国威,更不利于商业的发展,便开始向中国交涉,于是英王派马戛尔尼等人前后三次出使中国,试图用外交手段实现与中国平等通商,结果无功而返。

当时英国对中国的贸易处于劣势地位。欧洲运入中国的商品,大多为棉花、棉布、毛织品、金属制品及南洋出产的香料,而中国出口生丝、丝织品、中药材(大黄等)、瓷器等。中国进出口的总价值大约为白银2 000万两,其中中国约有700万两的顺差需要欧洲商人以白银偿付。但到19世纪中,英国通过鸦片贸易,顺利实现了对中国贸易的顺差,仅鸦片贸易的价值即超过了中国的全部出口,19世纪30年代中国每年流失的白银超过了1 000万两。

鸦片原为普通药材,后来爪哇等地用烟管吸食鸦片,成为一种寻求麻醉的毒品,输入中国的鸦片,也由雍正年间的每年100余箱,激增到乾隆末年的将近2 000箱。19世纪初,清廷已明令入口船只不许夹带鸦片,英商转用中国小船走私,到1838年,走私进口的鸦片竟达2.8万箱。

鸦片对中国既是经济上的重大损失,也对国民健康造成极大的危害。清廷深知鸦片贸易的严重性,形成了放任与严禁两种立场。放任派主张鸦片贸易化私为公,课重税,同时自种罂粟,来抵制外来鸦片,这一派以满洲大臣为主,包括鸦片战争之后曾经主持和谈的琦善。严禁派以汉臣为主,包括黄爵滋、林则徐等人,林则徐从国民健康与国家长远利益着眼,认为鸦片不禁,"数十年后中国几无可以御敌之夫,且无可以充饷之银"。

3. 鸦片战争

1839年,道光皇帝派林则徐为查禁鸦片的钦差大臣,驶赴广州。英人不肯缴烟,林则徐下令断绝交通,停止贸易,派兵围守商馆,撤出为外商服役的中国人,并不许卖粮食给他们。在这种情况下,英国驻华商业总监义律(Charles Elliot)让英商将鸦片交给他,并向他们承诺由此造成的损失由英国政府承担,然后将鸦片交由林则徐销毁。

这时的英国政府已经做好了与中国开战的准备。早在1832年,东印度公司就派遣阿美士德号轮船,由澳门起航北上,在渤海口折航朝鲜、琉球,然后返回澳门,历时8个月,沿途测量中国海道、港口,侦查海防设施及各地物产与商情。1838年,英国广州商馆向英国外相报告此行数据,建议使用武力迫使中国开放贸易,并开列了作战计划,认为派12艘战舰及2 900名军人,即可封锁广州、厦门、上海、天津四个港口,由此完全控制中国的沿海地区。

英国早有武力进攻中国的计划,林则徐禁烟则为他们提供了借口。1839年10月,英国政府决定发动战争,1840年6月,由47艘战舰组成的英国远征军侵入中国海域。英军先进攻福建厦门,被击退。转而进犯浙江定海,定海沦陷。然后英军北上,抵达京津门户——大沽口。道光皇帝意识到问题的严重性,派直隶总督琦善与英军谈判,要求英国舰队撤回广州。英军南撤之后,道光皇帝将主张禁烟的林则徐等人革职。琦善来到广州,才知道英人不但要求赔款通商,而且要求割让香港,他不敢答应,一味拖延,英人不耐烦,便再次开战。此后大角、沙角失陷,琦善又与英国全权代表懿律(George Elliot)订立草约,同意割让香港,道光皇帝听闻大怒,开始调兵遣将,坚决主战。不久虎门及各炮台失守,广东提督关天培捐躯,琦善被押解至京。英军进犯广州,靖逆将军奕山投降。英军北上,攻陷厦门、定海、镇海、慈溪,镇海之战中,两江总督裕谦投水自尽,以死殉国。这时道光皇帝对战争失去信心,向英军求和,英军拒绝议和,进犯杭州湾门户乍浦,遭到乍浦守军重创。英军又攻陷上海门户吴淞口、宝山,以及长江第一道防线镇江,然后沿长江西进,抵达南京草鞋底江南。这时道光皇帝彻底放弃抵抗,下令全力与英军议和。1842年8月,清廷与英国签订了第一个不平等条约《南京条约》,割香港,五口通商,赔款,协定关税。

中英《南京条约》签订之后,美、法、俄等国相继与清廷订立一系列不平等条约。然而《南京条约》并未给英国带来巨大的商业利益,英人因此对《南京条约》不满足。1850年,道光皇帝去世,皇四子奕詝(清文宗)继位,年号咸丰。1854年与1856年,英、法、美三国代表提出修改条约,希望增开通商口岸,英商自由航行内河及出入内地,

第十七讲——帝国的崩溃

废除内地转口税和确定鸦片最低税率,遭到拒绝。于是英法两国借口"亚罗号事件"与"马神甫事件",再次发动战争。亚罗号事件是广东水师抓逮一艘中国走私船,只是船主方亚明聘请爱尔兰人作船长,又在船上挂英国国旗为掩护,结果成为英国人发动战争的借口。马神甫事件是指广西西林县知县张鸣凤依法处死法国非法传教士马赖,法国皇帝拿破仑为此打出"保护圣教"而战的旗号,以博得国内天主教会对侵华战争的支持。

1856年10月,英军攻陷虎门炮台,取得珠江口的控制权。12月,英法联军攻陷广州,两广总督叶名琛不作防备,城陷被掳,被讥为"不战不和不守,不死不降不走",最后死于印度。然后英法联军北上,攻陷大沽炮台,抵达天津,清廷派员在天津与联军议和,《天津条约》签订。1859年英法等国代表到大沽预备进京换约,清廷告知大沽正在设防,改由北塘口登陆,不料英法随带海军开炮轰击,大沽炮台同时还击,英法军舰退回上海。次年英法联军扩大规模,攻占舟山群岛,然后集结于大连、烟台两地,先绕过大沽,攻陷北塘、塘沽,再攻陷大沽、天津,并在八里桥突破清军最后一道防线。咸丰皇帝出逃热河,英法联军进入北京,洗劫圆明园,并与清廷签订《北京条约》,其中包括将九龙租借给英国。此为第二次鸦片战争。

二、太平天国与洋务派

1. 太平天国的兴亡

第二次鸦片战争进行时,清廷与太平天国的激战正处于紧要关头。太平天国运动爆发于1851年,也就是咸丰元年。太平天国的首领洪秀全是广东花县官禄埗村人,出生于世代务农的贫苦家庭,因入村塾读书成绩优异而开始追求科举功名。无奈四次到广州应试,均告失败,心中十分怨恨。1836年第二次应试时,洪秀全在街上遇到基督教传教士梁发宣讲,赠以宣传小册《劝世良言》。次年第三次应试失败,洪秀全精神受到极大打击,引发严重的精神疾病——歇斯底里症,一连40余日,时睡时醒,并梦见有一位老人派遣天使接他升天,命他诛妖、拯救世俗凡人。病愈之后,洪秀全经常分辨不清梦境与现实,性情大变,从活泼诙谐变得端庄严肃。到1843年洪秀全第四次科举失败时,他开始相信之前那场大病中的梦境是真实的,并且翻阅了之前从传教士梁发那里得来的《劝世良言》,于是相信梦中的老人即是天父皇上帝,中年人即是耶稣,而他就是上帝的第二子,奉命诛妖、拯救天下。

于是洪秀全创立了拜上帝教,他两位重要的密友皈依了拜上帝教,一位也是科举的失败者冯云山,另一位则是他的族弟洪仁玕。洪秀全在家乡的传教活动很失败,于是与冯云山一起前往广西传教。三年之后,冯云山非常顺利地发展了3 000多信徒,组织了"拜上帝会",洪秀全后来成了这些人的教主。此后拜上帝会的势力日益扩大,烧炭工头杨秀清、萧朝贵,富豪石达开、韦昌辉,地主曾玉珍,山民胡以晃,矿工秦日纲等都加入其中。拜上帝会四处捣毁庙宇,结果官府拘捕了冯云山,洪秀全回广东设法营救冯云山,而冯云山在说服押送他的兵丁私自释放他后,也回到广东。拜上帝会信徒群龙无首,人心惶惶,几至崩溃,这时杨秀清与萧朝贵也假托"神灵附体",代"天父"、"天兄"传言,巩固了"拜上帝会"。洪秀全、冯云山返回广西后,加紧准备起义,到1851年1月便在金田村建号太平天国,举起了反清的义旗。

1853年,太平天国全军50万众,自武汉沿江东下,攻入南京,改南京为天京,以之为都城。直至1864年天京沦陷,太平天国在此与清廷对峙14年之久。其间太平军北伐、西征、东征,先后攻占600多座城市,势力发展到18个省。但1856年天京事变之后,太平天国迅速衰落。1856年秋,东王杨秀清伪托天父下凡,逼洪秀全封他为"万岁"。9月,驻扎在江西的北王韦昌辉率军赶回天京,于凌晨突然攻入东王府,杀了熟睡中的东王杨秀清及其妻小,大肆屠杀所谓东王党羽两万余人。督师武昌的翼王石达开获悉后赶回天京,企图平息事态,不料韦昌辉欲加害石达开,石达开连夜逃出城外,而天京军民无法忍受这一现状,愤而杀了韦昌辉。此后石达开回朝辅政半年,受到洪秀全百般猜忌,率十数万精兵良将离京出走,只给天京和天王留下六七千老弱残兵。

天京事变之后,太平天国对清朝东西两线进攻停顿下来,本已一筹莫展的清军获得喘息,湘军卷土重来,攻占武昌、汉阳,进逼九

第十七讲——帝国的崩溃

江、安庆,直扼太平天国的咽喉,清军又重建江南、江北大营,形成对天京的包围。洪秀全是一位满脑子帝王思想的落第秀才,他将基督教神学改造成粗鄙的民间秘密宗教,通过降神建立领袖的绝对权威,虽然吸引了大批底层民众,也构成了对中国儒学传统的极端挑战,在文化上断绝了太平天国与士绅阶层合作的可能性。1859年,留居香港五年的天王族弟洪仁玕到了天京,被封为干王,总理机务,拟订了一套改革计划,名曰《资政新篇》,其中包括改革风俗,仿行西法,但不过是纸上空谈,无法实行。1860年,中国第一位留学美国的容闳在天京考察月余,提出新政建议,但他认为洪秀全实无建设一新中国的能力。这时的太平天国虽有陈玉成、李秀成两位杰出的将领率众奋力搏斗,苦撑危局,但天京统治集团十分腐朽,太平天国的败局无从挽救。1863年,太平天国连失杭州、嘉兴、苏州等地,天京已成孤城,而且城中无粮,洪秀全命军民以"甘露"(百草)为食。次年常州失陷,洪秀全宣称"朕即上天堂,向天父、天兄领到天兵,保固天京",不久因服"甘露"致病而死。7月,湘军攻入天京,天京城被焚毁,老弱妇幼死者约二三十万人,而整个太平天国战争给中国造成的人口损失,据估算约有3 000万~6 000万人。

2. 湘军政治集团

在镇压太平天国的同时,清廷内部以曾国藩为代表的一批儒家经世派官员开始在政治上兴起。在曾国藩看来,太平天国以西方的基督上帝来反对传统的儒家礼教,这不仅严重动摇了清朝的政治统治,而且威胁到中国数千年的儒家道统,太平天国不仅是清廷的大敌,也是中国文化的掘墓人。在保卫名教的旗号下,曾国藩罗织大批经世儒生,汇聚传统的政治力量,同太平天国展开对抗。清政府正是依靠这批儒家经世派得以起死回生,出现了所谓的"同治中兴"。然而与此同时,在清朝的政治秩序内部,地方势力抬头,官僚阶层内部出现分化,清王朝的统治危机加深了。

清朝地方的控制系统主要有保甲制与士绅阶层两种。保甲制代表了官方的控制系统,主要职能是维持治安与征税,而地方其他的政治与社会功能主要由士绅来承担。地方士绅凭借自己的儒家规范与家族地位,维持地方秩序,承担地方公益。但是,只有在中央政府比较强大，地方士绅阶层的利益有基本保障的前提下，地方士绅才会与中央合作。在太平天国的打击下，中央政权衰弱，地方利益得不到应有的保护，从而出现了地方为自卫而军事化的倾向。18世纪末、19世纪初爆发的白莲教起义沉重打击了清政府的正规军，在后来镇压起义的过程中，清政府开始动员和利用地主武装，在官方监督下，由地方士绅组织以村寨为基点的"团练"，其任务是筑墙设防，坚壁清野，实行武装自卫。

太平天国兴起后，所到之处严重破坏了原有的地方政治秩序，清政府对太平天国无能为力，地方士绅不得不依靠自己的力量来维持地方秩序，于是利用自己的家族组织或地方势力组成非官方的地方武装，以便与太平军对抗。清政府对于士绅自行组建团练这样的地方武装一直怀有戒心，指示各省在籍官僚负责办理地方团练，加强对地方武装的监督，曾国藩就是这些团练大臣中的一位。曾国藩出自耕读之家，28岁中进士，34岁官至礼部侍郎，平生研究义理与经世致用之学，是道统名教的拥护者。1853年，太平军进入湖北，清廷正式授命曾国藩入湖南组织团练，曾国藩以"乡民壮健朴实者"为士卒，而官佐几乎全用湖南人，因此这支军队被称为湘军。湘军开始时肃清了太平军在湖南的势力，后来纵横驰骋于东南各省，成为对抗太平军的主力。湘军既非一般的地方团练，也非清廷直接指挥的正规军，而是曾国藩一手创立的私人武装，兵为将有、讲究私谊、军饷自筹，从而形成一股强大的政治势力。1860年，太平军第二次进攻江南大营、大败绿营军时，清廷不得不任命曾国藩为两江总督兼钦差大臣，苏、浙、皖、赣四省所有巡抚、提督均由他节制，湘军代替绿营成为国家的主力军，而曾国藩也由湘军统帅变为东南各省最高行政长官。为了便于作战，曾国藩又利用自己的权力把大批湘军将领举荐为封疆大吏，从而形成一个以曾国藩为首，以胡林翼、左宗棠、李续宜、曾国荃、李鸿章等人为中坚力量的湘军政治集团，既拥有重兵，掌握地方行政大权，又排斥异己，任用亲信，同时因袭湘军军饷自筹的习惯，控制地方财政，从而控制了东南各省的军权、政权、财政与用人权，清朝由此出现了督抚专政与内轻外重的局面。

曾国藩去世之后，李鸿章、刘坤一、张之洞等人分别控制直隶总

督、两江总督、湖广总督大权达十数年之久,左右清廷的内政外交,成为清政府最为持重的地方实力派。八国联军进攻北京时,李鸿章、刘坤一、张之洞、袁世凯等地方督抚公开与清廷相抗,宣布东南互保,使东南地区保持既不倾向政府又不倾向外国而"中立",中央集权已经名存实亡,至辛亥年武昌革命,顷刻之间各省纷纷宣布独立,督抚专政最终引发了清政府的垮台与地方割据。

3. 洋务派

湘军政治集团也是晚清洋务派官员的主力。鸦片战争期间,林则徐、魏源等人为代表的一批官僚士绅,主张学习西方先进技术,同时改革国内弊政,但这些人在当时的官僚、士绅中属少数派,不能形成一个集团。而湘军政治集团在与西方国家联合镇压太平天国的过程中,亲身体会到西方先进武器的厉害,从而坚定了他们学习西方、自强求富的决心。1861年初,清廷设立总理衙门,以洋务派大臣奕䜣、文祥等主管,同年底,慈禧太后利用奕䜣等人发动宫廷政变,清理了一批较为保守的满族贵族,奕䜣等人权势日重,同时重用曾国藩、左宗棠、李鸿章等湘军的中坚力量、地方洋务派的官员,从此洋务派成为晚清政治中一股强大的政治力量。洋务运动中,中国开始拥有安庆内军械所(第一家军事工业企业)、苏州洋炮局(第一家使用机械动力的工业企业)、江南制造总局(洋务派最大的企业),以及金陵机器局、福州船政局和天津机器局等24家规模不同的军用工业企业,并在甲午战争之前由政府投资或主持创办了采煤业、金属矿业、冶铁业、棉纺织业等生产部门以及铁路、航运等部门。

洋务派也是在慈禧太后的支持下崛起的。1860年,英法联军进逼北京,咸丰帝逃往热河(今河北承德)避暑山庄。1861年,咸丰帝病逝,6岁的载淳即位,年号同治。载淳是咸丰皇帝唯一的儿子,其生母慈禧太后深受咸丰宠爱。咸丰去世之前,设计了由怡亲王载垣等八大臣辅政,由嫡母慈安太后与生母慈禧太后共同垂帘听政的政治格局。但是八大臣无视皇帝与两宫皇太后的权威,最后两宫皇太后联手恭亲王奕䜣,在回京后将八大臣逮捕治罪,这就是"辛酉政变",从此开始了长达20年的两宫皇太后垂帘听政的时期。1874年,19岁的同治帝去世,慈禧选择醇亲王与她妹妹所生的孩子、4岁

的载湉入宫即皇帝位,改元光绪,自己继续垂帘听政、掌握政权,直至1908年光绪帝与慈禧太后相继去世。

三、甲午战争与清帝逊位

1. 中法战争

自1861年至1908年慈禧太后掌握政权的48年间,清朝发生了洋务运动、中法战争、甲午战争、戊戌变法、义和团运动、八国联军侵入北京、清末新政等一系列大事。洋务运动并没有使中国走上自强之路,中法战争也没有刺激清廷奋起变革,真正刺痛中国的是中日甲午战争和八国联军的入侵,这两次惨败逼迫清廷引入西法、实行新政,但清廷缺乏新政的诚意,难以割舍专制政治的权力,变法与新政非但没有将中国的各阶层重新整合起来,反而打破了传统的社会结构,激化了各政治集团的冲突,加速了清朝的灭亡。

清朝周边,本有缅甸、暹罗、安南、琉球、朝鲜、尼泊尔等朝贡属国。光绪初年,日本灭琉球,英国并缅甸、不丹、尼泊尔等,法国侵入暹罗,中国对这些几乎没有过问。但是中国与安南、朝鲜的关系非同一般,安南、朝鲜问题引起了中法战争和中日战争。法国自咸丰年间即开始侵犯安南,同治年间下交趾被法国占领。1872年,法军攻陷河内,安南无力抵抗,向刘永福求援。刘永福本是广西天地会人,会党失势后率众入安南,成立黑旗军,平定白苗之乱。黑旗军攻河内,法军见军事不利,便与安南签订条约,承认安南为独立国,但外交须受法国监督,清廷抗议无效,也没有积极干涉,从此安南脱离中国。1882年,法军由李威利率兵攻安南,安南王召刘永福抵御,刘永福大败法兵,斩李威利。法国调兵继续进攻,安南向法国求和,沦为法国的保护国,清廷也承认了法国与安南的条约,并撤退中国在安南的军队。不料撤军过程中冲突再起,法军率海军进攻福州船厂,11艘兵船毁于一旦。清廷忍无可忍,向法国宣战,70岁高龄的广西提督冯子材大败法军,克复谅山。结果清廷在李鸿章的建议下,利用此次战果与法国订立条约,安南从此正式脱离中国,成为法国的保护国。

2. 朝鲜问题

近代日本原本与中国一样闭关自守,1853年,美国以炮舰强迫

第十七讲——帝国的崩溃

日本幕府政权开放门户,此事引发日本国内政治冲突,天皇、大名等掀起"王政复古"运动,幕府将政权交还给天皇。1867年,明治天皇即位,利用新党及大量留学人员管理政治,改革法制,废除封建,将国体改为君主立宪,召集国会,厘定宪法,发展工业,购买炮舰,训练新式军队,史称"明治维新"。随着国力的强盛,狭小的国土无法满足日本资本主义的扩张,以及其帝国主义的政治野心,于是提出所谓的"南进政策"和"大陆政策",要向太平洋海岛和中国沿海发展。对于中国,日本最垂涎的是台湾、福建、朝鲜和东三省。

明万历三十年(1602),日本把中国的朝贡国琉球隶属于萨摩藩,掳其国王,监督其财政,琉球从此成为中、日两国共同的藩属国。1871年,琉球及日本船只遭遇台风飘至台湾,为台湾生番劫杀,日本以此为借口征讨,清廷派军入台,日军退出,但在调停和约中说"日本此次征台湾,系保民义举",等于默认琉球为日本属地。第二年日本宣告琉球为其藩属、代办琉球外交,后来要求琉球改换年号,不再入贡中国。琉球王回绝了日本,并向中国告急,中国因新疆回乱和伊犁问题自顾不暇,竟完全放弃。1879年,日本攻占琉球,废琉球王,改冲绳县。

朝鲜长期以来是中国的藩属。同治初年,朝鲜由国王李熙的生父李昰应摄政,号称大院君。大院君十分保守,屡杀传教士,不与外国通商。大院君又厌恶日本维新,因而拒绝与日本往来,甚至规定"与日本交涉者处死刑"。1875年,日本"云扬号"军舰停泊朝鲜江华湾,遭到朝鲜炮台轰击,"云扬号"立即反击,攻占永宗城,随后与朝鲜交涉通商,订立《江华条约》,宣称朝鲜是独立国家,开埠通商,等于否认了中国的宗主权。到1881年朝鲜大院君失势,以外戚闵氏为中心的新党组织新政府,训练新式军队。不久朝鲜发生内乱,李昰应鼓动兵变,诛杀闵氏势力,清廷派兵平乱。日军随后亦到,与朝鲜签订和约,获得驻兵的权力,从此中日两国都有军队驻在朝鲜京都,形成对峙之势。而朝鲜的政局也分化为亲日的开化党,与亲中的事上党。1884年,开化党在日军的参与下发动政变,驻朝代练军队的袁世凯发兵平定内乱。这一年是甲申年,史称"甲申之乱"。

3. 甲午战争

甲申之乱后朝鲜政权复归旧党,旧党又分亲中、亲俄两派,两派纠缠于权力斗争,政治日益腐败,引发了1894年东学党的起义。东学党以东学相号召,排斥西教,吸引了不少排外守旧的势力。朝鲜镇压不利,袁世凯催促朝鲜向中国借兵,李鸿章派出1 500人前往朝鲜,同时通知日本。日本唯恐朝鲜不乱,一方面暗中支持东学党,一方面怂恿清军平乱。朝鲜越乱,日本就越有理由派驻更多的军队。朝鲜意识到日本包藏祸心,便提出中、日同时撤兵。日本不愿撤军,反而提出中日两国派员共管朝鲜。中国不同意日本的方案,日本则压迫朝鲜改革,并且逼迫中国军队出境。袁世凯意识到事无可为,请准回国,而日本人拥立大院君重新执政,并由大院君下令,托日军驱逐在朝清军。清军派兵增援,日军便袭击清军,清军败退,随后两国正式宣战,甲午战争爆发,李鸿章苦心经营的北洋舰队全军覆没,中国惨败。

1884年,慈禧太后罢黜了以奕䜣为首的军机大臣,代之以平庸的世铎等人。1889年,光绪皇帝亲政,慈禧太后退居颐和园,但仍掌握政治上最终的裁决权。甲午战争爆发之际,慈禧太后在筹备她的60大寿,由于停办颐和园受贺事宜,慈禧在紫禁城的宁寿宫度过了60岁生日,花费银541万余两,而当时户部给前线战争的筹款只是250万两。面对战事,光绪意识到现有的军机大臣难以胜任,于是任命翁同龢、李鸿藻、刚毅为军机大臣,并鼓动词臣上书,请奕䜣重新出山,又一度停止了颐和园工程。甲午战败后,慈禧公然干预光绪执政,加紧议和活动,同时教训光绪、整饬后宫、打击帝党。

1895年,中日签订《马关条约》,中国放弃朝鲜,割让台湾、澎湖及辽东半岛,赔款白银两亿两,增开商埠,准日本人自由居住营业,其他国家在中国享受的特权,日本都"利益均沾"。《马关条约》送往清廷签押时,"拒和迁都、毁约再战"的呼声震撼朝野,光绪请慈禧懿旨定夺,慈禧称病闭门不见,声称"一切请皇帝旨办理"。《马关条约》签订后,俄、德、法三国联合起来,强迫日本退还辽东半岛,结果中国以3 000万两赔款的代价要回辽东半岛,同时俄国还帮助中国以很低的利息借款1亿两白银,让清廷受宠若惊。然而俄国的条件是

第十七讲——帝国的崩溃

允许俄国修筑的铁路横贯东三省,李鸿章抗争失利,与俄签订密约,允许俄建筑中东铁路。此后德国强租胶州湾,山东成德国势力范围。俄国又租旅顺、大连,又要修南满铁路,东三省成为俄国势力范围。英国租借威海和九龙,保持长江流域优势。法国租借广州湾,并要求两广、云南的特权,日本指定福建为势力范围,列国由此瓜分了中国。1898年,美国打败西班牙、占领菲律宾之后,提出门户开放政策,中国被瓜分的形势,变成了帝国主义共同的蚕食。

4. 戊戌变法

在空前的民族危机面前,以康有为、梁启超为首的维新派开始形成强大的政治感召力。光绪帝在维新派的影响下决心变法图强,慈禧亲信荣禄等人则上书请慈禧复出。光绪帝忍无可忍,通过庆亲王奕劻向慈禧捎话:"太后若仍不给我事权,愿退让此位,不甘作亡国之君。"慈禧则声称"皇上欲办事,太后不阻也"。光绪立即采取行动,实行变法,于1898年6月11日颁布"明定国是"诏书,宣布变更旧法、博采西学、发愤图强的决定,然后在6月至9月的短短100多天中,连续发布100多道新政诏书。这些学习西方政治文化的诏令受到维新派和开明人士的热烈欢迎,但光绪帝并没有足够的政治权威将这些诏令贯彻下去,除湖南巡抚陈宝箴之外,掌握实权的大员非但不执行变法诏令,反而群起反对。光绪帝非常气愤,罢黜了阻挠变法的礼部全部六位堂官,免去李鸿章在总理衙门行走的职务,破格提拔谭嗣同、林旭、刘光第、杨锐等为四品军机章京,这些人事调整冲击了官僚集团的既得利益,也让慈禧太后觉得权威受到巨大的挑战。

面对光绪帝的挑战,慈禧太后迫令光绪帝连下三道上谕:一是罢免了帝党首领、光绪的师傅翁同龢;二是规定新受任的二品以上官员,须向太后谢恩;三是任命荣禄为直隶总督,统领包括袁世凯新军在内的北洋三军。9月,光绪赴颐和园表示开勤懋殿办事,试图架空军机处的权力,任用康有为等变法派人士。传说当时"太后不答,神色异常",光绪帝毅然声称:"儿宁可坏祖宗之法,不忍弃祖宗之民,失祖宗之地,为后人耻笑",但言罢面色苍白,大汗淋漓。当时京城流传着"换皇上"的谣言,光绪帝又得知自己将与慈禧一起到天津阅兵,担心慈禧乘此机会废立皇帝,便给维新派一道密诏,说自己感到皇位可能不保,于是康有为向光绪帝举荐了握有兵权的袁世凯,光绪帝破格提拔袁世凯。此举引起后党惊惧,荣禄谎称英俄在海参崴开战,命袁世凯到天津回防。维新派铤而走险,当晚谭嗣同秘密到京郊法华寺游说袁世凯,让他围颐和园、劫慈禧、拥光绪、杀荣禄、除旧党。袁世凯表示誓死效忠皇上,但又说到天津阅兵时再下手除旧党贼臣。当时日本前首相伊藤博文在中国访问,京城官员纷纷奏请光绪请伊藤在北京担任顾问官。慈禧担心维新派掌握武装、与外国势力联合,于是在光绪接见伊藤博文的前夜,突闯紫禁城光绪寝宫,并传懿旨,以光绪病不能理事为词,再次临朝训政,此后光绪被囚中南海瀛台。9月21日,慈禧下令逮捕康有为等人,康有为、梁启超逃往日本,谭嗣同等"戊戌六君子"被杀,戊戌变法彻底失败,变法共进行了103天,史称"百日维新"。

5. 清帝逊位

戊戌政变之后,慈禧打算废立皇帝,遭到洋人的抵制,洋人又庇护康有为,引起慈禧对洋人的仇恨。1900年,义和团运动在山东兴起,开始时慈禧下令剿捕。义和团本是下层民众的秘密结社,帝国主义瓜分中国后,洋教势力深入山东,引发与中国民众的各种冲突,义和团遂以"灭洋仇教"为号召,力量迅猛发展,后来进入北京。这时慈禧听说洋人在各地的暴行是逼迫她归政光绪,慈禧因此大怒,对义和团改剿为抚,下令进攻东交民巷外国使馆和兵营,并以光绪帝名义发布对各国宣战诏书。于是英、法、普、俄、美、日、意、奥等八国以"自卫"为名派兵进犯天津、北京,慈禧携光绪帝出逃西安,同时命奕劻、李鸿章等与列强议和,将战争责任推到义和团身上。议和条约上并没有将慈禧列为祸首,也没有要她归政光绪,于是慈禧接受了列强提出的全部条件,签订了《辛丑条约》,赔款本利共达白银9.8亿两,列国还获得了在中国的驻军权,中国的主权遭到严重的侵蚀。

在《辛丑条约》签订之前,慈禧在西安发布变法上谕,指康有为之法为"乱法",要求全国"变通政治,力图自强"。回京后,自1901年至1905年,慈禧颁布30多道上谕,推行新政,主要内容包括:

第十七讲——帝国的崩溃

(1)改革官制,设外务部、商部、练兵处、巡警部、学部等;(2)改革经济,奖励实业;(3)改革教育,停科举,设学堂;(4)改革军制,编练新军;(5)改革法律,废除酷刑,编纂新法典。这次变法,史称"清末新政",而时任山东巡抚的袁世凯充当了"急进改革者"的角色,并在山东积极推行新政,大获成效,被清廷委以重任,一度身兼署理直隶总督兼北洋大臣、政务处参与政务大臣、练兵大臣、北洋督练公所督办、督办商务大臣、电政大臣、铁路大臣等八大臣。袁世凯又在维护皇权的前提下,积极倡导立宪。于是清廷派遣徐世昌等五大臣出洋考察各国宪法。五大臣回国后,清廷宣布"仿行宪政",袁世凯试图借"仿行立宪"、改革政治的过程独揽大权,招致各方面的极力反对。

1908年,光绪帝、慈禧相继去世,宣统帝溥仪继位,其生父摄政王载沣监国。1909年,载沣将袁世凯赶出朝廷,袁世凯于是退隐河南彰德,等待东山再起之日。1910年10月10日,武昌革命党人发动起义,武汉三镇失守,清朝的陆军大臣率军镇压,然而指挥失灵,不得不请袁世凯出山。袁世凯开出出山的条件,包括即开国会、组织责任内阁、解除党禁、委以指挥水陆各军全权、与其十分充足之军费等。这时山西、昆明、南昌等地新军也纷纷起义,清廷危在旦夕,最后选举袁世凯为内阁总理大臣,接受了袁世凯的条件。

袁世凯掌握军政大权之后,并不全力镇压革命党,而是在攻占汉阳后按兵不动,逼迫革命党谈判。当时南方各省纷纷独立,各省代表最后决议,如果袁世凯倒向共和,即公举他为临时大总统。12月,孙中山回国,被选举为临时大总统,次年元旦,中华民国宣告诞生,并于当天致电袁世凯,要求以大总统之位换取袁世凯对共和制的支持。袁世凯在百般试探、认为万无一失之后,决定劝清帝逊位,以国让民。2月,隆裕太后接受了南京临时政府的"清帝退位条件最后修正案",颁布由张謇起草的大清国皇帝退位诏书:

朕钦奉隆裕太后懿旨:前因民军起事,各省响应,九夏沸腾,生灵涂炭,特命袁世凯遣员与民军代表讨论大局,议开国会,公决政体。两月以来,尚无确当办法,南北睽隔,彼此相指,商辍于途,士露于野,徒以国体一日不决,故民生一日不安。今全国人民心理多倾向共和,南中各省既倡议于前,北方诸将亦主张于后,人心所向,天命可知，予亦何忍因一姓之尊荣，拂兆民之好恶。用是外观大势，内审舆情，特率皇帝将统治权公之全国，定为共和立宪国体。近慰海内厌乱望治之心，远协古圣天下为公之义。袁世凯前经资政院选举为总理大臣，当兹新旧代谢之际，宣布南北统一之方，即由袁世凯以全权组织共和政府，与民军协商统一办法。总期人民安堵，海宇又安，仍合汉满蒙回藏五族完全领土为一大中华民国，予与皇帝得以退处宽闲，优游岁月，长受国民之优礼，亲见郅治之告成，岂不懿欤！钦此。

帝制中国自此结束。

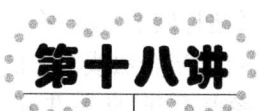

现代中国的形成

一、士绅阶层的分化与革命党的形成

1. 废科举的后果

明清以来,中国形成了这样的社会结构,除了皇室以外,整个社会由官僚、士绅、农民三大社会阶层构成。专制君主借助官僚阶层维持着一个庞大的统一的中华帝国,士绅在基层社会维持地方的治安与教化,农民阶层向帝国缴赋纳税。中国各阶层之间具有一定的开放性,通过科举制度,农民在理论上可以跻身于士绅阶层,取得功名的士绅入仕后成为帝国官僚的一员,官僚告老还乡之后又重新复归于地方士绅行列,如此构成一种井然流动的社会关系。

清末新政虽然是在原有的政治权力结构中展开的,但新政的一系列变革,对中国社会结构产生了深远的影响,其中废除科举直接导致了传统士绅阶层的瓦解。1905年,科举制度的废除是一个"新旧中国的分水岭",通向上层特权的传统途径从此被切断,地方士绅们失去了晋升的希望和政治屏障,新式教育的流行,城市新兴精英集团的崛起,使他们原来的社会名望朝不保夕,整个士绅阶层在20世纪初急剧衰落。他们为了寻求新的出路,只能流入城市,接受西化教育,从事新式职业。而留在乡村的那部分没落士绅,失去了往日的整合功能,正如费正清所说:"在军阀统治下,地方行政同农民生活情况一齐恶化,地主统治阶级不再是全国最上层的士绅,不再受孔孟之道以天下为己任的训诲,他们变得甚至比以往更加狭隘自私。"

作为统治集团的官僚阶层也因科举制度的废止而失却了制度化的来源和价值信仰的基础。稳定的制度体系被打破了，却没有一个新的规范可以代替它。人们可以通过各种合法、半合法或非法的途径进入权力精英阶层，从而造成官僚素质参差不齐，良莠并存。民国之后，虽然一大批具有现代教育背景的知识分子补充进文官队伍，但是官员的遴选、升迁和考核并未严格按标准进行，血缘与地缘关系成为官僚系统中拉帮结派的主要纽带。更重要的是，因为缺乏有眼光、有魄力、有能力的政治领袖的领导，政府官员这一阶层已难以成为现代化的中坚力量。相反地，在僵硬、保守、腐败而又低效率的行政体制之中，各级官僚对自己既得利益的考虑远甚于对社会变革的关切。

科举制度的废除，导致传统的读经—科举—仕进的人生正途被堵塞，整个社会的成就取向发生根本改变。在士大夫阶层多极化的过程中，一方面是新式知识分子总体数量的大量增加，知识结构完全更新以及择业前途的多样性，导致政治、经济、文化三位一体的社会结构形态出现裂痕，大批新式知识分子在感情上乃至行动上转向立宪或革命，形成对政府的巨大威胁。清末新政中的教育改革，促进了民族整合、爱国主义和新价值观的形成，同时持续地削弱了帝制的基础。

2. 革命党的社会基础

清末新政的推行，使得新式学校陆续兴办，留学蔚然成风，西学传播更加广泛，接受新式教育、具有崭新新文化素养的知识分子队伍迅速扩大，作为一支新兴政治力量崭露头角。这个新兴的知识阶层或者聚集在都市，或者在国外，通过学堂、报馆或自愿结合的团体从事政治活动。国内的革命组织和革命活动容易遭到镇压，但反满运动在国外的中国留学生中发展起来，外国，特别是日本成为中国革命的大本营，国内的反清志士也陆续避往日本，日本汇集了孙中山等不少反清革命的知名人物，成立全国性革命政党的条件也已成熟。1905年，孙中山到达日本，约集分属国内17省的旅日留学生和华侨集会，讨论建党。不久，中国同盟会正式宣告成立，到会者1 300多人。排满是当时同盟会各种成员的共同目标，但同盟会各类人员

第十八讲——现代中国的形成

混杂其中,思想纷杂,乡土观念浓厚,内部派系林立,广东和海外人士属于孙中山为代表的原兴中会一派;江浙人士属于以章太炎为代表的光复会一派;长江中上游的革命党人属黄兴、宋教仁为代表的华兴会一派,同盟会领导层矛盾不断,没有形成有效的组织。

同时,同盟会没有自己的武装力量,为了反清,除了寻求列强与华侨的支持以外,革命党人在国内主要争取会党与新军的支持。中国社会的秘密会党遍布各地,这是一股受社会挤压而游离于社会之外的社会对抗力量,其成员心怀离异和不满情绪,有破坏社会正统秩序的心理,不仅具有自图饱暖乃至劫富济贫的经济追求,也有强烈的反清抗官意识,革命党人对这股势力非常重视,努力对会党进行教育和改造,力争将其纳入革命的轨道。但会党与革命组织的联合相当脆弱,以知识分子为主体的革命党人不能有效地控制和领导会党,更无力改造会党。利用会党发动起义均以失败告终,1908年以后,革命党开始将争取的目标转向新军。

科举废除之后,许多知识分子投笔从戎、应募入伍,新军军官多由军事学堂出身者充任。当时的日本有大量的中国学生学习军事,他们看到国家危弱,又受到日本风气与西方思想的影响,产生了民族主义和反满情绪,有些还秘密加入了同盟会。革命党人为了开展新军工作,积极投入其中。同盟会在日本选拔李烈钧、程潜、唐继尧等人回国分赴各省参加新军,在新军中秘密散发劳动保险书刊,进行革命宣传,建立秘密组织。

科举废除之后,士绅阶层急剧分化,不断流向自由职业,渐渐表现出对儒家理想的疏离和对政府期望的背叛,在晚清几种政治改造方案中,主要倾向于立宪主义。清末新政提出预备立宪,当时成立的咨议局成为士绅阶层聚结的中心,立宪派反复请愿,要求早开国会,振兴朝政,遭到清政府拒绝,令海内外立宪派感到十分懊丧,开始萌发革命思想,在野的立宪派与清廷的政治裂痕发展到无可修复、即将分道扬镳的严重程度。

1911年,深受革命党影响的湖北新军在武昌发动起义,迅速攻占武汉三镇,成立军政府。各省革命党人以民众的自发反抗斗争为基础,响应武昌,形成了全国规模的革命运动,对清政府失望至极的立宪党人也在武昌起义后附和、支持乃至参加了革命,一些旧官僚、旧军官也在这里乘机反正,左右各省政局,武昌起义之后一个多月,全国15个省宣布独立,南京临时政府宣告成立。此后清帝宣布逊位,袁世凯倒向共和,取代孙中山当选临时大总统。

辛亥革命虽然胜利了,但是革命党人的社会基础十分薄弱,长期以来他们的革命活动限制在列强、华侨、会党、新军中,与当时中国的主要社会阶层——无论是士绅阶层还是农民阶层,都相当疏远。武昌起义是由新军发动的,但是革命党人对新军的影响仅仅局限于宣传革命思想,组织秘密团队从事反清活动,不可能掌握新军的军权。因此辛亥革命虽然推翻了满清王朝,结束了中国的帝制,但是革命党人根本无力控制局势、整合各种社会力量、开创中国政治与社会的新格局。结果中央政权落入满清重臣、北洋军首领袁世凯手中,从此开始了中国近代史上的军绅时代。

二、军绅政权

1. 袁世凯与北洋军阀

晚清中央政治的衰败以及内外战争的需要,地方上出现了几个大的军事集团,如曾国藩的湘军,李鸿章的淮军等,以后随着军事学堂的兴办,又在全国范围内按照"西式训练"编练新军,由此崛起了一个崭露头角的军人阶层。清末科举制度的废除,行伍出身反而成了出任中央或地方文职官员的现实途径,军人的社会威望和吸引力大为增加,尤其是辛亥革命以后,军人成为社会举足轻重的决定性政治力量,军事政治化和政治军事化盛行天下,军阀主义抬头,左右着政权更迭。军人第一次在政治系统中压倒了文官。由于军官大多受过现代军事教育,组织严密,社会整合能力强,因而在社会失范的20世纪上半叶中国,他们往往扮演了重建政治秩序的强有力角色,但与此同时,不同利益的军事集团相互之间连绵不绝的战争又成为社会秩序最大的破坏者。军人在近代中国的实际地位之重要,远远超过其他阶层,但他们在自己的专业领域之外却缺乏更广泛的社会视野,对独占权力资源过分迷恋,拒绝其他社会利益群体的参与,因而军人阶层在社会变革方面具有明显的保守特征。

第十八讲——现代中国的形成

1901年,袁世凯开始编练北洋新军,至1905年,编成六镇,此后全国编练新军开始,至武昌起义之前,全国总共编成十四镇、十八协、四标又一禁卫军。新兵的应募者大致分为两类:一为破产或面临破产的农民、手工业者、城市贫民;一为具有一定文化知识,但又不能出国留学或进入新式学堂的知识分子。新军军官的来源:一是国内各式武备学堂的毕业学生,二是官费派遣出国学习军事的留学生。在各省督抚统辖管理下分省编练而成的新军虽然是现代化的军队,却并不是国家的军队,新军的地域性和军官选拔中的裙带关系正是造成中央政权式微的一个重要因素,也是民国以后军阀割据的基础。另一方面,从军事学堂毕业或留洋归来的有文化有知识的新式军官,在接受西方军事科学与军事技术的同时,也必然受到西方政治学说的影响,不可避免地会对清政府的专制与腐败不满,因而产生立宪或革命的离心倾向,这也成为导致清王朝倾覆的重要砝码。

袁世凯从小站练兵起家,以此为基础形成北洋新军,一直是清末民初军事力量中的精锐,北洋新军中王士珍、冯国璋、段祺瑞、曹锟等人,又形成了一个有力的团体,他们对袁世凯个人效忠,从而保证了袁世凯对北洋新军的控制。另一方面,袁世凯是晚清重臣,官至内阁总理大臣,在原清廷官员中拥有广泛的社会联系,而这些官员中的相当一部分在革命后的中央与地方政权中仍起着重要作用。袁世凯依赖北洋军与旧官僚建立起来的政权,与士绅阶层有着广泛与密切的联系,这样的政权称为"军绅政权"。

与孙中山为代表的革命党相比,虽然袁世凯的社会基础厚实很多,但他的政治力量仍不足以整合当时中国的局势。取得政权之后,袁世凯不遗余力地加强总统权力与中央集权,以总统制取代内阁制,取消议会,反对民选省长,削弱地方军阀的力量。但是,袁世凯并不是通过全国性战争获得政权的,通过行政手段削弱地方军阀的效果极为有限。辛亥革命推翻了帝制,创建了共和制的中华民国,这就要求袁世凯通过民选来获得权力的合法性。但是袁世凯巩固权力的手段,一方面破坏了共和体制,一方面得罪了地方势力,使得袁世凯通过共和体制的民选方式确立其权力的合法性变得不再可能,于是袁世凯冒险复辟帝制。复辟帝制激起了孙中山、梁启超的反击,最后西南军阀起兵反袁,袁世凯病逝。此后中央政权仍控制在袁氏培植起来的北洋军事—政治集团手中,但集团内部开始分化,北洋军人将非北洋系的黎元洪和旧国会赶出中央政府之后,北洋集团形成了皖、直、奉三个主要派系。这些派系主要依靠家族、亲戚、师生、僚属、结拜兄弟、同学、同乡等传统的私人关系结合起来,内部充斥着笼络、收买和报答的利益交换关系,没有明确的政治纲领,也没有明确的组织法,集团首领只有不断对下属施以恩惠,才能换取成员的效忠,维系集团的存在。因此各个集团为了争取利益就必须扩张地盘与权力,来维系对下属的施恩能力,于是三个军事集团发生了三次争夺中央政权的战争,以及上百次的地区性内战。在这些军事特殊利益集团主导下,中国进入了军阀割据的时代。

长期的内战一方面需要庞大的军费,另一方面极大地破坏了经济,导致财政枯竭,各军阀集团不得不在财政上依赖列强,这又决定了军绅政权在外交上的软弱,军绅政权因此被认为是"卖国"政府,这又进一步削弱了军绅政权统治的合法性。

2. 国民党

北洋政府的腐朽、卖国,激起了中国民众的反抗,20世纪30年代,以北京为中心的北方民众掀起关税自主运动,以上海为中心的南方民众要求收回租界。在这样的时代背景下,孙中山领导的国民党开始寻求新的组织方式和社会基础。1923~1924年国民党改组,实际上是孙中山在苏联和代表下层民众利益的中国共产党的帮助下,按列宁主义建党原则重新建党。改组后的国民党有以下几个特点:

第一,通过黄埔军校创建了自己的军队,并把列宁主义政党原则推广到政府和军队的组织和管理中。领袖、纲领、组织纪律、民主集中制原则、代表大会、日常组织机构等完整的现代政党体系构成党内及党控制政府和军队的权力体系。这个权力体系的有效性在1924—1925年镇压广东绅商集团暴动、消灭陈炯明部割据、平定广东滇桂军阀叛乱、统一广东行政和财政等方面得到充分体现。

第二,改组后的国民党提出了新的政治纲领——新三民主义,

第十八讲——现代中国的形成

具有明确的"反帝"和"直接民权"的主张，顺应了当时民众反抗帝国主义、反对北洋卖国政府的民意，因此在广州的国民党政权成为进一步动员民众、推翻北洋政府的政治大革命的领导核心。

改组后的国民党政治上的明显优势帮助其在北伐战争中获得了空前的胜利。但是国民党有着不可克服的弱点。虽然以北伐战争为中心的国民革命的社会动员程度和民众参与程度远非辛亥革命可以相比，国民党所提出的新三民主义也拥有北洋政府难以企及的政治合法性，但是国民党政权在本质上仍然是一个军绅政权。国民党的崛起，主要依赖于新创立的黄埔军，掌握军权的黄埔军校校长蒋介石最后垄断了国民党的权力，就充分说明了国民党政权是一个军人政权，这一点与北洋政府没有区别。至于民众动员方面，国民革命中城市民众的热情参与主要是自发的，同时也有中共政治动员的因素，而农民阶层的政治动员主要是由中共完成的。国民革命中形成的广泛的民众基础，并不构成国民党政权的社会基础，国民党政权仍是一个由各利益集团组成的松散的政治联盟。

军绅政权的本质，决定了国民党政权不可能成功地统治整个中国，北伐战争推进到长江流域之后，国共迅速分裂。北伐结束后，南京国民政府实际所能控制的地域只限于沿海、沿江的江苏、安徽、浙江等数省，地方军事实力派仍然各行其是，军阀内乱愈演愈烈。加之30年代以来日本入侵中国，蒋介石的南京国民政府面临着中共、地方军阀和日军的三重挑战。

三、中国共产革命

1921年7月，中共在上海法租界召开第一次全国代表大会，出席代表13人，都是知识分子，多半在25岁以下，职业有律师、杂志主编、新闻记者、中小学教师，还有几个留学生、大学生和师范生，其中并无工人和农民，他们所代表的53名党员中，也没有工人和农民。这些代表选出来的中共领导陈独秀、组织主任张国焘、宣传主任李达，都是热心于五四启蒙救亡的知识分子。中共创建之初，是一个知识分子组成的小党，他们具有远大的革命理想，既看不起北洋政府,也看不起孙中山及其领导的国民党。他们认为,国民党党魁孙中山是扶不起的阿斗,早已坠入军阀政治的漩涡,孙中山在南方建立的政府,便是建立在军阀和政客的基础之上,和北方的军阀政府没有区别。

早期中共主要在新文化运动中形成的人际网络和社团中寻找志同道合的革命同志。科举制度废除之后,大量读书人需要另谋出路,当时的知识分子,只有留学欧美名牌大学,才能在国内跻身上层社会,而留学欧美的费用绝非一般家庭所能承担。普通知识分子的生活条件并不理想,普通大学生谋生都不容易,小知识分子和青年学生出人头地的机会相当渺茫。一方面是黯淡的人生前途,另一方面受到五四新文化运动的影响,知识分子和青年学生关心国家大事的雄心壮志被激发起来,稍受教育的人有澄清四海和改造世界的志向,现实与理想的差距,又让很多小知识分子和青年学生感到有志难伸、怀才不遇。在这样的背景下,中共一方面为青年学生提供升学与留学的管道,吸引了相当一部分青年学生,训练了一批职业革命家,如刘少奇、任弼时、王明、张闻天、邓小平、陈伯达、叶剑英、秦邦宪等。另一方面,中共积极参与学生运动,并在学生运动中不断地壮大自己。1925年的五卅运动是上海地区学生运动和反帝运动合流的高峰;1926年的三·一八惨案是青年学生与知识分子抗议北洋卖国行为的学生运动,中共在这两次学生运动中积极参与,取得举足轻重的地位。

知识分子的性质和对青年学生的吸引力,赋予了中共政治上理想主义的色彩,也为中共培养干部提供了人才。但是中共的发展壮大,需要建立在更加坚实的社会基础之上。从理论上讲,中共应该是工人阶级的先锋队,以领导工人阶级反对资本主义为核心目标。因此中共从一开始就非常重视工人运动,在国共第一次合作期间,积极参与或领导了五卅运动、省港大罢工,以及上海三次工人起义。中共领导的工人运动原本是在国共合作前提下开展的,上海工人起义中,中共抛开国民党自己组织暴动,引起国民党与上海工商业主、青红帮等势力的联合镇压。此后国民党开始清党和分共,在这种背景下,共产国际要求中共在全国发起总暴动,结果长沙暴动和广州

第十八讲——现代中国的形成

暴动都以失败告终,中共领导的工人运动转入低潮,通过工人阶级壮大中共政治力量的道路被阻。

1927年,受到严重挫伤的中国共产党人,总结了历史教训,从城市转移到乡村,从沿海深入到腹地,从政治的中心地带潜入边缘地带,从知识群体来到农民中间,以其简洁明了的口号动员农民,实施革命性的土地改革。当农民朦胧的对土地的渴望被提升为改造历史的自觉意识,就会产生惊天动地的改朝换代的力量。国共第一次合作期间,中共就有沈玄庐、彭湃、毛泽东等人在浙江、广东、湖南等地领导农民斗争,这些斗争以限租、减租、铲除高利贷和苛捐杂税的形式展开。清党之后,中共在武汉召开紧急会议,确定了土地革命的基本方针,明确了中国革命要以土地革命为中心,立即准备农民之总暴动,并派有经验的党员去组织和武装农民。虽然会议没有提出切实可行的具体土地政策,但毛泽东对土地革命进行了深入研究,并开始付诸行动。

中共的土地革命,一般情况下,首先在县一级建立自己的政权,伴之以打土豪、分浮财、废除高利贷的斗争,一开始就将士绅的势力打倒。同时,划分农村阶级,将贫农、雇农及中农纳入到阶级组织中来。继之没收地主、富农的土地,成立以贫农为骨干、有中农参加的分田委员会,开展土地分配工作。通过新政府的权威和底层百姓的发动,士绅统治乡村的时代结束了。中共的土改政策争取到了农村大多数人口的支持,使中共苏维埃政权不断地发展。

中共在农村地区的不断发展,成为蒋介石的心腹大患,严厉的军事打击使得中共的苏维埃政权遭到重创,从此无法在江西立足,转战至陕北。就在这时,抗日战争爆发,国共第二次合作,联合抗日。中共的政府与军队表面上归属于国民政府,事实上仍然保持独立。抗战期间,中共在其统治区域的抗日根据地,建立起由中共控制的全新的基层组织。中共建立的基层政权,由四个不同的指挥系统组成,即政权、军事、群众团体和党部。县以下要设乡长、村长和各级人民代表,这是政权;地方武力和民兵是军事系统;农民抗敌会、工人抗敌会、青年抗敌会等,是群众团体;这些不同的组织系统,

又都由党支部统一领导。就这样,中共的党组织深入到农村基层组织,这是国民党无力做到的。抗战胜利后,中共就是依赖其强大的动员农民的能力,以农村包围城市的策略,在国共内战中最终胜利,夺取了全国的政权。

  1949年10月1日,中华人民共和国成立,一个新的时代开始了。

推荐阅读书目

1. 许倬云. 历史大脉络[M]. 桂林:广西师范大学出版社,2009.
2. 许倬云. 万古江河——中国历史文化的转折与开展[M]. 上海:上海文艺出版社,2008.
3. 王家范. 中国历史通论[M]. 上海:华东师范大学,2000.
4. 钱穆. 国史大纲[M]. 北京:商务印书馆,1991.
5. 范文澜. 中国通史简编[M]. 石家庄:河北教育出版社,2000.
6. 司马迁. 史记(点校本)[M]. 北京:中华书局,1959.
7. 司马光. 资治通鉴[M]. 北京:中华书局,1965.
8. 张荫麟. 中国史纲[M]. 杭州:浙江大学出版社,2003.
9. 王亚南. 中国官僚政治研究[M]. 北京:中国社会科学出版社,1981.
10. 费正清. 中国:传统与变革[M]. 南京:江苏人民出版社,1996.
11. 艾森斯塔得. 帝国的政治体系[M]. 阎步克译. 贵阳:贵州人民出版社,1992.
12. 杜正胜. 吾土与吾民[M]. 台北:联经出版,1983.
13. 杨庆堃. 中国社会中的宗教:宗教的现代社会功能与其历史因素之研究[M]. 范丽珠等译. 上海:上海人民出版社,2007.
14. 余英时. 士与中国文化[M]. 上海:上海人民出版社,2003.
15. 陶希圣. 中国社会之史的分析[M]. 沈阳:辽宁教育出版社,1998.
16. 马克斯·韦伯. 儒教与道教[M]. 洪天富译. 南京:江苏人民出版社,2003.
17. 黄进兴. 优入圣域:权力、信仰与正当性[M]. 西安:陕西师范大学出版社,1998.
18. 吴晗、费孝通等. 皇权与绅权[M]. 天津:天津人民出版社,1988.

19. 王明珂. 华夏边缘[M]. 北京:社会科学文献出版社.

20. 徐旭生. 中国古史的传说时代[M]. 桂林:广西师范大学出版社,2003.

21. 许倬云. 西周史[M]. 北京:三联书店,2001.

22. 顾颉刚. 秦汉方士与儒生[M]. 上海:上海古籍出版社,2005.

23. 阎步克. 士大夫政治演生史稿[M]. 北京:北京大学出版社,1996.

24. 陈明. 儒学的历史文化功能——士族:特殊形态的知识分子研究[M]. 北京:学林出版社,1997.

25. 田余庆. 东晋门阀政治[M]. 北京:北京大学出版社,1989.

26. 陈寅恪. 唐代政治史述论稿[M]. 上海:上海古籍出版社,1982.

27. 谷川道雄. 隋唐帝国的形成[M]. 李济沧译. 上海:上海古籍出版社,2004.

28. 王学泰. 游民文化与中国社会[M]. 北京:学苑出版社,1999.

29. 黄仁宇. 万历十五年[M]. 北京:中华书局,1982.

30. 张仲礼. 中国绅士——关于其在19世纪中国社会中作用的研究[M]. 李荣昌译,上海:上海社会科学院出版社,1991.

31. 孔飞力. 叫魂——1768年中国妖术大恐慌[M]. 陈兼、刘昶译. 上海:上海三联书店,1999.

32. 萧一山. 清史大纲[M]. 上海:上海古籍出版社,2005.

33. 许纪霖、陈达凯. 中国现代化史[M]. 北京:学林出版社,2006.

34. 茅海建. 天朝的崩溃——鸦片战争再研究.[M]. 北京:三联书店,1995.

35. 陈麓旭. 近代中国社会的新陈代谢[M]. 上海:上海人民出版社,1992.

36. 孙立平. 转型与断裂:改革以来中国社会结构的变迁[M]. 北京:清华大学出版社,2004.

图书在版编目(CIP)数据

国史通识讲义/吴铮强编著. -- 北京：首都经济贸易大学出版社，2011.3

（地平线策划工作室通识书系）

ISBN 978-7-5638-1877-8

Ⅰ.①国… Ⅱ.①吴… Ⅲ.①中国—历史—通俗读物 Ⅳ.①K209

中国版本图书馆 CIP 数据核字(2010)第 250178 号

国史通识讲义
吴铮强　编著

出版发行	首都经济贸易大学出版社
地　　址	北京市朝阳区红庙（邮编100026）
电　　话	(010)65976483　65065761　65071505(传真)
网　　址	http://www.sjmcb.com
E - mail	publish@cueb.edu.cn
经　　销	全国新华书店
照　　排	北京砚祥志远激光照排技术有限公司
印　　刷	人民日报印刷厂
开　　本	880毫米×1230毫米　1/32
字　　数	188千字
印　　张	7.375
版　　次	2011年3月第1版　2020年3月第1版第4次印刷
书　　号	ISBN 978-7-5638-1877-8/K·10
定　　价	32.00元

图书印装若有质量问题，本社负责调换
版权所有　侵权必究